JN491843

복지국가와 한국복지

김 교 환 지음

강원대학교 출판부

| 머 리 말 |

최근 한국은 '복지정치의 시대'에 들어섰다. 2010년 지방선거에서 '무상급식' 공약이 뜨거운 쟁점으로 부각되었고, 2012년 총선과 대선을 거치면서 무상복지에 관한 논의는 무상보육, 반값 대학등록금, 고등학교 무상교육, 기초노령연금의 대폭인상 등으로 확산되면서 복지가 정치의 핵심적 과제로 떠오른 것이다. 이런 시대적 상황에 맞추어 이 책은 두 가지 목적을 가지고 있다. 먼저 복지국가를 제대로 이해하기 위해 복지국가들이 어떻게 탄생했고, 어떤 제도와 정책을 갖추고 있는가, 그리고 경제적 위기와 세계화시대를 맞이해서는 어떻게 변화해가면서 오늘날까지 이르고 있으며, 앞으로의 미래는 어떠할지를 살펴본다. 또한 앞서 살펴본 복지국가들의 역사적 경험에 비추어 외형은 갖추었으나 내실은 아직 부족한 한국복지의 현황과 과제들을 살펴보고, 최근 우리사회에서 전개되고 있는 복지국가에 대한 논쟁과 이에 따라 과연 우리나라가 복지국가로 진입할 수 있을 것인가에 대한 상이한 전망들을 논의해보고자 한다.

복지국가란 말 그대로 모든 국민의 기본생활을 제도적으로 보장해주는 국가라고 할 수 있으며, 이것은 휴머니즘적 동기뿐 아니라 사회통합과 국민행복의 기반이 되기 때문에 필요한 것이다. 복지국가들은 2차 세계대전 직후에 서구지역에서 탄생했고, 그것의 성립 조건으로는 대체로 일정한 수준의 산업화와 민주화 및 복지문화의 성숙을 꼽는다. 이후 복지국가는 여러 가지 제도와 정책을 갖추면서 성장했으나 1970년대 이후에는 경제적 위기와 세계화의 시대에 맞서 복지를 성장과 연계시키는 정책적 변화를 모색해가면서 오늘날까지 복지국가의 기본 틀을 유지하고 있다.

신자유주의자들은 1970년대 이후 경제적 위기와 세계화로 인해 복지는 전면 축소되고 복지국가는 해체될 것이라고 끊임없이 주장해왔다. 그런데도 서구 복지국가가 오늘날까지 기본 틀을 고수할 수 있었던 요인은 무엇일까? 혹자는 경제적 위기에도 불구하고 복지국가가 건재한 이유가 민주적 선거정치라는 제도가 있기 때문이라고 한다. 복지를 크게 건드리면 어떤 정치세력도 집권할 수 없기 때문에 복지국가는 해체될 수 없다는 것이다. 하지만 이런 주장은 민주적 선거를 통해서도 영국과 미국에서 대처와 레이건의 신자유주의 정부가 집권해서 복지를 크게 축소할 수 있었다는 사실을 간과하고 있다.

그렇다면 경제적 위기와 세계화 속에서도 복지국가를 끈질기게 지켜온 근본적인 요인은 무엇일까? 복지가 경제적 위기를 초래한다면 스웨덴 같이 복지수준이 높은 나라들부터 경제가 어려워져서 복지가 대폭 축소되어야 할 텐데 그런 나라들의 복지는 크게 줄지 않은 반면, 오히려 미국과 영국같이 복지수준이 낮은 나라들이 '복지국가의 위기'를 크게 외치면서 복지를 대폭 줄이는데 앞장서는 역현상이 벌어지고 있다. 그것은 바로 복지문화의 성숙도의 차이 때문이다. 스웨덴 같은 복지국가들에서는 이미 시민권과 사회정의론에서와 같이 인간의 존엄성에 대한 신념 위에서 경쟁보다는 협력, 이기주의의 추구보다는 공동체의식, 승자독식보다는 공생공영, 사회적 갈등보다는 사회통합을 지향하는 가치와 이념을 중시하는 성숙한 복지문화가 저변에 자리 잡고 있었기 때문이다. 그래서 복지는 제도라기보다는 문화다. 이것은 한국의 상황을 분석하는 데도 매우 시사적이다.

우리나라는 그동안 경제적 산업화와 정치적 민주화를 이룩했고, 김대중과 노무현 진보정권이 들어서자 이전의 '선성장 후분배'의 논리가 '성장과 복지의 선순환'의 논리로 바뀌면서 복지가 발달하였다. 하지만 복지예산이 늘어나자 이에 반대하면서 다시 성장을 우선과제로 내걸은 이명박 보수정권이 들어섰다. 그런데 2010년 지방선거에서 '무상급식' 공약이 부각되고 2012년 총선과 대선을 거치면서 무상복지에 관한 논의로 확대되면서 '복지국가 논쟁'이 활발하게 전개되자, 심지어 당시 보수정당의 박근혜 대통령 후보조차 경제민주화와 복지의 확대를 공약으로 내걸고 당선되었다. 집권 후에는 경제민주화와 복지 공약은 후퇴하고 경제활성화로 다시 돌아섰지만,

이렇게 볼 때 우리사회가 앞으로 복지국가가 될 수 있을 것인가에 대한 전망은 보수정당과 진보정당 중에서 진정으로 복지국가를 지향하는 정당이 얼마나 집권할 수 있는가에 달려 있으며, 그 향배를 결정짓는 것은 결국 우리사회의 복지문화의 성숙 여부에 달려있다고 할 수 있다. 아무리 산업화와 민주화의 조건이 갖추어져 있다고 할지라도 복지문화가 성숙되어 있지 않으면 친복지정당을 선택하지 않기 때문이다. 특히 세계화시대에는 복지가 단순한 소비가 아니라, 유효수요를 증대시키고 더 나아가서는 인적자본에 대한 투자로서 성장에도 기여할 수 있다는 점을 확실히 인식하는 것이 중요하다. 아무쪼록 이 책이 우리사회가 지속가능한 복지국가에 대한 사회적 합의를 이루어 모든 국민들의 기본생활이 제도적으로 보장되고, 빈곤을 퇴치하고 심각한 빈부격차를 줄여 사회통합과 안정을 이루고, 국민행복의 시대를 앞당기는 데 조금이나마 도움이 되기를 바란다.

2016년 8월

김 교 환

차 례

3장 복지국가의 성장, 제도, 유형

4장 복지국가의 위기 논쟁

5장 복지정책의 개혁유형

6장 복지국가의 현재와 전망

7장 한국복지의 현황과 과제

welfare
state

1장 복지국가의 개념과 기능

1장 복지국가의 개념과 기능

Ⅰ. 복지와 국가

복지국가welfare state란 무엇인가? 복지국가란 문자 그대로 '복지'와 '국가'의 합성어다. 그런데 지금까지 복지국가의 개념에 대한 많은 논의들은 대부분 '복지'국가만을 집중적으로 거론했지 복지'국가'는 간과하는 경향이 있다. 복지국가의 개념을 '복지'의 개념에서 찾는다. 복지를 지칭하는 영어 'welfare'는 '좋은' 또는 '만족한'을 뜻하는 wel과 '살아가다' 또는 '지내다'를 뜻하는 fare의 합성어로서 만족하게 살아가는 상태를 의미한다. 또한 '복지'라는 말의 사전적 의미는 '만족스런 상태, 건강, 행복, 안녕' 등이다. 따라서 복지는 만족스런 삶이 영위되며 건강과 행복의 조건이 충족되는 상태를 말한다.

복지의 내용은 일차적으로는 경제적인 것이지만 그것이 전부인 것은 아니다. 경제학자 피구A. C. Pigou는 『복지의 경제학』에서 복지를 경제적 복지와 비경제적 복지로 구분한다. 그는 경제적 복지를 화폐에 의해 직간접적으로 측정될 수 있는 복지로 정의하고 그것의 가장 중요한 지표로서 실질국민소득을 제시했다. 실질국민소득의 증대, 안정화, 평등화는 일반적으로 경제적 복지를 증진시킨다는 것이다.[1] 또한 실질국민소득 이외에 주택, 의료, 교육 등도 넓은 의미에서 화폐로 해결할 수 있는 경제적 복지에 해당된다고 할 수 있다. 비경제적 복지는 화폐에 의해 직간접적으로 측정될 수 없는 복지로서 예컨대 인권, 양성평등, 문화 및 휴양시설, 환경보존 등을 들 수

---

1) A. C. Pigou, *Economics of Welfare*, 4th, 1932.

있다. 복지국가란 이상에서 설명한 경제적 복지와 비경제적 복지를 국민들에게 제공하는 책임의 주체가 바로 국가라는 것을 의미한다.

하지만 우리사회에서 복지, 복지정책, 복지국가 등의 용어는 혼란스럽게 사용되고 있다. 한 예로 현재 우리나라의 대학교에는 사회복지학과가 많이 있지만 배우는 내용은 주로 '사회사업social work'에 집중된다. 그러다 보니 사회복지가 사회사업과 같은 의미로 사용되고 있다. 또한 복지정책과 더불어 '사회정책social policy'이라는 말을 많이 쓰기도 한다. 하지만 사회정책이 소득과 서비스를 제공하여 사회적 형평성을 높이는 것을 주된 목적으로 하는 포괄적인 정책인 반면, 복지정책은 사회정책보다 구체적인 목적을 갖는다. 복지는 개인의 삶의 질을 일정 수준 보장해주기 위한 제도로 사회안전망이라고도 불린다. 이렇듯 복지정책은 사회정책 중에서도 제한된 의미로 사용되는 것이다. 그리고 복지국가는 단순하게 말해서 여러 가지 복지정책을 통해 국민에게 최소한의 인간다운 생활을 보장해주는 국가라고 할 수 있다.

그러나 복지국가의 개념을 이해하는 데 더욱 중요한 것은 복지국가를 국가의 한 유형으로 파악하는 것이다. 복지국가를 국가의 한 유형으로 파악하는 까닭은 이렇게 할 때에만 다양한 대내외적 요구와 압력에 대응하면서, 그런 요구와 압력을 변화시키는 국가의 복합적 모습을 제대로 이해할 수 있고, 이를 통해 복지국가도 하나의 역사적 또는 가변적 현상임을 분명히 인식할 수 있기 때문이다. 다시 말해 이런 접근은 복지국가를 온 인류가 염원해 마지않는 하나의 이상형적 국가형태, 즉 단선적·목적론적으로 진화하는 국가형태로 보는 오류를 극복할 수 있게 해준다.[2)]

이런 의미의 '복지국가'란 말은 영국에서 생겨났다. 이 말은 1930년대 후반에 짐메른Alfred Zimmern이 독일 나치즘의 '권력국가'에 대

---

2) 김태성 · 성경륭, 『복지국가론』, 나남, 1993, 22.

비해 최초로 사용했고, 1941년에 템플William Temple이 『시민과 성직자Citizen and Churchman』라는 책에서 나치스의 전쟁국가warfare state에 대비해 영국의 국가이념을 복지국가welfare state로 지칭한 후 일반적으로 사용됐다. 하지만 복지국가란 말에 구체적 의미가 부여된 것은 1942년 베버리지William Beveridge가 〈사회보험과 관련서비스Social Insurance and Allied Service〉라는 일명 '베버리지 보고서'가 출판되어 광범한 사회보장과 완전고용을 국가의 책임으로 규정했기 때문이다.

복지국가라는 용어가 일반 대중에게 널리 알려지게 된 계기는 2차 세계대전 이후 영국에서 소위 '요람에서 무덤까지' 국민의 생활을 보장하는 복지국가가 탄생하면서부터이다. 그래서 우리는 최초로 복지국가라는 말을 사용했을 뿐만 아니라 복지국가를 탄생시킨 나라도 영국이라 알고 있지만 이는 확실한 것이 아니다. 영국이 복지국가를 의미하는 영어 welfare state를 처음 쓴 나라는 맞지만, 어느 나라에서 그런 의미의 단어를 처음 사용했는지 확인하기는 어렵다. 또한 실제로는 영국보다 더 발달한 복지국가를 구현하고 있으면서도 우리에게 알려지지 않은 국가들이 많다. 스웨덴을 비롯하여 핀란드, 노르웨이와 같은 스칸디나비아 반도 국가들이 대표적인 예이다. 이런 나라들은 영어 사용국이 아니어서 우리에게 잘 소개되지 않는 경향이 있다.

Ⅱ. 국가의 발전과정

국가의 한 유형으로 복지국가를 이해하기 위해서는 먼저 국가의 개념과 발전과정을 고찰할 필요가 있다. 국가란 무엇인가? 베버Max Weber에 따르면 국가란 "독점적 강압력, 통일적 권위, 그리고 제반 법률적·행정적 장치를 기초로 일정한 영토와 그 영토내의 주민을 배타적으로 지배하는 정치적 조직 또는 공동체"[3]이다. 이런 맥락에서 국가의 구성요소로는 크게 영토, 국민, 주권 세 가지를 들 수 있다. 여기서는 복지국가의 성립과정을 설명하기 위해 서구국가의 형성과 발전과정을 설명한 틸리C. Tilly의 논의를 살펴보는 것이 유용하다. 그는 서구국가의 발전과정을 원형국가, 발전국가, 민주국가, 복지국가 네 가지로 분류해 다음과 같이 설명하고 있다.

1. 원형국가

서구에서 강압력의 축적과 집중, 전쟁의 준비와 수행, 사회로부터의 자원축출 등의 국가형성 과정을 통해 국가로서의 최소한의 요건을 갖춘 '원형국가proto-state'가 탄생했다.[4] 이런 원형국가는 정복·약탈국가라고도 불린다. 원형국가가 '정복국가conquering state'라고 불릴 수 있는 이유는 무엇보다도 강제력을 소유하고 타인 또는 타집단을 강제적으로 지배하는 데 전문화된 정치군사집단이 특정 영토 내의 경쟁세력을 무력으로 정복함으로써 국가를 수립했기 때문이다. 또한 '약탈국가predatory state'라고도 불릴 수 있는 근거는 국가가 자신이 생산활동을 통해 부를 창출하지 않으면서, 특정 영토 내의 사회구성원들에게 폭력을 사용하거나 폭력 및 외부로부터의 침략 위협을 이용하여 보호요금을 갈취하기 때문이다.

이런 원형국가의 정당성은 외부의 침입으로부터 국민을 보호하고 내부의 질서유지를 통해 사적 약탈과 폭력으로부터 국민을 보호하는 데 있었다. 근대 이전에 존재했던 많은 국가들, 예컨대 주민에 대한 간접통치를 근간으로 하는 고대국가 및 중세봉건국가 등이 원

3) Max Weber, *Economy and Society*, ed. by G. Roth and C. Wittich, Berkeley, California University Press, 1968, 901.

4) C. Tilly, *Coercion, Capital, and European State, AD 990~1990*, Cambridge, Basil Blackwell, 1990, 17~28, 96~99.

형국가에 속하며, 근대에 등장한 절대주의 국민국가도 초기에는 원형국가에 속하는 것으로 분류된다. 고대국가들은 국민에 대한 직접통치를 행사하기 어려웠지만, 중세봉건국가는 영주나 귀족을 통한 간접통치에서 영토와 주민을 직접통치하는 형태로 발달해왔고, 근대 국민국가에 이르러서는 정보과 약탈 능력이 극대화됐다.

2. 발전국가

정복과 약탈 능력이 극대화된 국민국가들은 다음과 같은 이유로 점차 발전국가로 전환하게 된다. 첫째는 국가 간 전쟁이나 치열한 생존경쟁으로 조성된 외부적 제약, 둘째는 정복과 약탈이 일정 수준 이상일 경우 발생하는 각종 저항(폭동과 반란, 납세거부. 징병거부 등), 셋째는 더 나은 보호와 지원을 제공하는 다른 국가가 존재할 경우 국민들이 타 국가로 이탈할 가능성이다.

이런 상황에서 국민국가가 선택한 합리적 대안은 피지배자의 자발적 복종을 전제로 생산활동을 보호하고 장려하는 것이었다. 그 이유는 만약 국가가 약탈을 극대화하기 위해 국민들이 가지고 있는 모든 재산과 생산물을 몰수해 버린다면 그 이후에는 아무도 몰수당할 재산을 모으거나 생존수준 이상의 생산물을 생산하려 하지 않을 것이기 때문이다. 따라서 국가는 오히려 국민들의 재산소유와 생산활동을 보호·장려하여 국민들의 자발적 복종심을 끌어냄으로써 재정수입을 장기적으로 극대화하는 전략을 선택하게 된다. 이런 국가가 '발전국가developmental state'이다.

발전국가는 사회의 생산능력을 증가시키기 위해 재산권 보장, 자유로운 경제활동 보호, 도로·항만 등의 사회간접자본 확충 등을 통해 경제활동을 적극 지원한다. 발전국가는 자본주의적 산업화를 통해 놀라운 경제성장을 달성해 '유럽의 기적'을 이루는 데 가장 중요한 요인으로 작용했다. 이 과정에서 신흥 자본계급이 새로운 국가 발전의 파트너로 등장한다.

3. 민주국가

서구국가들은 발전국가 단계를 거치면서 새로운 국가발전의 파트너로 등장한 신흥 자본계급의 위상이 점차 커지면서 민주화의 요구에 직면하게 된다. 초기에는 신분제 의회에서 신흥 자본계급이 조세납부에 대한 조건으로 정치적 대표권을 획득함으로써 귀족 중심이었던 의회에 진출했다. 프랑스와 같은 일부 국가에서는 부르조아 혁명을 통해 군주-귀족 계급 중심의 구체제를 무너뜨리고 공화정을 수립하기도 했다.

1789년의 프랑스혁명은 구체제를 무너뜨리긴 했지만 모든 국민에게 동일한 선거권을 주는 완전한 민주주의를 확립한 것이 아니라, 재산이 있는 자본가에게만 선거권을 주는 부르조아만의 민주주의를 가져오는 데 그쳤기 때문에 '부르조아 혁명'이라고 부르기도 한다. 그러나 이후 많은 국가들이 민주국가로 전환되어 갔다. 유럽의 여러 국가들이 동일한 경로를 거친 것은 아니지만, 시민권 확보를 통한 신분제도의 붕괴는 점차 자본가 이외에도 노동자, 농민 등 모든 계층의 정치적 권리가 인정되는 기반이 됐다. 귀족과 시민의 불평등한 투표권은 점차 평등하게 바뀌었고, 노동자와 농민에게도 동일한 투표권이 인정됐으며, 마침내 여성에게도 투표권이 주어졌다. 모든 국민에게 동일한 투표권과 참정권이 보장되는 민주주의 체계가 확립됨으로써 민주국가는 완성됐다.

자본주의 경제체제에 기반한 민주국가의 중요한 특징은 선거를 통해 국가권력이 구성되고 행사되는 '공적 영역'에서는 민주주의의 원리가 적용되고, 시장을 통해 생산과 분배가 이루어지는 '사적 영역'에서는 자유주의의 원리가 적용된다는 점이다. 이런 두 가지 특성을 결합한 것이 바로 자유민주주의liberal democracy인 것이다.

4. 복지국가

모든 민주국가가 복지국가로 전환하는 것은 아니지만, 민주국가는 대체로 복지국가로 전환되는 경향성을 보인다. 따라서 민주국가는 복지국가로 전환하기 위한 필요조건이다. 그 이유는 다음의 두 가지다. 첫째로 민주주의는 자본주의 경제체제의 주요계급으로 성장한 노동계급에게 노동 3권을 부여함으로써 노동계급의 조직화와 집단행동을 합법적으로 보장한다. 그 결과 발전국가에서 극도로 억압당했던 계급갈등이 민주국가에서 합법적으로 표출되고, 노동계급은 자본주의적 생산과정을 합법적으로 마비시킬 수 있다. 둘째로 민주주의는 민주적 제도와 절차를 통해 노동계급의 이익을 대변하는 진보정당이 합법적으로 권력을 장악함으로써 자본계급의 이익에 반하는 개혁정책을 시행할 수 있다.

이런 두 가지 요인의 결합으로 민주국가와 자본주의 경제체제 간의 피할 수 없는 구조적 갈등이 초래되자, 이를 해소하기 위해 복지의 제공을 통해 자본주의 경제체제의 과도한 불평등을 완화하고 국민들의 기본생활을 보장하려는 복지국가가 수립됐다. 복지국가에서는 민주국가에서 사적 영역으로 간주됐던 자본주의 경제체제에 공적 영역의 민주주의 원칙을 적용하게 된다. 즉 자본주의 시장경제의 민주화를 요구한다. 시장원리에 따른 분배에 더해 정치적 합의를 통한 재분배가 이루어지는 것이다.

정치적 합의가 가능했던 이유는 다음과 같다. 먼저 보수정당과 자본계급은 국가로부터 기본생활을 보장받을 수 있는 '사회권social rights'의 확대를 통해 노동계급과 민중들의 저항을 약화시키고, 그들을 민주주의 정치체제와 자본주의 경제체제의 결합구조 속으로 포섭·통합함으로써 이 결합구조의 유지와 발전을 도모하고자 했다. 다음으로 좌파정당과 노동계급은 사회권의 확대를 통해 자본주의를 사회화하고 궁극적으로는 사회주의를 실현하고자 했다. 이런 양측의 정치적 합의를 통해 만들어진 정치와 경제체제의 결합으로 복지국가가 탄생한 것이다.

Ⅲ. 복지국가의 개념

앞에서 살펴보았듯이 서구국가는 원형국가로 출범해서 발전국가와 민주국가를 거쳐 복지국가로 변화해왔다. 국가의 기능과 형태의 변화과정이 국민들의 복지문제에 대해 가지는 의미는 무엇인가? 먼저 원형국가의 가장 중요한 관심사는 특정영토 내외의 경쟁자를 정복하고 국민의 복종을 끌어내는 것과 이를 위해 사회로부터 각종 물적·인적 자원의 추출을 극대화하는 것이었다. 따라서 원형국가는 영토 내 주민들을 위한 질서유지 기능 외에 이들의 생계, 건강, 주택, 교육, 노후생활 등을 국가복지를 통해 보호한다는 것은 생각할 수 없었다. 따라서 복지문제의 해결은 결국 개인과 가족 또는 공동체(상조회와 종교단체)의 자선에 전적으로 의존할 수밖에 없었다.

이런 상황은 발전국가에서도 크게 나아진 것이 없었다. 발전국가는 재산권 보호, 생산 및 상업활동의 지원, 노동력 공급의 촉진, 노동운동의 억압 등을 통해 신흥 자본계급에 의한 자본축적을 적극 지원했을 뿐, 산업화 과정에서 몰락하기 시작한 농민, 소부르조아, 그리고 새롭게 등장한 노동계급을 위한 국가차원의 제도적 복지는 전혀 제공하지 않았다. 오히려 서구의 여러 나라는 악명 높은 구빈법을 활용하여 빈민을 통제하고 노동력의 상품화와 노동시장에의 참여를 강요함으로써 빈민의 삶을 보호하기보다는 자본주의적 산업화를 도구적으로 지원했던 것이다.

그러나 19세기 후반 자본주의적 산업화가 급속히 진전된 결과 노동계급이 수적으로 증가하고 조직적으로 강화됨으로써 보통선거권이 확대된 민주국가에서는 국민들의 복지문제에도 유례없는 진보가 이루어지기 시작했다. 먼저 1880년대 비스마르크Bismarck의 집권하의 독일에서는 질병보험법, 재해보험법, 노령 및 폐질보험법 등의 사회보험법들이 제정됐다. 이로써 비록 대기업 노동자들에게만 한정되긴 했어도 유사 이래 개인과 가족 그리고 공동체의 책임으로 방치돼왔던 사회적 위험들이 국가의 개입에 의해 보호받을 수 있는 전기가 마련됐던 것이다.

이후 복지국가로의 전환은 매우 빠른 속도로 진행되어 과거 특정 빈민층만을 대상으로 실시됐던 최소한의 '잔여적·선별적 국가복지'는 모든 국민을 대상으로 하는 '제도적·보편적 국가복지'로 발전하게 됐다. 그 결과 오늘날 모든 서구국가들은 빈민층을 대상으로 하는 공공부조 외에 각종 사회보험과 보편적 복지수당을 제공함으로써 그동안 개인의 행운과 불운, 자연의 자비와 변덕, 착취자의 선의와 악의에만 맡겨왔던 개인의 삶의 안전과 복지가 드디어 국가의 개입에 의해 보장받을 수 있게 되었다.

복지국가의 등장은 지배기구로서의 국가의 존재양식 또는 정당화 방식에 근본적이고 질적인 변화가 초래됐음을 의미한다. 원형국가의 경우 지배를 위한 정당화는 전혀 문제가 되지 않았다. 이런 국가는 강제력의 축적과 집중, 정복과 약탈의 극대화에 주력하여 질서유지 기능 이외에 국민들의 일상적 삶에 대한 보호나 혜택의 제공에 대해선 관심을 가지지 않았기 때문이다. 발전국가의 경우에도 경제발전을 이루는 것 외에 국민들의 복지문제는 일차적인 관심사가 아니었다. 민주국가의 경우 국민들에게 자유권과 정치권을 부여하고 민주적 절차에 따라 국가권력을 구성하고 행사하는 것이 정당화의 주요원천이었고, 국민들을 위한 여러 가지 복지정책을 실시한 것은 부차적인 것이었다.

그러나 복지국가의 경우에는 민주적 절차에 따라 국가권력을 구성하고 행사하는 것 이외에 국민들의 삶의 안전을 보장하기 위해 제도적으로 광범위한 복지혜택을 제공함으로써 비로소 정당성을 확보하게 됐다. 여기서 중요한 것은 국가에 의해 제공되는 복지혜택은 '국가의 시혜'가 아니라 '국가에 대한 국민의 권리'라는 점이다. 다시 말해 복지국가는 국민들로부터 각종 자원을 추출하고 그들에게 여러 가지 의무를 부과하는 대신, 국민들의 권리로서 또한 국가의 의무로서 국민들의 복지를 보장한다는 것이다. 이런 점에서 복지국가에서는 국가존립의 정당성이 과거와는 달리 국가와 국민 사이의 상호교환 방식으로 이루어지는 것이다. 그래서 복지국가의 단계에 와서야 '국민의, 국민에 의한, 국민을 위한 민주주의'가 형식적 측면에서 뿐만 아니라. 실질적 측면에서도 비로소 실현되는 것이다.[5)]

이렇게 볼 때 복지국가의 개념은 다양하게 정의되고 있지만 최소한 세 가지 측면에서는 공통점을 지니고 있다.[6)] 첫째로 복지국가는 자본주의가 산업화 과정에서 초래한 광범위한 빈곤, 산업재해, 경제적 불평등, 실업 등의 폐해를 치유하기 위해 등장했다. 이런 점에서 복지국가는 일정한 정도의 사회주의적 성향을 지닌다.

둘째로 복지국가는 정치적 민주주의를 그것에 이르는 수단일 뿐만 아니라 보존해야 할 가치 그 자체로 간주하기 때문에 사실상 민주복지국가를 의미한다. 따라서 독재국가가 거주와 이전의 자유, 사상과 표현의 자유, 결사의 자유를 비롯한 자유권 그리고 선거권과 참정권을 비롯한 정치권 등을 박탈한 채 국민들에게 물질적 생활만을 보장한다 해서 복지국가라 할 수 없다.

---

5) 김태성·성경륭, 앞의 책, 42.
6) 위의 책, 47~49.

셋째로 복지국가는 모든 국민에게 경제적으로 최소한의 인간다운 생활을 영위할 수 있는 생활수준, 즉 '국민적 최소national minimum' 이상을 보장한다. 국민적 최소는 1942년의 '베버리지 보고서'에서 베버리지가 영국 복지국가의 책임범위로서 제시했던 개념이다. 이런 점에서 복지국가는 극빈자들의 구제에 한정됐던 과거의 국가와는 뚜렷하게 구별되는 것이다.

따라서 복지제도의 유무만을 기준으로 복지국가라고 규정할 수는 없다. 오늘날에는 복지제도 몇 가지를 시행하고 있지 않는 나라는 거의 없기 때문이다. 복지제도의 유무만을 기준으로 삼는다면 거의 모든 나라들이 복지국가라 할 수 있고, 복지의 정도에만 차이가 있는 것이다. 따라서 복지제도는 시행하고 있더라도 모든 국민에게 최소한의 인간다운 생활을 보장하지 못한다면 복지국가라 할 수 없다. 하지만 이런 나라들은 질서유지 기능에만 한정된 '소극적 국가negative state'와 구별되는 의미에서 '적극적 국가positive state'라고 부른다.

또한 복지국가와 복지사회는 구별된다. 복지국가는 국가에 의해 형성되고 유지되는 복지사회를 의미한다. 국민의 복지가 기본적으로 국가에 의해 제공되는 경우, 즉 국가복지를 통해 기본적인 생활수준이 영위되는 경우에 복지국가라 부른다. 따라서 복지국가는 반드시 복지사회이지만, 역으로 복지사회가 반드시 복지국가인 것은 아니다. 국가가 국민들의 복지에 개입하지 않고도 시민사회 내에서 국민들의 복지가 개인과 가족 및 공동체(상조회와 종교단체)에 의해 이루어질 때 이런 사회는 복지국가는 아니지만 복지사회이다.

실제로 아담 스미스Adam Smith를 비롯한 고전경제학파는 국가의 개입 없이도 시민사회 내에서 시장의 활성화를 통해 복지사회가 이루어질 수 있다고 보았다. 역으로 시장을 폐지한 공산주의 사회들도 사적 소유의 철폐로 모든 국민의 복지가 보장되는 복지사회가 탄생할 것이라고 보았다. 하지만 현실적으로 복지국가 없이 복지사회가 실현되는 것은 유토피아에 불과하다. 따라서 복지국가는 현실에 존재하는 국가에 대한 명칭이지만, 복지사회는 현실에 존재하는 사회가 아니라 이상사회이거나 머릿속에만 있는 추상적인 개념을 설명하는 과정에서 만들어진 용어다.[7)]

Ⅳ. 복지국가의 기능

복지국가가 사회복지를 보장하는 이유는 크게 세 가지로 설명할 수 있다. 첫째는 개인적 차원에서 볼 때 인간의 기본적 필요를 충족시켜 주기 위한 것이다. 인간은 다른 동물보다 존엄한 존재이기 때문에 아무리 어려운 상황에 처하더라도 기본적 삶은 유지시켜 주어야 한다는 휴머니즘의 발로이다. 둘째는 사회적 차원에서 볼 때 사회적 통합과 안정을 위해 기본적으로 필요한 것이다. 사회복지를 통해 상부상조함으로써 모든 국민을 하나로 묶어주고 나아가 안정된 사회로 이끌 수 있다는 것이다. 셋째로 최근 국가적 차원의 새로운 목표로 떠오르고 있는 국민의 행복을 보장하고 증진시키기 위한 사회적 조건이 되기 때문이다. 이를 좀 더 자세히 살펴보기로 하자.

1. 개인의 기본적 필요 충족

고대로부터 현대에 이르기까지 인간의 삶에서 가장 중요한 문제는 어떻게 생존을 영위하는가 하는 것이었다. 이에 대해 근대까지는 비록 국가조직이 존재하고 있었다 하더라도 그 국가는 정복자와

---

7) 정원오, 『복지국가』, 책세상, 2010, 34.

약탈자의 위치에서 주민을 지배하고 갈취하는 데만 치중했다. 그러므로 오랜 시기 동안 보통인간의 삶은 아무런 제도적 보호장치 없이 온갖 종류의 자연적, 사회적, 경제적, 정치적 위험에 고스란히 노출된 극도로 불안한 삶을 살아왔다. 이런 상황에서 재산과 권력을 소유하지 못한 보통사람들은 빈곤, 질병, 실업, 착취 등의 생존의 위협을 받았을 때, 자신과 가장 가까운 사람으로부터 도움의 범위를 확대해나갔다. 예컨대 가족, 친족, 친구, 이웃, 지주 또는 고용주, 상호부조단체, 교회를 비롯한 자선기관, 동업조합 등이 그것이다.

그러나 자본주의적 산업화가 야기한 사회경제적 변화로 산업화 이전에 복지기능을 담당했던 사회제도들은 사라졌다. 봉건제 하에서 영주가 농노에게 제공했던 복지공여, 대가족제에서 가족 상호간에 떠맡았던 복지에 대한 책무와 역할의 교환성, 그리고 막강한 사회제도로서 교회가 담당했던 빈민구제 기능들이 사회경제적 분화와 세속화 등으로 기능이 약화·소멸되었다. 대신에 수많은 사람들이 비인격적 시장의 논리, 즉 현금거래에 기초한 계약관계에 무기력하게 노출되었다. 특히 산업노동자들이 실업, 질병, 산업재해, 퇴직 등 예기치 않았던 소득손실로 경제적 불안의 '무고한 희생자'로 등장하면서 이들을 위한 복지기능을 누군가가 대행할 필요가 생겨났다.

또한 산업화가 야기한 도시화 현상은 개인적 노력으로는 그 실현이 불가능할 뿐만 아니라 개인들이 그 생산에 참여할 유인을 갖지 못하는 새로운 집산재, 예컨대 도로, 상하수도, 오물수거, 각종 공해, 국민위생 등에 대한 새로운 기능적 필요를 만들어냈다. 또한 의료기술의 발전은 인구구성의 변화를 초래하여 교육과 연금 및 노령수당 등 새로운 복지에 대한 수요를 창출시키고 이에 대한 공공지출의 필요를 증대시켰다. 처음에 국가는 가족과 시장을 통해 자신의 문제를 해결할 수 없는 소수의 사람들만을 대상으로 임시적이고 자선적인 의미의 복지를 제공했었다. 그러나 산업사회에서는 가족과 시장을 통해 개인의 기본적 필요를 충족할 수 없는 상황이 비정상적인 상태가 아니라 정상적 상태라는 가정 하에서 마침내 국가가 모든 사람을 대상으로 기본적 필요를 충족시켜주는 복지기능을 항시적이고 제도적으로 책임지게 된 것이다.

2. 사회통합과 안정

복지국가가 필요한 사회적 차원에서의 이유는 사회통합과 안정의 지름길이기 때문이다. 더욱이 우리의 입장에서는 우리사회의 통합뿐만 아니라 한반도의 특수한 분단상황을 극복하고 미래에 실현될 통일국가의 기초이기도 하다. 즉 복지는 미래의 통일비용을 줄이고, 통일된 국가의 국민통합을 이루는 기본적인 조건이라는 것이다.

우리는 그동안 산업화와 경제성장을 위해 국민적인 노력을 경주해왔다. 그래서 1945~1970년대 중반까지는 계층적 이동이 활발한 편이었다. 1945년 이래 해방과 대한민국 수립, 한국전쟁을 겪은 뒤 1963~1970년대까지는 폐허로 변모된 조국강토에 경제발전을 이루기 위해 숨 가쁘게 달려왔다. 여기에 부응해 사회계급도 새롭게 재편됐다. 하지만 시간이 갈수록 사회적 유동성이 악화되고 중산층이 몰락하면서 사회계급 구조가 점점 고착화됐다. 그 결과 취약계층의 계급적 상향화는 기대하기 어렵게 됐고, 이들은 미래에 대한 희망을 잃은 채 적지 않은 좌절감을 겪게 됐다.

선진 복지국가의 경우 계층적 사회유동화를 촉발시키기 위한 복지정책이 추진되고 중산층의 확대와 안정을 위한 정책이 강구되고 있다. 그러나 한국에서는 중산층의 확대정책이나 계층적 상승화를 위한 정책이 성공하지 못해 사회불안을 조성하는 직접적인 요인이 되고 있다. 이런 상황에서는 진정한 사회통합도 발전도 기대할 수 없다. 이를 극복하기 위해서는 국가의 의미와 목표를 복지국가에 두어야 한다.

최근 우리사회에서도 복지국가가 중요한 화두가 됐지만, 그 중에는 그리스와 같은 남유럽의 예를 들며 우려하는 목소리도 많다. 첫째, 복지가 사회적으로 큰 부담을 안겨주게 되며 생산성을 저해하게 된다는 인식이다. 둘째는 복지 수혜자의 근로의욕을 떨어뜨려 사회경제적 생산성을 저하시킬 것이라는 주장이다. 셋째로는 사회의 역차별을 가져올 수 있다는 것이다. 이런 우려들을 경청할 필요는 있다. 하지만 현재 우리의 복지제도가 걱정스러울 만큼 확장되어 있다고 보기는 어렵다. 가난의 고통으로 자살하는 일가족 사건들이 빈번하게 발생하는 것을 볼 때 아직도 우리사회에서는 복지의 사각지대에서 많은 사람들이 고통에서 신음하고 있음을 알 수 있다.

복지가 이루어지지 않는다면 경제성장을 해도 빈부격차에 의한 극심한 사회갈등이 일어날 것이고 엄청난 사회적 손실을 입게 된다. 따라서 복지는 사회통합과 안정의 길이다. 복지는 무조건 거저 먹여주는 단순한 낭비가 아니라 취약계층을 포함한 모든 국민에게 자아를 실현할 수 있는 일자리를 제공하여 경제성장에 참여하고 기여할 수 있도록 하는 투자이기도 하다. 그 결과 국민 모두가 복지에 의한 연대관계를 맺게 해 사회통합과 안정을 이루도록 하는 것은 복지의 사회적 차원에서의 목표이다.

물론 복지에 따르는 예산의 문제도 복지제도와 함께 풀어가야 할 과제다. 복지예산만 더 늘리려는 생각도 고쳐야 한다. 꼭 필요한 복지의 대상과 영역을 정하고 바르게 집행해야 한다. 복지재정의 효율화를 높여야 지속가능한 복지를 기대할 수 있기 때문이다. 그러면 우리는 현재 능력으로도 빈번하게 일어나고 있는 가난에 쫓긴 일가족 자살사건 정도는 충분히 막을 수 있다. 효율적인 복지국가를 발전시켜야 성장과 분배의 선순환을 통해 사회통합과 안정도 이룰 수 있는 것이다.

2014년 한국의 사회통합수준이 OECD국가들 가운데 하위권이라는 보도가 나왔다. 2015년에 국민대통합위원회가 발표한 보고서에는 한국인의 71%가 '여당과 야당, 보수와 진보, 기업가와 노동자, 부자와 가난한 자, 대기업과 중소기업 간의 갈등이 더 악화됐다고 인식하고 있다고 조사됐다. 최근 우리사회에서 무상급식과 무상보육 등을 둘러싼 정치권의 갈등은 오히려 한국사회에서의 복지가 어떻게 사회갈등을 유발하고 격화시키고 있는지 잘 보여준다. 이는 복지의 수준에 대한 사회적 합의가 제대로 이루어지지 않았기 때문이다.

하지만 성공적으로 복지국가를 만들어낸 유럽 선진국에서는 복지가 계층 간 갈등을 해소하고 치유하는 역할이 더 크다. 복지를 사회통합의 촉매로 활용한 지혜는 독일과 스웨덴에서 찾을 수 있다. 대표적인 성공사례는 독일의 통일과정에서 드러난다. 특히 통일 직후 동·서독 주민들 사이에 번지는 대립과 불만을 완화시켜 '동독 출신 앙겔라 메르켈Angela Merkel 총리'로 상징되는 동·서독의 화학적 결합의 바탕에 선제적인 복지확대가 자리 잡고 있다. 연금과 의료보험, 공공부조, 고용보험이 동독주민에게 확대되자 '2류시민'이라는 동독인의 불만을 상당부분 잠재웠다. 사회적 합의를 거쳐 과감하게 단행된 복지통합 덕에 동독사회는 막대한 사회적 갈등비용 없이 안정적으로 통합될 수 있었다. 통일 직후 미국, 캐나다보다 낮았던 독일의 사회통합지수는 급격히 높아졌는데, 그 첫 번째 요인은 단연 복지였다.

3. 국민행복의 사회적 조건

최근 우리나라뿐만 아니라 유럽과 미국까지 세계적으로 최대 화두는 '행복'이다. 개인의 보다 나은 삶을 추구하는 웰빙과 사회적 행복을 추구하는 복지와 같이 개인과 사회 모두 행복을 추구한다. 일찍이 미국 독립선언서는 이렇게 천명했다. “사람은 평등하게 태어났고 인간의 생명과 자유와 행복의 추구권은 양도할 수 없는 권리에 속한다. 이런 최고 권리를 안전하게 확보하기 위해 정부를 조직했고, 따라서 사람들의 안전과 행복을 보장하는 것이 정부의 목표인 것이다.”

행복연구의 결과들은 선진국들에서 경제성장으로 번영을 구가한 시기가 오래됐음에도 불구하고 행복은 크게 높아지지 않았음을 보여준다. 그렇다면 각국의 정부가 국가발전의 측정수단으로서 경제성장의 중요성에 그토록 매달리는 것이 과연 의미가 있는 것일까? 우리는 국민의 행복을 제대로 측정할 방법이 필요하다. 이제까지 각국 정부는 국민소득이나 국민총생산에 초점을 맞추어 왔는데, 이는 모든 사람의 소득을 똑같이 계산한다. 이것을 경제학자들은 행복의 척도로 생각해왔다. 이제 GNP나 GDP와 같은 거시적 경제지표가 사람들의 행복을 측정하는 최적의 지표가 아니라는 사실은 널리 알려져 있다. 측정과정이 불완전할 뿐만 아니라 GDP와 삶의 질이 거꾸로 가는 경우도 많기 때문이다. 교통체증으로 운전자가 엄청나게 스트레스를 받는 데도 휘발유 사용 증가로 국내총생산은 올라가는 것이다. 국민들의 행복감은 물질적 풍요 외에도 다양한 비경제적 요인이 포함되어 결정되는 종합적 성격을 가진다.

최근 GNP를 대체하는 새로운 국가지표의 대안으로 OECD에서 발표하는 ‘행복지수The Better Life Index’가 관심을 끌고 있다. 2009년 오바마 미국 대통령, 캐머런 영국총리, 사르코지 프랑스 대통령 등이 잇따라 새로운 국가지표 찾기를 주창하면서 노벨경제학상 수상자들인 조지프 스티글리츠와 아마르티아 센 등 세계적 석학들이 동참해 개발한 지표이다. 주거환경, 소득, 직업, 공동체생활, 교육, 환경, 정치참여도, 보건, 삶의 만족도, 사회안전, 일과 삶의 균형 등 11개세부지표로 이루어져 있다. 경제성장이 반드시 행복을 가져다주지는 않더라도 최소한의 전제조건이 되는 것은 분명하다. 하지만 경제성장도 결국 국민들이 더 행복해지기 위한 수단이라는 점에서 성장 중심의 패러다임에서 벗어나 행복 중심의 패러다임으로, 이른바 이른바 '국민총생산GNP에서 국민총행복GNH, Gross National Happiness으로'[8) 국가지표를 이동하여 국민행복을 증진시켜 나가야 한다.

이제 복지국가는 국민행복을 증진시키기 위한 사회적 조건이 된다. 현대사회는 일에 대한 동기로서 경쟁을 지나치게 강조하고 있다. 하지만 위험부담을 회피하려는 동기로서 안정을 열망하는 동기도 존재한다. 일반시민들에게는 보통 경쟁보다는 안정에 대한 열망이 인간본성의 중심이 된다. 사람들은 소득보다 손실에 더 민감하다. 실제로 손실은 동일한 양의 소득과 비교했을 때 거의 두 배의 상처를 준다는 사실이 여러 연구에서 밝혀졌다. 이런 이유로 사람들은 손실을 피하려고 노력하며, 손실의 위험이 있는 일은 하지 않으려 한다. 그런데도 전통경제학은 보통 위험성이 적을 때는 그 위험요소를 무시해버리곤 한다.

이처럼 사람들이 손실을 매우 싫어하기 때문에 우리는 사회안전망을 갖추고 있으며, 유럽은 복지국가가 됐다. 사람들은 국가가 제공하는 안정성을 원한다. 하지만 레이건과 대처 그리고 부시 등의 신자유주의 정치가들은 안정성에 대한 욕구에 도전했다. 그들은 안정성이 경제성장을 해친다고 강조했다. 물론 그럴 수도 있다. 하지만 안정성을 우리가 모두 필사적으로 원하며 공동체의 중요한 목표로 삼아야 하는 것이다. 부자들은 많은 안정성을 가졌으며, 가난한 사람들은 적은 안정성을 가졌다. 행복한 사회가 되려면 모든 사람에게 안정성이 필요하다.[9)]

---

8) 김교환, 『도덕교육과 행복교육』, 강원대학교 출판부, 2013, 223.

9) Richard Layard(정은아 역), 『행복의 함정: 가질수록 행복은 왜 줄어드는가』,

많은 사람들이 더는 서구사회에 안정성이 확대될 여지가 없다고 생각한다. 그들이 꼽는 이유는 세계화인데, 우리는 예전에 경험하지 못했던 무한경쟁의 시대에 접어들게 됐다. 이런 상황에서 과거처럼 생활에서 행복을 느낄 여유가 없으며, 삶은 모든 사람에게 더욱 각박해지게 마련이라고 말한다. 하지만 이것은 말도 안 되는 소리다. 예를 들어 국가 전체적으로 무역에 대한 새로운 기회가 생기는 것은 언제나 이익이 된다. 물론 피해자도 있다. 수입품으로 대체되는 물건을 생산했던 회사나 노동자들 혹은 새로운 외국회사들과의 경쟁으로 수출이 감소한 사람들이다. 그러나 평균적으로 서구사회는 지난 50여 년간 세계무역의 성장으로 엄청난 이익을 봤으며 이는 계속될 것으로 전망된다. 또한 제조업 부문은 외국과 더 경쟁하게 됐으나 이제는 서비스 부문의 성장으로 제조업 부문에서는 이전보다 노동자를 덜 채용한다. 따라서 전체 경제활동에서 무역의 비중은 사실 그렇게 커지지 않았다.[10]

사람들의 일반적인 믿음과 달리 미국과 유럽에서 세계화는 지난 25년간 일자리에 파괴적인 영향을 미치지 않았다. 노동자들의 실질임금은 평균 1년에 최소 1%는 올랐다. 회사들의 생산성은 좋아졌고, 특히 유럽에서 매출 총 이익률은 1970년대 33%에서 현재 거의 50%로 증가했다. 외국과의 경쟁에서 오는 이익의 감소는 발견되지 않았다. 따라서 모든 서구국가들은 더 이상 여유가 없다는 이유로 이전의 생활양식을 버려선 안 될 것이다. 물론 한 국가의 법인세가 다른 나라보다 높으면 자본을 유치하는 것이 어려워지겠지만, 대부분의 세금이 노동력에서 나오며 노동력은 훨씬 덜 유동적이다. 따라서 유럽의 작지만 스칸디나비아 국가들처럼 가장 개방된 나라들이 높은 세율을 유지할 수 있었다. 유럽 복지국가는 확실히 개혁이

북하이브, 2011, 223~224.

10) 위의 책, 225~226.

요구되지만 그 주된 이유가 세계화 때문은 아니다. 그리고 많은 경우에 개혁은 사람들을 더 안정적으로 만들어줄 것이다.[11)]

사람들은 행복의 중요한 결정요소인 재정, 일, 가족관계, 공동체와의 관계, 건강 등에서 안정성을 원한다. 여기서 국가가 할 수 있는 일은 무엇일까? 먼저 행복의 중요한 요소인 안정적인 소득을 위협하는 두 가지 요인은 고용불안과 나이 드는 것인데, 복지국가의 중요한 두 가지 성과는 더 큰 경제적 안정성과 더 나은 노후연금이다.

둘째, 행복의 또 다른 요소는 일이다. 실제로 실업은 결혼생활이 파경을 맞은 것과 비슷한 효과가 있다. 당신은 이제 다른 사람에게 필요나 쓸모가 없어지는 것이다. 실업에는 소득이 줄어드는 영향뿐 아니라 이런 정신적 영향도 따라온다. 따라서 모든 사회의 최우선 순위는 낮은 실업률이다.

셋째, 가족관계에서 성인에 대해서는 국가의 역할이 제한되어 있다. 자녀가 있는 경우를 제외하고는 말이다. 하지만 아이에 대한 복지정책은 중요하다. 아이의 행복을 위해서는 직장에서 가족지원책을 좀 더 제공하고, 소득에 따라 보육료를 내는 양질의 보육시설을 갖추고, 탄력적인 근무관행과 육아휴직에 대한 재정지원을 하도록 국가가 나서는 것이 중요하다.

넷째 가까운 사람들과의 관계는 진공상태가 아니라 당신을 비롯해 당신의 친구와 이웃이 살고 쇼핑하고 일하는 지역사회에서 이뤄진다. 신뢰 같은 사회적 자본은 행복에 크게 이바지한다. 이에 영향을 미치는 요소로는 문화와 가치관도 중요하지만 지리적 이동성 또한 중요하다. 지역사회의 이직률은 바람직한 것이 아니다. 경제학자들은 보통 지리적 이동성이 생산성이 낮은 곳에서 높은 곳으로

---

11) 위의 책, 226~227.

이동하게 되므로 생산성 증가의 측면에서 이에 찬성한다. 하지만 지리적 이동성은 가족해체와 범죄율을 높인다. 따라서 지리적 이동성 혹은 이민에 따르는 비용을 줄이는 방향으로 정책을 세워야 할 것이다.

다섯째, 행복의 마지막 요소로서 건강이다. 사람들은 건강하기를 원하며 만약 건강하지 않다면 걱정 없이 치료를 받기 원한다. 따라서 좋은 의료시스템이 필수적이다. 그런데 어떤 질병이 최악의 것일까? 최근 정신장애는 전반적인 건강에서 가장 큰 문제로 부상했다. 예를 들어 우울증과 가난 중 어떤 것이 더 큰 고통을 가져올지 물으면 정답은 우울증이다. 우울증은 소득보다도 행복에 더 많은 영향을 준다. 정신질환은 아마 서구사회에서 고통을 일으키는 단일 원인으로는 가장 클 것이다.

그러나 최근까지 정신질환에 대해 이야기하는 것은 어려운 일이었다. 사람들은 마치 정신질환이 정말 드문 일인 것처럼 행동했는데, 사실 대부분의 사람이 정신질환을 앓는 친척이나 동료를 알고 있다. 사람들 가운데 약 3분의 1이 살아가면서 심각한 정신질환을 앓으며, 이 중 15%는 자신을 망가뜨릴 정도의 중증 우울증을 겪게 된다. 50년 전까지만 해도 정신질환을 치료할 효과적인 방법이 없었지만, 그 후 약물치료에 이어 심리치료, 특히 인지행동치료에서 놀라운 발전이 있었다. 하지만 정신질환을 앓는 대부분의 사람이 치료를 받지 못하고 있다. 그런데도 우리는 다른 질병에 비해 정신질환에는 너무 적은 돈을 지원한다. 따라서 지출순위를 바꿔야 한다. 가난과 비교해 정신질환에 너무 적은 돈을 지원하는 것은 정말 부끄러운 일이다.[12)]

이렇듯 우리가 복지국가를 지향한다고 해서 경쟁을 무조건 비난

12) 위의 책, 227~243.

하는 것은 아니다. 사실 경쟁은 인류사회를 발전시켜 온 중요한 동력이다. 미국의 경제학자 부크홀츠T. Buchholz는 최근 국내에도 소개된 저작 『러쉬Rush』[13]에서 "우리는 경쟁과 도전을 즐기기 때문에 경쟁은 행복에 이르는 길"이라고 주장한다. 그러면서 인류학, 생물학, 경제학 등의 최신 연구결과를 근거로 인간은 경쟁을 통해 진화해왔으며, 본래 경쟁적인 존재라는 점을 강조한다. 따라서 그는 아이들의 자존감을 살려주기 위해 경쟁을 부추기지 않는 것은 사회전반의 하향평준화를 가져올 수 있다고 우려한다. 새삼스러운 얘기는 아니다. 다윈Darwin이 150여 년 전 『종의 기원』에서 인간의 본성이 생존경쟁과 적자생존이라고 설파한 것과 맥락을 같이 한다. 우리 몸은 생존기계일 뿐이고, 이기적 유전자가 생명의 주인이라는 도킨스R. Dawkins의 주장도 비슷한 맥락이다.

하지만 이런 주장은 절반만 사실이다. 러시아의 지리학자이자 동물학자이며 무정부주의자로도 유명한 크로포트킨P. Kropotkin은 오랜 기간 동물의 세계를 관찰한 결과, 개체들 간의 치열한 생존경쟁만큼이나 '상호부조'도 진화의 중요한 동력임을 밝혀냈다. 다른 종 사이에는 치열하게 경쟁하지만, 같은 종의 동물들은 힘을 합쳐 사냥을 하고 맹수들의 습격을 받으면 놀라운 단결력을 보여주는 등 서로 돕는 특성을 보인다는 것이다. 실제 현대의 뇌과학과 인지과학은 인간이 경쟁이라는 본성 외에도 타인의 고통에 공감하고 어려운 사람을 돕는 정의감을 지닌 사회적 존재라는 사실을 보여준다. 결론적으로 경쟁과 상호부조는 동전의 양면이다.

그런데 시장경제가 발달한 국가의 행복지수가 상대적으로 떨어지는 근본적인 원인 중 하나는 '지나친 경쟁' 때문이다. 경쟁이 갈수록 심화되는 환경 속에서 경쟁에서 뒤지는 개인이나 기업, 집단이

---

13) Todd Buchholz(장석훈 역), 『러쉬』, 청림출판, 2012.

생길 수밖에 없고, 그 수가 많아지고 있다는 것이 문제다. 대기업과 중소기업, 정규직과 비정규직 근로자, 남성과 여성 등 계층 간, 집단 간 양극화가 심화되고 있다. 양극화는 경쟁의 결과이지만 불행의 원인이기도 하다.

특히 우리나라는 무한경쟁의 사회다. 더욱이 경쟁의 룰조차 공정하지 않다. 출산, 양육, 대학입시, 취업, 결혼, 내 집 마련 등 개인이 넘어야 할 산이 너무 많다. 하나라도 제대로 넘지 못하면 빈곤의 나락에서 벗어나기 어렵다. 실제로 우리나라 중산층은 갈수록 하향분해되고 있다. 빈곤층으로 전락하는 중산층이 많다는 얘기다. 그나마 박근혜 정부가 출범하면서 선진국들의 행복열풍에 맞추어 경제민주화와 복지확장을 통해 '국민행복시대'를 열겠다고 해서 기대했는데, 다시 성장 제일주의로 선회하는 걸보니 아직 때가 아닌 것 같다.

유엔 지속가능개발연대SDSN가 발표한 〈2016 세계 행복보고서〉에서 한국인의 행복점수는 10점 만점에 5. 835점으로 조사대상 157개국 중 57위로 조사됐다. 지난해에는 47위였다. 국내총생산GDP, 건강한 기대수명, 정부와 기업의 투명성, 개인의 자유, 사회적 지원 등을 평가해 산출한 것이다. 1위는 7. 526점의 덴마크, 2~5위는 스위스, 아이슬란드, 노르웨이, 핀란드로 모두 유럽국가들이며, 이어 캐나다, 네델란드, 뉴질랜드, 호주, 스웨덴 순이다. 아시아 국가로는 싱가포르(22위), 태국(33위), 대만(35위), 말레이시아(47위), 일본(53위). 카자흐스탄(54위)도 한국보다 더 행복한 나라로 조사됐다. 그밖에 미국은 13위, 독일 16위, 영국 23위, 프랑스 32위, 이탈리아 50위, 러시아 56위, 중국 83위로 나타났다. 행복지수가 가장 낮은 나라로는 오랜 기간 내전에 시달려온 아프리카의 부룬디와 중동의 시리아가 1, 2위라는 불명예를 떠안았다. 북한은 조사대상국에서 제외됐다.

보고서는 조사결과를 토대로 "많은 나라가 불평등의 심화를 대가로 경제가 성공하고 있지만, 통계를 살펴보면 불평등이 적을수록 행복한 생활이 가능하다는 것을 알 수 있다."면서 "유럽 복지국가들의 경우 불평등을 해소시켜 줄 사회보장 장치들이 많기 때문에 행복지수도 높았다."고 설명했다. 보고서 저자로 참여한 제프리 색스 Jeffrey Sachs 미국 컬럼비아대 교수는 "인간의 복지는 경제, 사회, 환경적 목표를 결합하는 포괄적 방식으로 접근해야 하며, 그래야 지속적으로 번영하는 사회가 가능하다."고 강조했다. 그는 경제적으로 부유하지 않아도 행복도가 높은 나라로 코스타리카(14위)를 꼽았고, 미국은 부유하지만 경제적 불평등이 심각한 수준으로 나타났다고 밝혔다.[14)]

14) 〈오마이뉴스〉, 2016. 3. 21.

welfare
state

2장 복지국가의 성립과 조건

2장 복지국가의 성립과 조건

Ⅰ. 복지국가의 성립

1. 복지국가의 기원

복지국가는 어느 날 갑자기 탄생한 것이 아니라 오랜 시기에 걸쳐 수많은 우여곡절을 겪으면서 형성되어 왔다. 유럽에서 최초의 복지제도라 할 수 있는 구빈법은 중세봉건사회에서 시행되기 시작하여 봉건적 농업사회가 붕괴되고 자본주의적 산업화가 전개되면서 더욱 강화됐다. 그 대표적 사례로 거론되는 영국의 경우 구빈법은 1349년의 〈노동자법〉으로 시작해서 여러 가지 명칭으로 개정을 거치면서 20세기 초에 사회보험제도가 제정될 때까지 시행되었다. 하지만 구빈법은 빈민의 삶을 보호하는 측면보다 빈민을 통제하여 정치안정을 확보하고 노동력의 원활한 공급을 도모하는 데 훨씬 더 많은 비중을 두었다.

1880년대 독일에서 시작하여 유럽 각국에서 제정된 사회보험제도들은 국가의 복지정책에 새로운 장을 열었다. 왜냐하면 이 시기에 만들어진 사회보험제도들은 인류역사에서 온갖 종류의 자연적, 경제적, 사회적, 정치적 위험에 노출된 채 불안하고 힘겨운 삶을 살아온 보통사람들의 삶을 강제보험을 통해 종합적으로 보호할 수 있는 기틀을 마련했기 때문이다. 독일에서 세계 최초로, 더욱이 보수정치가인 비스마르크에 의해서 복지제도가 도입된 이유는 무엇인가? 당시 그의 인터뷰를 살펴보자.

> 노동계급의 현실을 만족시키기 위해서라면, 비록 막대한 예산을 지출하더라도 결코 비싼 대가라고 할 수 없다. 우리는 노동계급과 원만한 관계를 정립함으로써 많은 것을 얻을 수 있다. …불안정한 수입 때문에 국가에 적대감을 느끼는 근로자들의 미래를 보장하기 위해 예산을 지출한다면, 이것은 곧 우리 자신의 미래를 보장하는 것이요, 우리 자신을 위한 투자가 될 수 있다. 이로써 우리는 50년 내에, 경우에 따라서는 10년 내에 닥칠지도 모르는 혁명을 사전에 예방할 수 있다.[1)]

비스마르크는 현대적 의미에서 거론되는 시민권이나 삶의 질을 높이기 위해서가 아니라, 보수적 정치체제를 유지하기 위해 복지정책을 도입했던 것이다. 그렇게 하지 않으면 노동계급의 혁명이나 대규모 저항이 일어날 것으로 보았기 때문이다. 당시 독일에서는 노동계급을 비롯한 서민들의 생활형편이 너무 열악하여 사회민주당이 전개하는 사회주의운동에 쉽게 참여할 수 있었다. 복지가 좌파만의 정책이 아닌 이유이다.

비스마르크는 노동계급과 사회민주당의 연합을 차단하기 위해 1878년에는 '사회주의 탄압법'을 시행하는 한편, 노동계급의 복지를 위해 사회보험제도를 도입했으니 질병보호법(1883), 산업재해보험법(1884), 노령 및 폐질보험법(1889) 등이 그것이다. 이후 독일에서 시행된 주요 사회보험제도들은 1차 세계대전이 종결된 1918년까지 대부분의 유럽국가에서 정착되었다.

복지국가의 모색기라 불리는 1920년부터 1945년까지는 세계적 수준에서 진행된 경제공황과 2차 세계대전 그리고 공산주의의 위협이 복지국가 탄생의 가장 중요한 요인이 되었다. 먼저 1929년 세계적인 경제공황은 세계 곳곳에서 대규모 생산중단과 이에 따른 대규모 실업자를 양산했다. 이런 상황에서 각국의 진보정당들은 조직화된

---

1) 게르하르트 리히터(전광석 역), 『복지국가의 기원』, 교육과학사, 1992, 66~67.

노동계급과 중간계급 및 농민들과의 선거연합을 통해 국가권력을 장악했다. 그 결과 서구국가들은 '뉴딜New Deal', '역사적 타협historical compromise' 등으로 불리는 사회협약을 자본계급과 노동계급 간에 체결하여 국가복지를 대폭 확대해 나갔다.

둘째로 2차 세계대전은 국민들로부터 엄청난 희생을 강요하고 국민생활의 광범위한 영역에 대한 국가의 개입을 초래했다. 전쟁은 대규모의 사상자와 빈민을 양산함으로써 종래의 구빈제도나 사회보험제도가 더 이상 작동할 수 없게 만들었다. 따라서 2차 세계대전과 같은 총력전을 치르는 동안 서구국가들은 국민을 총동원하기 위해 전쟁이 끝나면 국민들에게 더 나은 삶을 보장할 것이라는 약속을 할 수밖에 없었다.

셋째로 서구국가들이 복지국가를 지향하게 된 또 하나의 요인은 1917년 소련이라는 현실 공산주의체제의 등장이었다. 공산주의체제는 국가가 국민이 필요로 하는 재화와 서비스를 전적으로 공급하고 분배하겠다고 약속했던 것이다. 이로써 국가 중심의 공산주의체제는 시장 중심의 자본주의체제에 대항하는 심각한 위협으로 등장했다. 이것이 바로 서구국가의 복지정책의 확대를 더욱 가속화시켰다.

2. 영국 복지국가의 탄생

복지국가는 1948년 7월 5일 영국에서 세계 최초로 탄생한 것으로 알려져 있다. 당시 집권했던 영국 노동당 애틀리Attlee 정부의 '조용한 혁명'이었다. 하지만 영국 복지국가의 기본 틀은 2차 세계대전이 한창이던 1942년 당시 보수당의 처칠Winston Churchil 총리가 이끌었던 연립정부가 전쟁에 국민을 총동원하기 위해 구성했던 베버리지를 위원장으로 하는 사회보장제도 개혁위원회의 보고서 〈사회보험과 관련 서비스〉, 일명 '베버리지 보고서'에 기초한 것이었다.

베버리지 보고서의 내용을 요약하자면 전쟁이 끝난 후 영국사회는 빈곤이 없는 사회로 가야하며, 빈곤을 없앨 수 있고, 빈곤 퇴치를 위한 주요한 도구는 사회보험이어야 한다는 것이었다. 물론 사회보험만으로는 빈곤 없는 사회를 건설할 수 없다. 사회보험이 성공적으로 작동하기 위해서는 세 가지 전제조건이 충족되어야 하며, 이를 위한 국가의 적극적 조치가 필요하다.

첫째로 아동의 건강한 성장을 위한 아동수당 제도의 시행이다. 아동은 사회의 미래이므로 부모의 소득수준과 관계없이 건강하게 성장할 수 있도록 사회가 지원해야 한다. 따라서 아동수당은 만 15세(학업 중일 경우 16세)까지의 아동에 대해 성장에 필요한 생계비를 현금으로 지원하는 제도다. 둘째로 질병으로부터의 자유다. 영국 국민이라면 신분의 귀천과 소득의 고하를 막론하고 누구나 자유롭게 치료할 수 있는 무료의료 시스템을 마련해야 한다. 셋째로 누구나 원하면 일할 수 있도록 완전고용을 위한 적극적 노동시장정책을 추진한다.

이상의 세 가지 전제조건이 달성되어 모든 국민에게 적용되는 보편적인 사회보험이 시행된다면, 영국 국민은 태어나서 만 15세까지는 아동수당을 통해 건강하게 성장할 수 있도록 지원받고, 취업연령에 도달한 성인이 되면 완전고용정책과 적극적 노동시장정책에 따라 취업지원을 받으며, 일시적으로 실업상태에 빠졌을 경우 재취업을 위한 지원뿐만 아니라 실업급여도 제공받아 생계를 걱정할 필요가 없게 된다. 질병과 재해를 당할 경우 무료치료 서비스가 제공되며, 아픈 기간 동안 직장에서의 소득이 중단되어도 기본생활 이하로 떨어지지 않도록 사회보험기금을 통한 소득지원이 이루어진다.

나이가 들어 퇴직할 경우에는 사회보험체계에 있는 노령연금의 지급으로 노후생활이 보장된다. 즉 영국 국민은 '요람에서 무덤까지' 빈곤을 걱정하지 않아도 되고, 영국은 국민의 생활을 보장하는 복지국가가 될 수 있다는 것이다. 이때 국가가 보장해야 할 국민의 최소한의 생활수준을 '국민적 최소national minimum'라고 규정하고, 이 수준 이하로 생활수준이 떨어지지 않도록 각종 사회보험의 급여가 이루어져야 한다고 역설한다.2)

베버리지 보고서는 전쟁으로 고통 받던 국민들에게 희망을 주었고 폭발적인 인기를 끌었지만, 처칠을 비롯한 보수당의 입장에서는 막대한 전후 복구비용을 생각할 때 감당하기 어려운 것이었다. 독일이 패망하고 전쟁에서 승리한 영국은 전시의회를 해산하고 새로운 정부를 구성하기 위한 총선거를 1945년 7월 5일에 실시한다. 선거운동 기간 동안 보수당과 노동당과 자유당은 모두 베버리지 보고서의 내용을 실현하겠다고 공약했다. 전시내각에서 보수당은 반대 입장을 취했지만, 여론을 무시하기 어려웠던 것이다. 노동당은 이런 보수당이 겉으로는 찬성하지만 소요경비를 핑계로 사회보장계획을 축소할 것이라고 비판하면서, 노동당이 집권하면 사회보험 확대와 관련된 입법조치를 신속하게, 그리고 적극적으로 추진할 것이라고 공언했다.

선거는 전쟁을 승리로 이끈 것이 보수당이었음에도 불구하고 노동당의 압승으로 끝났고, 자유당은 몰락하여 보수당과 노동당의 양당구도로 가는 결정적 계기가 되었다. 집권한 노동당 정부는 약속대로 1946년 7월에 국민보험제도와 산업재해보험을 실시하는 법안을 통과시켰고, 1946년 11월에 국민보건서비스NHS를. 그리고 1948년 5월에 국민부조법을 공포했다. 그리고 국민부조법이 효력을 발휘한 1948년 7월 5일이 영국 복지국가의 정식 출범시기로 간주된다.3)

---

2) 정원오, 『복지국가』, 책세상, 2010, 40~41.
3) 위의 책, 43.

3. 스웨덴 복지국가의 탄생

스웨덴에서는 영국보다 다소 빠른 시기인 1930년대에 복지국가 체제가 구축되기 시작했다. 스웨덴의 복지국가는 영국과는 상당히 다른 정치사회적 환경 속에서 형성됐으며, 추구하는 궁극적 목표도 다소 상이하다. 오늘날 많은 학자들은 가장 이상적인 복지국가 모델로, 또한 사민주의 이념을 가장 잘 반영하고 있는 복지국가 모델로 스웨덴을 꼽기도 한다. 스웨덴은 사민당이 1932년 이래 장기집권을 했기에 다른 서구국가들보다 더욱 강력한 복지체제를 갖출 수 있었던 것이다.

브란팅Brinting의 사민당이 내세운 복지국가 모델은 '인민의 가정 folkhem modellen'이라는 슬로건에 집약되어 있다. 모든 사람들이 가정에서 느끼는 편안함을 국가가 책임지고 제공하겠다는 것이다. 그리하여 사민당은 대공황기인 1932년에 최초로 집권에 성공해서 스웨덴 복지국가의 틀을 다지기 시작했다. 또한 1938년에는 노조의 권리와 기업의 경영권을 상호 인정하는 살트셰바덴 협약이 노총과 경총 사이에 이루어졌다. 경총은 사민당이 집권하면서 환경이 바뀌었기 때문에, 노총은 사민당이 앞으로 계속 집권하리라고 기대하기 힘들었기에 쌍방이 노사자율주의의 계급타협을 이루어냈다.4)

앞에 소개한 영국의 경우 사민주의를 추구하는 노동당은 보수당과 힘겨운 경쟁관계에 있었기에 복지체제는 양당 간의 타협의 산물일 수밖에 없었다. 어느 한 쪽의 이념적 가치가 일방적으로 반영되기 어려웠고, 대부분의 서구국가들에서도 마찬가지였다. 그런데 스웨덴의 경우 1930년대 이후 사민당은 정치적 기반이 매우 견고해서 아주 오랫동안 집권할 수 있었다. 이런 정치적 기반은 사민당이 주

4) 신광영, "복지는 좌파의 정책일까", 김연명 외, 『대한민국 복지』, 두리미디어, 2011, 45.

도해나가는 강력한 복지국가체제를 형성할 수 있게 해주었다.[5)]

이후 30여년이 지난 1960년대에 이르러서야 비로소 스웨덴 복지국가 모델이 정립되기 시작했다. 스웨덴 복지국가체제를 구축하는 세 기둥은 누구나 일할 수 있는 기회를 제공하는 완전고용정책, 임금이 높으면 인상을 억제하고 임금이 낮으면 인상률을 높여 임금격차를 줄여주는 연대임금정책, 그리고 재해와 질병, 실업과 정년퇴직 등 인생의 위기상황에서도 기본생활이 가능하도록 지원하는 보편적 사회보장정책이라고 할 수 있다.[6)]

영국에서 복지국가의 기틀을 마련한 베버리지 보고서의 제안이 초점을 맞춘 것은 빈곤의 해소와 예방, 즉 빈곤 없는 사회를 만드는 것이었다. 따라서 영국 복지국가가 추구하는 궁극적 목표는 빈곤 없는 사회라고 할 수 있으며, 베버리지의 표현에 따르면 국민의 최소생활수준이 보장되는 국가건설이라고 할 수 있다. 그런데 스웨덴 복지국가가 추구하는 목표는 빈곤의 해소에 머물지 않고, 지나친 불평등이 없는 사회, 즉 불평등의 완화를 목표로 한다.[7)]

지금까지 살펴보았듯이 서구국가들에서의 복지국가가 탄생하는 과정과 지향하는 목표는 각국이 처해있던 시대적 상황에 따라 다소 차이가 있을 수 있다. 하지만 복지국가는 카아E. H. Carr가 지적했듯이 민주주의를 추구하는 서구국가들에서 19세기 자유방임적 야경국가의 논리적 반대이자 귀결로서 등장했던 것이다. 자유경쟁의 결과는 경쟁을 파괴하는 것이었고, 경쟁하는 개인 대신에 독점하는 집단이 경제단위로 나타났다. 따라서 국가의 불간섭이라는 개념은 더 이상 지지를 받을 수 없게 되었다. 자유방임의 철학은 노동시장에

---

5) 정원오, 앞의 책, 52.
6) 위의 책, 59.
7) 위의 책, 53.

서 자본가 개인과 노동자 개인의 경쟁을 전제했다. 그러나 자본주의가 발달하면서 자본가와 노동자 두 집단 간의 계급투쟁이 전개됐다. 따라서 국가는 자유방임주의가 창출하는 데 실패한 조화를 어느 정도라도 달성하기 위해, 또한 극단에 이르면 자본주의체제 자체를 파괴할 것으로 보이는 계급투쟁을 완화하기 위해서라도 개입하지 않을 수 없었다.[8)]

그 결과 2차 세계대전 이후 영국을 비롯한 서구국가들의 사회정책의 목표는 정치적 목표와 경제적 목표, 즉 민주주의와 사회주의를 조화시키는 것이었다. 이런 시도에 대해 자유민주주의자들과 공산주의자들은 여전히 반대했지만, 계급투쟁을 피하고 민주주의를 살리기 위해선 오직 그 길밖에 없었던 것이다.[9)] 그 길이 바로 복지국가의 탄생이었다.

Ⅱ. 복지국가의 성립조건

우리는 앞에서 복지국가의 탄생과정을 살펴보았다. 그렇다면 복지국가 성립의 조건들로는 어떤 것들이 있는가? 이에 대해서는 아직도 논쟁이 그치지 않고 있다. 복지국가의 성립형태는 국가들마다 특이한 양상을 보이기 때문에 복지국가 성립의 이론과 조건들을 일반화하기는 어렵기 때문이다. 그러나 복지국가의 성립에 관한 기존의 다양한 이론들을 살펴보고, 그 중에 공통된 요소들을 사회영역별로 구분해보면 복지국가의 성립조건들도 어느 정도 추출할 수 있을 것으로 보인다.

---

8) E. H. Carr, *The New Society*, London, Macmillan, 1951. 박상규 역, 『새로운 사회』, 서문당, 1974, 45~46.

9) 위의 책, 63~64.

복지국가의 성립에 관한 기존의 이론들은 크게 복지국가의 성립을 하나의 사회현상으로 보아 인과론적으로 설명하는 입장과 목표와 이념에 의한 목적론적으로 설명하는 입장으로 나누어 볼 수 있다. 여기서는 인과론에 속하는 다섯 가지 이론과 목적론에 해당되는 두 가지 이론을 살펴볼 것이다. 먼저 인과론으로는 복지국가의 성립을 1) 산업화의 산물로 보는 산업화 이론, 2) 독점자본의 필요에 의한 산물로 보는 자본의 필요 이론, 3) 노동의 요구에 따른 산물로 보는 노동의 요구 이론, 4) 민주정치의 과정에서 각종 이익집단정치의 산물로 보는 이익집단의 정치이론, 5) 국가구조의 관리자의 입장에서 보는 국가 중심적 이론을 살펴볼 것이다. 또한 목적론으로는 복지국가의 성립을 6) 시민권의 발전으로 보는 시민권이론, 7) 사회정의의 구현으로 보는 사회정의론으로 나누어 살펴볼 것이다.[10)]

보통 복지국가의 성립이론으로 앞의 세 가지 이론, 즉 산업화 이론과 자본의 필요 이론, 노동의 요구 이론만 소개하는 경우가 많다. 하지만 이것들은 인과론적 입장만 다루고 있고, 그 중에서도 거시적인 관점에 편중되어 있다. 이런 한계를 극복하기 위해서 일곱 가지 이론을 제시하는 것이다. 이들 이론들은 각기 나름대로 의의와 한계를 지니고 있기 때문에 통합적인 접근이 필요할 것으로 보인다. 따라서 먼저 각각의 이론들의 의의와 한계를 차례로 살펴본 후, 이것들을 사회영역별로 통합하여 복지국가의 성립조건을 경제적 산업화. 정치적 민주화, 복지문화의 성숙의 세 가지로 제시해 보기로 하자.

---

10) 김교환, 『현대복지국가론』, 교육과학사, 2002, 67~68.

1. 복지국가의 성립이론

1) 산업화 이론

복지국가의 성립을 설명하는 이론들 가운데 가장 먼저 또한 가장 많이 논의되면서도 비판받는 이론이 우파의 산업화 이론industrialization theory이다. 산업화 이론에 따르면 복지국가의 성립은 산업화가 야기한 사회경제적 변화로 발생한 새로운 기능적 필요에 대한 대응이, 또한 산업화로 인해 가능해진 자원을 통해 이루어진 것으로 본다. 이 이론은 기능주의적 입장에 기초한 것으로서 새로운 기능을 충족시키는 것은 자본주의사회의 원만한 유지와 질서를 위해 필수적이기 때문이다. 새로운 기능적 필요란 과거의 복지기능이 사라진데 대한 기능적 간극의 발생과 새로운 기능적 필요로 요약된다.[11]

먼저 기능적 간극은 산업화 이전에 복지기능을 담당했던 제도들의 소멸로 발생한다. 봉건제 하에서 영주가 농노에게 제공했던 복지공여, 대가족제에서 가족 상호 간에 떠맡았던 복지에 대한 책무와 역할의 교환성, 그리고 막강한 사회제도로서의 교회가 담당했던 빈민구제들이 사회경제적 분화와 세속화 등으로 기능이 약화·소멸되었다. 그 결과 수많은 사람들이 비인간적인 시장의 논리, 즉 현금거래에 기초한 계약관계에 무기력하게 노출되었다. 특히 산업노동자들이 실업, 질병, 산업재해, 퇴직 등 예기치 않았던 소득손실로 인한 '무고한 희생자'로 등장하면서 이들을 위한 복지기능을 누군가가 대행할 필요가 발생한다.

한편 산업화가 야기한 도시화 현상은 개인적으로는 실현이 불가능할 뿐만 아니라 참여할 유인을 갖지 못하는 집산재, 예컨대 도로, 상하수도, 오물수거, 각종 공해, 국민위생 등에 대한 새로운 기능적

---

11) 고세훈, "복지이론, 한국적 현실, 그리고 전망", 『한국정치학회보』 26집 1호, 1992, 236.

필요를 만들어냈다. 또한 의료기술의 발전은 인구 구성의 변화를 초래하여 교육과 연금 및 노령수당 등 새로운 복지에 대한 수요를 창출시키고 이에 대한 공공지출의 필요성을 증대시킨다.

산업화 이론에서 중요한 것은 산업화는 경제성장을 통해 복지를 시행할 수 있는 자원을 축적시킨다는 것이다. 경제성장으로 국민소득이 올라가면 조세부담 능력도 커지고, 세금을 낼 의향도 증가해서 사회복지에 사용할 자원이 커진다.[12) 그 결과 서로 다른 정치이념과 정치문화를 가진 국가들도 산업화만 이루어지면 복지국가가 된다는 수렴이론covergence theory을 주장한다. 이를 대표적 주창자인 윌렌스키H. Wilensky는 다음과 같이 표현하고 있다.

> 경제성장과 그것에 수반되는 인구학적, 관료제적 측면에서의 변화의 결과가 복지국가의 기원과 발전의 근원적 원인이다. 따라서 사회주의경제냐 자본주의경제냐, 집단주의 이념이냐 개인주의 이념이냐, 민족주의냐 전체주의적 정치체제냐 등을 구분하는 문제는 복지국가의 발전을 설명하는 데 무의미하다.[13)]

국가의 복지지출 수준과 산업화 수준 사이에 일정한 상관관계가 존재한다는 사실은 복지국가의 출현과 발전에 대한 산업화 이론의 논거를 강하게 뒷받침한다. 하지만 실제로 서구 복지국가들이 경제공황과 전쟁이라는 어려운 상황을 겪으면서 성립되었다는 사실은 복지국가가 성립하기 위해서는 산업화가 어느 정도 이루어졌으면 되는 것이지 반드시 높은 수준에 이르러야만 되는 것은 아니라는 점을 시사한다. 또한 산업화 이론은 복지국가의 성립에 대해 지나치게 거시적이며 가치중립적이다. 산업화 이론은 서로 다른 정치이

---

12) D. Cameron, "The Expansion of the Public Economy: A Comparative Analysis", *APSR*, 72, 1978.

13) H. Wilensky, *The Welfare State and Equality*, Barkelry, UCP, 1975.

념과 정치문화를 가진 국가들도 산업화만 달성하면 자동적으로 복지국가로 발전해서 유사한 복지제도를 갖게 된다고 보지만 실제 그렇지 않은 경우도 있다. 대표적인 사례로서 미국과 일본과 같은 나라들은 오랜 기간 동안 세계적인 경제대국이지만 아직도 복지수준에 있어서는 유럽의 복지국가에 크게 뒤지기 때문에 복지국가라 할 수 없는 것이다.

산업화 이론에 따르면 복지욕구가 있으면 자동으로 복지제도가 나타난다고 보지만 복지욕구와 복지제도 간의 인과관계에 대한 설명이 부족하다. 물론 산업화 이론의 가정은 복지욕구가 복지제도로 나타나는 것은 사회적 합의에 의한 것이라 본다. 즉 사회구성원 모두가 사회복지의 확대를 원한다는 단순한 가정에 입각해있다. 이런 가정은 2차 세계대전 이후 1970년대 초까지의 복지국가의 확대기에는 어느 정도 타당하나 이후 복지국가의 재편기에는 적용되기 어렵다. 또한 산업화 이론은 모든 복지기능을 체제유지에 순기능하는 것으로 간주함으로써 자본주의체제를 자연스럽게 정당화하고 있는 것이다.[14] 하지만 이런 시각은 선진국 내부의 다양한 복지국가의 형태와 수준이 보여주는 차별성을 적절히 설명하지 못한다.

2) 자본의 필요 이론

자본의 필요 이론은 신마르크스주의자들이 주장하는 것으로서 복지국가는 자본주의가 자유경쟁단계에서 독점단계로 이행한 결과, 독점자본의 지속적인 축적을 위해서는 더욱 투쟁적으로 되어가는 노동계급을 회유해야만 하는 필요성에 의해 성립된다. 이를 독점자본이론이라고도 한다. 본시 마르크스주의는 비인격적 시장의 냉혹한 경쟁에 의해 인간의 필요보다는 이윤추구를 중시하는 자본주의

---

14) 고세훈, 앞의 글, 238.

사회에서 국가란 자본주의 생산관계를 보존하고 자본계급의 이익에 봉사하는 도구에 불과하기 때문에 복지국가는 존재할 수 없다고 보았다. 그러나 자본주의가 자유경쟁 자본주의로부터 독점자본주의로 변화하는 현상이 2차 세계대전 이후 뚜렷해지고, 국가도 경제에 적극 개입하면서 국민의 복지를 책임지는 복지국가로 변모하자, 복지국가의 성립을 독점자본주의의 속성과 연결시켜 설명하려는 신마르크스주의neo-Marxism가 등장했던 것이다.

자본의 필요 이론은 크게 도구주의와 구조주의의 두 관점으로 나누어진다. 양자는 복지국가를 독점자본의 기능적 필요의 산물로 본다는 점에서는 동일하지만, 복지국가에서의 국가의 역할에 대해서는 다른 시각을 가지고 있다. 도구주의의 대변자 밀리반드R. Miliband에 따르면 국가는 자본계급의 이익을 실현하는 도구에 지나지 않기 때문에 복지국가의 등장은 자본계급의 자본축적의 필요성에 따라 공황과 프롤레타리아 혁명을 방지하기 위해 자본계급에 의해 직접 제안되고 결정된다고 본다.[15] 즉 복지국가는 자본주의의 미래를 멀리 보는 대기업의 현명한 자본가들이 때로는 중소기업가들의 반대를 설득하면서 보다 장기적인 이익을 얻기 위해 성립된 것이라는 것이다.

반면에 구조주의적 관점에 따르면 자본주의 하에서 국가는 자본가들의 영향력에 대해 상대적 자율성relative autonomy을 가지고 있지만, 자본주의경제 자체를 기반으로 활동하기 때문에 불가피하게 그것을 유지·강화해야만 존속할 수 있다고 본다.[16] 또한 국가는 일부 자본가들의 반대에도 불구하고 상대적 자율성을 가지고 복지정책을 확대해야만 자본주의사회의 안정을 이루어 자본계급의 장기적

---

15) R. Miliband, *The State in Capitalist Society*, New York, Basic Books, 1969.

16) J. O'Connor, *The Fiscal Crisis of the State*, New York, St. Martin's, 1973; C. Offe, *Contradictions of the Welfare State*, Cambridge, MIT Press, 1984; I. Gough, *Political Economy of the Welfare State*, London, Macmillan, 1979.

이익을 보장할 수 있다는 것이다. 자본가들은 계급의식도 없고 개인들의 단기적 이익 때문에 분열되기 쉬워서 국가만이 복지정책을 통해 자본주의에 매우 위협적인 노동계급을 통제하고 분열시킬 수 있다는 것이다.[17)]

이런 맥락에서 복지국가의 등장은, 오코너J. O'Connor에 따르면, 독점자본주의 단계에서 국가가 수행해야 하는 두 가지 기본적이고 모순적인 기능, 즉 자본축적accumulation의 기능과 정당화legitimation의 기능을 동시에 수행하기 위한 것이다. 또한 오페C. Offe에게는 독점자본주의 하에서 자본과 노동의 갈등으로 발생하는 경제적 위기를 관리하기 위한 것이다. 한편 고프J. Gough에 따르면 독점자본주의 하에서 노동력의 재생산과 비노동인구(예컨대 미래의 노동자인 아동과 질병에 걸린 노동자와 실업자 등의 산업예비군)의 유지를 목적으로 한 것이었다.

요컨대 신마르크스주의자들의 자본의 필요 이론에 따르면 복지국가는 결국 자본주의사회의 변혁을 위한 단계라기보다는 그것의 안정화를 위한 도구에 불과하며, 독점자본의 기능적 필요에 대한 반응에 불과한 것이다. 하지만 오코너가 지적했듯이 복지국가는 두 가지 기능, 즉 자본축적 기능과 정당화 기능을 동시에 수행하려하지만 결국 두 기능의 상호모순성에 기인한 재정위기로 파산할 것으로 본다. 따라서 진정한 의미의 복지는 생산관계의 변화가 완결된 공산주의체제가 수립된 이후에만 가능하며, 단지 이미 생산된 것의 재분배를 의미하는 복지국가는 자본주의적 본질을 은폐하기 위한 수단에 불과하다는 것이다.

자본의 필요 이론은 복지국가의 성격을 산업화 이론이 무시한 독점자본의 이익과 연결시켜 설명하고 있다는 점에서 의의가 있다.

---

17) F. Piven & R. Cloward, *Regulating the Poor*, New York, Vintage, 1971.

하지만 산업화 이론과 마찬가지로 경제적 요인을 지나치게 강조함으로써 선진국들의 복지체계의 차별성을 설명하지 못하며, 너무 거시적인 개념 틀에 의존하므로 경험적 실증이 어렵다. 더욱이 진정한 의미의 복지는 공산주의에서만 가능하다는 주장은 이미 현실 공산주의체제가 붕괴된 역사적 경험을 통해 한낱 환상에 불과하다는 것이 명백하게 드러났다.

3) 노동의 요구 이론

노동의 요구 이론은 사민주의자들에 의해 제기된 것으로서 서구사회에서 노동운동이 수행한 역할에 초점을 맞추면서 노동계급의 조직화 정도와 조직된 노동세력의 정치적 동원 정도를 그 지표로 중시한다. 복지국가의 성립은 노동조합 등을 통해 노동계급이 얼마나 조직화되어 있으며, 노동계급의 정당을 통해 얼마나 정치적으로 동원될 수 있는가에 따라 주로 결정된다는 것이다. 따라서 복지국가 자체가 자본과 노동 간의 '민주적 계급투쟁'에서 노동계급의 성공적인 정치적 동원의 결과로서의 전리품이다. 이런 주장은 특히 스칸디나비아 사민주의 국가들의 경험에 의거한 것으로서 '권력자원이론'이라고도 부른다.[18)]

앞에서 살펴본 산업화이론과 자본의 필요 이론은 이념적 배경이 서로 달라 전자는 복지국가 성립을 설명하는 데 있어 자본주의사회의 계급갈등을 무시하는 한편, 후자는 계급갈등에 초점을 맞추었다. 하지만 양자는 복지국가의 성립을 자본주의경제의 기능적 필요의

---

18) 이런 입장의 대표적인 학자와 저술로는 G. Esping-Andersen, *Politics Against Market: The Social Democratic Road to Power*, Princeton, PUP, 1985와 *The Three Worlds of Capitalism*, Cambridge, Polity Press, 1990; W. Korpi, *The Working Class in Capitalism: Work, Union and Politics in Sweden*, London, RKP, 1978과 *The Democratic Class Struggle*, London, RKP, 1983; J. Stephens, *The Transition from Capitalism to Socialism*, London, Macmillan, 1979 참조.

산물로 본다는 점에서는 공통된다. 즉 양자가 모두 경제적 요소를 강조하는데 비해서 노동의 요구 이론은 정치적 요소를 중시한다. 노동의 요구 이론은 자본의 필요 이론처럼 자본주의에서의 계급갈등에 초점을 맞추었지만, 자본의 필요 이론이 이런 계급갈등에서 자본의 일방적인 이익추구라는 관점으로 설명한 것과 달리, 노동의 요구 이론은 노동계급의 정치적 세력확대의 결과로 설명한다.[19] 다시 말해 자본의 필요 이론은 자본소유로부터 나오는 경제적 힘이 지배적이라고 주장하는 반면, 노동의 요구 이론은 의회민주주의 제도에서의 정치적 힘을 강조하는 것이다.

노동의 요구 이론에 따르면 산업화된 민주사회에서 힘의 근원은 시장에서 나오는 경제적 힘과 민주정치에서 나오는 정치적 힘으로 나눌 수 있는데, 경제적 힘은 생산수단의 소유로 인한 노동통제로부터 나오고 정치적 힘은 민주제도를 통한 다수의 무산자들의 정치적 조직화로부터 나온다.[20] 경제영역에서는 노동이 자본에 비해 열등한 지위에 있지만, 정치영역에서는 다수의 노동계급이 조직화를 통해 정치적 힘을 키움으로써 자본의 경제적 힘에 대등하게 경쟁하고 승리할 수 있다는 것이다. 즉 산업사회에서의 제도화된 권력투쟁은 시장의 논리와 정치의 논리 간의 투쟁이고, 그 결과 사회권social rights의 확대로 복지국가가 성립했다는 것이다.

따라서 복지국가의 성립을 위해서는 우선 노동계급의 선거권이 확대되어야 하고, 이를 바탕으로 노동계급의 이익을 대변하는 노동조합과 정당이 민주제도를 통해 권력을 행사할 수 있어야 한다는 것이다. 이런 맥락에서 피어슨C. Pierson은 복지국가의 성립을 위한 일곱 가지 요인을 다음과 같이 지적하고 있다; 1) 선거권의 노동계

19) 김태성·성경륭, 『복지국가론』, 나남, 1993, 148.
20) W. Korpi, "Power, Politics, and State Autonomy in the Development of Social Citizenship: Social Rights during Sickness in 18 OECD Countries since 1930", *ASR*, 54, 1989, 309~328.

급으로의 확대, 2) 노동계급을 대변하는 사회민주당의 발전, 3) 강력하고 중앙집권화된 노조운동, 4) 우파정당의 약화, 5) 사민당의 지속적인 집권, 6) 경제의 지속적인 성장, 7) 노동자의 강한 계급의식과 종교·언어·인종적 분열의 약화.[21]

노동의 요구 이론은 산업화 이론과 자본의 필요 이론이 무시한 노동계급의 투쟁으로 함축되는 정치적 요소들을 중시함으로써 선진국들 간의 복지체제의 차별성을 설명할 수 있다는 이점을 가진다. 이 이론은 특히 스칸디나비아 국가들을 설명할 때 타당성이 높다. 하지만 다른 국가들에서는 강력한 노동운동의 존재와 정치적 동원이 반드시 고도의 복지수준과 일치되는 것은 아니며, 순수한 노동계급의 정당으로서는 집권이 어렵기 때문에 중간층과의 연합을 위한 탈계급적 대중정당이 요구된다는 한계를 지니고 있다.[22]

4) 이익집단의 정치 이론

노동의 요구 이론이 계급갈등의 정치적 측면을 강조했다면, 이익집단정치interest group politics 이론은 산업화이론의 정치적 측면에 초점을 맞춘다. 노동의 요구 이론은 전통적인 계급, 즉 자본과 노동의 정치적 권력투쟁에서 사회복지의 발전을 설명하는 반면에, 이익집단정치 이론은 다양한 이익집단들의 정치적 힘에 초점을 맞춘다. 이익집단정치 이론에 따르면 사회복지의 발전은 다양한 이익집단들 간의 사회적 자원의 배분을 둘러싼 경쟁이 치열해지고, 이런 집단들의 정치적 힘이 중요해져서 정치가들이 이들의 요구를 수용하는 데서 나온 결과라고 본다.[23]

---

21) C. Pierson, *Beyond Welfare State? The New Political Economy of Welfare*, Cambridge, Polity Press, 1991.

22) 김태성·성경륭, 앞의 책, 151~152.

23) F. Pampel & J. Williamson, *Age, Class, Politics and the Welfare State*, Cambridge, Cambridge University Press, 1989.

이익집단 정치이론을 뒷받침하는 논리적 근거는 요약하면 다음과 같다. 첫째로 후기산업사회에 들어와서는 전통적 계급의 차이에 의한 정치적 구분이 약화된다는 것이다. 계급적 구분에 따른 투표성향이 약화되고, 중산층 확대로 인해 계급정당들의 이념이 중도화되자 이념보다 정책이 더욱 중시되었다. 둘째로 후기산업사회에서는 인종, 종교, 언어, 문화, 성, 연령 등의 귀속적 차이에 따른 이익집단들 간의 집단적 정치행동이 커지기 때문이다. 귀속적 집단들의 결속력이 강하게 되면서 전통적 계급차이를 극복할 수 있다. 예컨대 자본가인 노인과 노동자인 노인은 노인이라는 이름하에 단결하여 노인복지를 추구하고 있는 것이다. 셋째로 후기산업사회에서는 많은 이익집단들의 자신들의 이익을 추구하기 위한 경쟁이 계급간의 정치적 경쟁을 대체하게 된다. 많은 이익집단들은 자신들의 이익을 정책에 반영시키는 정치가나 정당과 표를 맞바꾼다.[24]

이익집단 정치이론이 특히 주목하는 집단은 노인집단이다. 오늘날 대부분의 복지국가에서 가장 큰 복지프로그램은 노인들을 위한 것이다. 이것은 노인들의 객관적인 사회복지에의 욕구가 다른 집단보다 크다는 점에서도 일부 설명될 수 있지만, 이익집단 정치이론에 의하면 노인들의 정치적 힘의 증대에 따른 결과이다. 후기산업사회에서의 노인들의 힘의 증대는 첫째로 수적인 증가에, 둘째로 이익의 동질화 현상에 기인한다. 오늘날 대부분의 서구국가들에서 노인이 전 인구에서 차지하는 비율이 15%를 넘어선다. 또한 단순히 노인인구가 많다는 사실보다 중요한 것은 노인들의 투표율이 높다는 사실이다. 그 결과 노인복지는 지속적으로 확대되어 왔고 복지국가 침체기에도 유지되어 왔다.[25]

이익집단 정치이론에 따르면 복지국가 프로그램들의 소득재분배

---

24) 김태성·성경륭, 앞의 책, 153~155.
25) 위의 책, 155~156.

기능은 약하다. 복지국가가 소득이 낮은 집단의 요구를 해결하기보다는 정치적 힘이 강한 집단, 특히 중산층의 이익을 우선적으로 반영하기 때문이다. 이것은 앞서 설명한 세 가지 이론들이 복지국가는 상대적으로 사회에서 소득이 낮은 집단들의 이익을 우선적으로 반영한다고 보는 것과는 대조적이다. 이렇듯 이익집단 정치이론은 복지국가의 성립을 전통적 계급관계를 넘어서 후기산업사회에서의 다양한 이익집단들의 정치적 경쟁에 초점을 맞추었고, 특히 노인복지를 설명하는 데 적합하다는 점에서 의의가 있다. 하지만 이 이론은 후기산업사회, 특히 미국처럼 정치적으로 다원화된 사회에만 적용된다는 한계를 안고 있다.

5) 국가 중심 이론

국가 중심 이론은 복지국가의 성립에 있어서 정치적 요인을 강조하는 이론들 중에 하나지만, 지금까지 소개한 다른 이론들이 복지에 대한 수요의 증대에 초점을 맞춘데 비해 복지를 제공하는 공급의 측면에서 복지국가의 성립을 설명한다는 점에서는 독특하다. 이 이론은 산업화, 자본의 필요, 노동의 요구, 이익집단 등의 복지에 대한 수요가 복지국가의 성립에 영향을 준다는 점을 부인하지는 않으나 이런 영향들이 독립적인 국가구조에 의해 매개된다는 점을 강조한다. 지금까지의 이론들에 의하면 복지국가의 성립에 있어서 국가의 역할은 단순한 시행자(산업화 이론)나 자본가의 하수인(자본의 필요 이론), 아니면 노동계급에 대한 타협자(노동의 요구 이론)이거나 다양한 이익집단들의 요구의 중재자(이익집단의 정치이론)로서 소극적이었다. 그러나 국가 중심 이론은 복지국가의 성립에 있어서 국가의 적극적 역할을 강조하여, 복지국가의 성립요인과 구체적 복지정책 간의 관계는 각국이 갖고 있는 국가구조의 특이성에 의해 결정된다고 본다.[26)]

국가 중심 이론은 복지국가의 성립요인을 설명하는 데 있어 다음의 요소들에 주목한다. 첫째로 복지정책은 국가기구를 맡고 있는 개혁적 정치가나 전문관료에 의해 국가체제의 유지와 안정을 위한 장기적 안목에서 이루어졌다고 본다. 둘째로 국가는 유사한 복지요구가 발생해도 그것을 정책으로 반영할 수도, 그렇지 않을 수도 있다. 셋째로 국가조직의 중앙집권적이고 조합적인 형태가 복지발전을 촉진했고(스웨덴의 경우), 반대로 지방분권적이고 다원적인 국가조직 형태에서는 복지정책에 대한 많은 반대세력에 부딪쳐 복지발전을 이루지 못했다(미국의 경우). 넷째로 국가기관들은 제각기 자기이익을 위해 예산을 팽창시키려는 경향이 있는데, 복지기관도 같은 이유로 복지를 확대시킨다.[27]

그 결과 올로프A. Orloff와 스코치폴T. Skocpol은 다음과 같은 가설을 제시했다. 첫째로 복지정책은 산업화에 기초할 뿐 아니라 국가의 형성과 정치의 조직화에 기초한다. 둘째로 사회보장의 발달과 사회지출의 증대는 국가의 의사와 직결되어 있다. 셋째로 국가는 사회집단과의 관계에서 집단의 요구에 답하기도 하지만, 집단의 요구에 앞서 직접 영향력을 행사하는 능동적 행위자이다.[28] 이들이 미국과 영국의 사회정책을 비교하여 19세기 말부터 20세기 초에 미국의 복지정책이 지체된 이유를 연방국가의 조직이 영국에 비해 뒤떨어진 데서 찾고 있는 것도 이 이론을 뒷받침한다. 또한 이들 외에도 멕시코에서 복지정책이 도입되는 과정에서 국가의 주도적 역할이 중요했다는 사실을 강조한 스펄딩R. Spalding의 연구도 국가

---

26) P. Evans, D. Rueschemeyer & T. Skocpol, eds., *Bring the State Back In*, Cambridge University Press, 1985; T. Skocpol and E. Amenta, "States and Social Policies", *Annual Review of Sociology*, 12, 1986.

27) 김태성·성경륭, 앞의 책, 159~160.

28) A. Orloff & T. Skocpol, "Why nor equal protection? Explaining the politics of public social spending in Britain, 1900~1911, and US, 1880~1920", *American Sociological Review*, 49, 1984.

중심 이론의 유용성을 강하게 시사하고 있다.[29]

이렇듯 국가 중심 이론은 사회복지의 공급자로서의 국가를 강조함으로써 복지국가의 성립요인에 대한 설명의 폭을 넓혔고, 복지국가의 성립에 있어 각국이 갖고 있는 국가구조의 특이성을 역사적 발전과정의 맥락에서 분석하는 장점을 지니고 있다. 또한 각국의 특이성을 강조하기 때문에 오히려 복지국가의 성립을 일반적으로 설명하기 어렵다는 한계도 있다. 이 이론은 복지에의 요구가 어떻게 발생했는가를 설명하기 보다는 그런 요구에 여러 형태의 국가들이 어떻게 대응했는가에 초점을 맞추기 때문에 복지국가 성립의 본질적 원인에 대해서는 등한시한다.

6) 시민권 이론

지금까지 소개한 이론들은 모두 복지국가의 성립을 인과론적으로 설명하고 있어서 복지국가의 목적과 가치지향에 대해서는 거의 관심이 없다. 하지만 복지국가는 인간의 욕구를 충족시키고 사회문제를 해결하는 것을 목적으로 한다는 점에서 다분히 목적지향적인 성격을 지니고 있다. 따라서 복지국가의 성립요인을 설명하는 데 있어서도 그것이 지향하는 목적이나 가치지향을 규명하는 것이 중요하다. 그 대표적인 이론으로 시민권 이론citizenship theory과 사회정의론social justice theory을 살펴보기로 하자.

먼저 복지개념을 철학적으로 정당화하는 시민권 이론은 고전적 자유주의에 대한 비판에서 비롯된다. 자본주의사회에서 경제적 약자에 대한 생존권 보장이 복지국가의 책무라는 주장은 1942년 '베버리지 보고서'에서 개진되었다. 그것은 국가가 소극적으로 혜택을

29) R, Spalding, "Welfare policy making theoretical implications of Mexican case study", *Comparative Politics*, 12, Political Science Program of City University of New York, 1980.

제공하는 기존의 자세를 버리고 일반국민이 여러 가지 위기상황에서 대처능력을 배양할 수 있도록 기본생활을 제도적으로 보장해주는 적극적인 자세로 전환할 것을 역설했다. 이른바 질병, 나태, 무지, 불결, 빈곤의 5대 사회악을 해소해야 할 책임이 국가에 있고, 이를 위한 사회보장제도를 제도화할 경우 비로소 복지국가라고 할 수 있다는 것이다.

마샬T. H. Marshall은 서구 자본주의사회에서 시민권으로서의 복지 개념의 발전을 체계적으로 설명한 학자다. 그에 따르면 "시민권은 공동체의 구성원에게 부여된 하나의 지위이며, 이 지위를 소유한 모든 사람은 그 지위에 따르는 권리와 의무에 있어 평등하다."30) 그가 논하는 법적, 정치적, 사회적 권리로서의 시민권은 개인들의 공동체적 결속을 위해 필수적인 것들이며, 따라서 사회적 권리인 복지에 대한 권리 없이 법적, 정치적 권리만으로는 공동체의 일원으로서의 개인의 삶은 불완전한 것에 불과하게 된다. 그래서 시민권은 18세기에 재산권으로부터 계약의 자유, 신체의 자유, 종교의 자유, 사상과 표현의 자유, 집회 및 결사의 자유에 이르는 '자유권civil rights'에서 19세기에 선거권과 참정권 등의 '정치권political rights'을 거쳐 20세기에 이르러서는 국가로부터 기본적인 생계를 보장받을 수 있는 권리를 핵심으로 하는 '사회권social rights'으로 점차 확대되었다는 것이다.

복지정책은 자본주의사회에서의 개인의 시장에의 노출성 또는 의존성의 정도를 최대한 축소하여 노동력의 탈상품화decommodification를 지향하는 공통된 목적을 가진다. 에스핑-안데르센G. Esping-Andersen은 마샬의 사회권의 실현을 위한 실마리를 궁극적으로 노동력의 탈상품화라는 마르크스Karl Marx의 언급에서 구하면서 다음

30) T. H. Marshall, *Class, Citizenship, and Social Development*, Chicago, UCP, 1963, 70.

과 같이 주장했다. "사회권이 재산권에 대한 법적, 실질적 지위를 획득하려면, 그것이 침해받지 않는 권리가 되려면, 그리고 그것이 시민권의 기초 위에 확립되려면 시장기제에 대해 개인은 탈상품화의 지위를 보장받아야 한다.…시민들은 필요하다고 인정될 때 직장, 소득, 기타 복지혜택을 상실할 위험 없이 자유롭게 직장을 떠날 수 있어야 한다."[31] 그리고 이것이야말로 바로 복지정책의 최소한의 의미라는 것이다.

이런 맥락에서 라파엘D. Raphael은 "만일 어떤 사람이 만성적 실업상태에 처해있다면 그가 자유에 관한 기본권을 향유하고 있다는 사실은 그에게 별로 도움이 되지 않는다."[32]고 말한다. 이때 충족되어야 하는 개인적 필요는 공동체와 별개로 존재하는 것이 아니며, "사회 전체에 퍼져있는 기준과 관련하여 정의되어야" 하는 것으로 보인다.[33] 결국 시민권으로서의 복지개념은 복지에 대한 권리를 모든 사람이 보편적으로 향유하는 권리로 간주함으로써 복지수혜자에게 불명예의 낙인을 찍도록 하는 자선에 의거한 복지개념의 폐해를 제거하는데 기여했다.

해리스D. Harris는 복지국가의 위기 논쟁에서 국가복지를 정당화하기 위해 마샬이 주장했던 시민권 이론의 윤리적 근거를 공동체주의communitarianism에서 찾았다. 그가 말하는 공동체주의에 의하면 국가복지의 도덕성은 공동체의 일원이라는 사실 그 자체만으로 사회권을 갖게 된다는 것이다. 그래서 그는 전통적인 관료주의적 페이비언주의Fabianism가 기반으로 삼았던 사회계약이나 인권 또는 인간욕구의 개념이 국가복지의 정당성을 확보하기 위한 충분조건이 될

31) G, Esping-Andersen, *The Three Worlds of Capitalism*, 21~23.
32) D. Raphael, ed., *Political Theory and the Rights of Man*, London, Macmillan, 1967, 87.
33) D. Harris, *Justifying State Welfare*, Oxford, Basil Blackwell, 1986, 51.

수 없음을 강조했다.[34)]

이렇게 볼 때 오늘날 자본주의체제에 닥친 위기는 시민권 개념에 새로운 의미를 부여한다. 시민권 개념은 시장경제의 원리가 우세해지는 상황에 대해 시민들을 공동체의 성원으로 평등하게 고려해야 한다고 주장함으로써 시장경제에 대한 민주적 규제의 필요성을 정당화한다. 하지만 경제의 중요성 또한 너무도 명백하여 그처럼 중요한 경제적 성장기반을 잠식하지 않으면서 사회권을 어느 정도나 수용할 수 있는가 하는 것이 오늘날 복지논쟁에서 매우 중요한 주제가 되고 있다.[35)]

요컨대 시민권 이론은 일단 민주주의가 성립되면 복지국가로 발전하는 것이 필연적인 것으로 묘사한다. 하지만 민주국가가 자동적으로 복지국가로 발전하는 것은 아니다. 대표적인 사례인 미국의 경우, 자유권과 정치권은 적어도 백인 남성에게는 매우 일찍 주어졌지만 사회권은 교육이라는 매우 예외적인 영역을 제외하고는 제대로 발전하지 못해 아직도 복지국가라고 할 수 없다. 미국의 경우 그 나라의 지배적인 이념으로 인해 사회권이 시민권의 필수요소로서 인정받지 못하고 있는 것이다.

7) 사회정의론

복지와 가치문제의 연결은 롤스John Rawls의 『정의론A Theory of Justice』으로부터 비롯되었다. 정의의 필요성은 사회생활에서 희소자원의 분배를 둘러싼 이해관계의 충돌 시 조정이 요구되기 때문에 발생한다. 비록 롤스의 인간관과 자유관이 개인주의적 시각에 근거

---

34) 위의 책, 146.

35) R. Mishra, *Society and Social Policy: Theory and Practice of Welfare*, The Macmillan Press, 1981. 남찬섭 역, 『복지국가의 사상과 이론』, 한울, 1996, 68.

하더라도 그가 제시하는 정의의 원칙은 공동체주의의 관점에 입각해있다. 그가 "진리가 이론체계의 우선적 덕목이듯이 정의는 사회제도의 우선적인 도덕이다."라고 진술했을 때, 그는 고전적 자유주의에서 간과되었던 복지에 대한 규범적 평가 또는 그와는 질적으로 다른 복지개념을 제기한 것이었다.[36)]

롤스는 한편으로는 현대의 많은 도덕철학 가운데 가장 우세하다고 인정되는 공리주의 정의론을 비판하고, 다른 한편으로는 직관주의의 약점을 극복한 새로운 대안을 제시했다. 그는 정의를 공정성 fairness와 동일시하면서 정의의 원칙을 공정하다고 인정되는 최초의 상황에 대한 합의로 해석하는 일종의 사회계약이론에 바탕을 두었다. 그의 정의론을 '원초적 입장original position'에 대한 설명과 원초적 입장에서 합의될 수 있는 정의원칙에 대한 설명으로 요약하면 다음과 같다.

사회정의를 계약하려는 사람들이 모여 있는 가상의 상태를 '원초적 입장'이라고 불렀던 롤스는 원초적 입장에 있는 사람들의 모습을 다음과 같이 묘사하고 있다. 그들은 합리적이고 도덕적 판단능력을 지니고 있으며, 정의의 원칙을 선택할 수 있는 권리가 동등하게 부여되고 있다. 그들은 타인의 이익을 위해 자신의 이익이 희생되지 않도록 허용하지 않지만, 타인의 존재를 인정하며 다음 세대의 사람들에 대해서도 관심을 갖고 있다. 또한 편견의 예방과 완전합의를 이루기 위해 모든 참여자는 '무지의 장막veil of ignorance'에 가려져야 한다는 것이 롤스의 두 번째 요구다. 즉 자신이 받은 천부적 능력의 많고 적음이나 자신이 점하고 있는 사회적 지위의 높낮이에 대해 아는 바가 없어야 한다.

롤스가 무지의 장막이라는 조건을 설정한 이유는 정의에 관한 상

---

36) John Rawls, *A Theory of Justice*, Harvard University Press, 1971, 3.

이한 원리들 사이에 우선순위를 결정하는 데 있어서 '최소극대화 maximin'의 원칙을 수립하기 위한 것이었다. 그에 의하면 합리적 인간은 무지의 장막에 가려있을 때 이익을 극대화하려는 전략을 취하기보다는 손해를 극소화하려는 전략, 즉 최악의 경우를 피하려는 전략을 선택한다. 예컨대 정신장애아를 사회적으로 배척하여 신체적으로 굶기는 대신 많은 수의 다른 사람들의 높은 번영을 누릴 수 있는 선택은 기각될 수밖에 없는데, 그 이유는 많은 사람들의 번영을 무릅쓰고라도 정신장애아들에게 보다 나은 처우를 제공할 수 있는 선택이기 때문이다.

롤스는 정의의 원칙을 도출하기 위한 일종의 전제조건들로서의 원초적 입장과 무지의 장막의 상황에서는 다음과 같은 두 가지 원칙에 어렵지 않게 합의하게 될 것이라고 보았다. 제1원칙은 '자유의 평등원칙'으로서 "각자는 동등한 기본적 자유의 총체적 체계에 대한 평등한 권리를 가져야 한다. 이때 총체적 체계는 모든 사람의 자유를 보장하는 유사한 체계와 양립할 수 있다." 제2원칙은 '차등원칙 difference principle'으로서 사회경제적 불평등은 오직 그것의 원인이 되는 직책과 지위가 모든 사람에게 개방되는 공정한 기회균등의 원칙과 현세대와 차세대 간의 공정한 저축원칙(차세대를 위하거나 투자를 목적으로 하는 저축은 그것으로 인한 고통을 분담하는 사람들의 분담을 반드시 덜어주도록 해야 한다는 원칙)을 해치지 않는 범위 내에서 최소 수혜자에게 최대의 이익이 돌아가도록 하는 최소극대화의 원칙의 두 조건이 보장되는 경우에만 정당화될 수 있다는 것이다.

이렇게 볼 때 롤스의 정의론은 정의의 두 가지 원칙으로 자유의 평등원칙과 차등원칙을 제시함으로써 얼핏 모순되게 보이지만, 실제로는 차등이 허용되는 범위를 매우 엄격하게 제한함으로써 오히려 평등주의 정의론이라 불리기도 한다. 이는 특히 롤스가 말하는

'공정한 기회균등'이 형식적 기회균등이나 실질적 기회균등을 넘어선 것이라는 점에서 명확하게 드러난다. 먼저 형식적인 기회균등이란 개인들이 자신의 타고난 재능과 사회적 여건을 그대로 인정한 상태에서의 기회균등을 의미하는 것으로서 이런 사회를 롤스는 자연적 자유체제natural liberty라고 불렀다. 하지만 저마다 타고난 자연적 재능에 대해 각자는 아무런 책임도 없는 '자연적 우연성'이고, 최초의 사회적 지위 역시 그런 의미에서 '사회적 우연성'이라 할 수 있다. 그런데 이런 두 우연성에 인간의 권익분배를 내맡긴다는 것은 지극히 불합리하지 않을 수 없다.[37)]

따라서 우리는 사회적 우연성으로 인해 개인들에게 생겨나는 이득상의 차이를 가능한 한 감소시키는 일을 수행함으로써 실질적 기회균등을 보장할 수 있는 것이다. 예를 들어서 상속세와 양도세를 고율로 징수하고, 사회적 지위에 상관없이 공공교육을 무료로 제공하는 일 등이 그런 목적에 기여할 수 있는 것이다.[38)] 이런 사회를 롤스는 자유주의적 평등체제liberal equality라 부른다. 하지만 이런 사회에서는 모든 직책과 지위가 인간의 타고난 자연적 기질에 의해 좌우되는 결과가 나타나게 된다. 따라서 사회적 우연성과 마찬가지로 자연적 우연성도 감소시켜야만 비로소 공정한 기회균등이 이루어질 수 있다.

그런데 사회적 우연성보다 자연적 우연성을 직접적으로 줄이는 것은 어려운 일이다. 사회가 개인이 가진 자질에 관해 직접적으로 어떤 일을 한다는 것은 지극히 어렵고 때로는 불가능하다는 점이다. 따라서 자연적 자질에 영향을 주는 사회적 여건을 통해 자연적 자질의 차이를 간접적으로 처리하는 방식이 보다 바람직하다. 예컨대 유아질병이나 다른 형태의 기형아 발생을 예방하는 공공위생이

---

37) 황경식, 『개방사회의 사회윤리』, 철학과 현실사, 1995, 117.
38) John Rawls, 앞의 책, 73, 101, 277~278.

나 안전한 환경을 제공하는 일방적 방도와 임신 중 의료보호, 기아 상태 및 영양실조를 구제하는 방도 등이 그것이다. 이런 방도들은 그것이 직접적이든 간접적이든 간에 자연적 자질 그 자체를 조정하는 것일 뿐 아니라 유전적 자질, 신체구조, 건강상태, 지능, 성격, 상상력 등의 차이에서 오는 차등적 결과를 가능한 한 감소시키려는 시도인 것이다.[39] 경우에 따라서는 자연적 자질에 영향을 주고자 하기보다는 그것을 용인함으로써 생겨나는 이득의 차등을 효율적으로 조정하는 것이 보다 바람직하기도 하다. 이런 일까지 해야 비로소 롤스가 말하는 공정한 기회균등이 보장되는 정의로운 체제, 즉 민주적 평등체제democratic equality라고 부를 수 있는 것이다.

이렇게 볼 때 정의로운 체제의 근거가 되는 주요 논변은 사람들이 서로 다른 자연적 자질을 갖고서 서로 다른 사회적 여건에 태어나 성장한다는 사실과, 아무도 자신이 타고난 자질들에 대해 공과가 있다고 말할 수 없으며, 따라서 그것이 자신의 정당한 도덕적 몫, 즉 응분desert이라고 말할 수 없다는 점에 의거해있다. 따라서 사회는 도덕적 관점에서 볼 때 천부적 재능, 사회적 여건 등 우연적이고 운명적인 행운이나 불운에 의해 특정한 이득이나 불이익을 받게끔 편성되어서는 안 된다는 것이다. 오히려 모든 성원은 자신만의 이익이 아니라 모든 이의 공동선을 위해 그들의 자연적 자질을 이용하고 사회적 여건을 활용할 것을 요구한다.[40] 그래서 우리는 롤스의 관점에 따라 인간의 자연적 능력의 배분을 공동의 자산common asset으로 간주하는 것이 합당하다는 결론에 이르게 된다.

이러한 재능의 공개념과 관련해서 주목해야 할 것은 공동의 자산으로 간주되어야 할 것이 자연적 재능 그 자체가 아니라 자연적 재능의 배분방식이라는 점이다.[41] 다시 말해 그것은 개인의 재능이나

39) 위의 책, 62.
40) 위의 책, 102.

자질, 혹은 신체의 일부가 문자 그대로 전체사회에 귀속한다는 것이 아니라 개인 간의 차이, 재능의 다양성, 주어진 재능의 성취수준의 차이가 상호이익을 위해 사용되어야 할 공동의 행운으로 간주되어야 한다는 것이다. 따라서 롤스의 정의론은 불평등한 자질을 제거하거나 평준화하려는 것이 아니고, 최소 수혜자를 포함한 모든 이에게 혜택이 되도록 이득과 부담의 체제를 편성하려는 것이다.

우리는 더 이상 자신이 가진 자질이나 그로부터 얻은 이득의 독점자가 아니며 자연적 재능의 분배를 공동의 자산으로 간주하고 결과에 상관없이 그런 분배에서 나오는 이득에 동참하게 된다.[42] 따라서 천부적으로 보다 유리한 자들은 보다 혜택 받지 못한 자들의 처지를 개선해준다는 조건 아래서만 그들의 행운으로부터 이득을 받을 수 있다. 결국 이상과 같이 사회정의의 문제를 고심하는 것은 우리가 서로의 운명에 동참하고자 하는 공동체의식을 바탕을 깔고 있으며, 이는 자연적 재능의 공개념적 발상과도 상호관련된 것으로 보인다.

최소극대화의 원칙에 의하면 정의롭고 공정한 사회란 부유한 자의 부에 대한 축적이 가난한 자의 처지를 실제로 상승시키는 한에서만, 즉 가난한 자의 생활이 부의 불평등이 허용되지 않았을 때보다 나아지는 한에서만, 또는 고소득층의 소득이 낮아지면 최소 소득층의 소득도 낮아져야 하는 상황에서만 허용되는 사회이다. 따라서 불평등 자체가 곧 부정의를 의미하는 것은 아니며, 부정의란 개념은 부의 불평등이 최소 수혜자의 복지를 증진시키지 못할 때 사용될 수 있다.

정의의 두 가지 원칙은 위계적인 것으로서 제1원칙이 제2원칙보다 우선하며, 제2원칙에서는 기회균등의 원칙이 최소 극대화의 원

41) 위의 책, 179.
42) 위의 책.

칙보다 우선한다.[43] 이렇게 볼 때 롤스의 정의원칙은 자유의 평등원칙의 우선순위를 감안하더라도 차등원칙을 실천할 경우 복지국가의 범주에 해당되므로 복지국가의 이념이라고 할 수 있다.[44] 차등원칙은 효율에 대한 정의의 우선원칙이다. 정의의 원칙은 효율의 원칙이나 효용총합의 극대화원칙에 우선되어야 하기 때문에 공리주의와의 차별성이 명확하게 드러난다.

롤스의 정의원칙은 절대적 빈곤이나 객관적 필요의 존재보다는 소득수준의 상대적 차등의 문제에 초점을 두고 있다는 점에서 복지문제를 불평등구조와 연계시키는 든든한 기반을 마련해주었다. 이런 논거는 분배구조가 시장과정이 만들어낸 우연한 산물이기 때문에 개인들에게 책임이 없다는 하이에크F. A. Hayek와 프리드만Milton Friedman 그리고 노직Robert Nozick 등의 신자유주의 학자들의 '원인론'에 대해 이미 형성된 '현시된 구조'에 대한 정의로운 반응에 관심을 환기시켰다는 점에서 중요한 의미를 지닌다.[45] 롤스는 불평등의 문제를 부정의와 연결시키면서도 그것의 진단과 처방을 생산의 영역에 직접적으로 연계시키지 않음으로써 수정된 자유주의적 복지를 위한 철학적 근거를 제시하였다. 특히 개인주의적 관점에서 출발하여 기본적으로 공동체적 개념인 상대적 불평등의 문제에 접근하려 했다는 점에서 그의 논의가 지닌 의의가 크다고 하겠다.

롤스의 정의론과 마찬가지로 모든 정의론이 반드시 복지국가를 지향하는 것은 아니다. 정의론은 논자에 따라 다양한 입장의 차이를 드러내기 때문이다. 예컨대 이재율은 이런 입장의 차이를 공리주의 정의론, 공적주의 정의론, 자유주의 정의론, 마르크스주의 정의론, 평등주의 정의론(롤스) 등으로 분류하고 있다.[46] 샌델M. Sandel

---

43) 위의 책, 302~303.

44) 김태길, 『변혁시대의 사회철학』, 철학과 현실사, 1990, 201~203.

45) 고세훈, 앞의 글, 234.

은 공리주의 정의론, 자유지상주의 정의론, 자유주의적 평등주의 정의론(롤스), 공동체주의 정의론 등으로 분류하고 있다.[47] 따라서 다양한 정의론의 입장에 따라 정의의 기준과 내용이 다르며, 그 결과 지향하는 국가의 형태도 다르게 나타나는 것이다.

2. 복지국가의 성립조건

지금까지 우리는 복지국가의 성립을 설명하는 주요한 이론들을 다섯 가지의 인과론과 두 가지의 목적론으로 나누어 살펴보았다. 하지만 이것들은 각기 나름대로 일정한 의의와 한계를 가지고 있는 까닭에 특정이론을 전적으로 수용하거나 거부하기보다는 기존의 이론적 관점들을 종합해서 복지국가의 성립조건을 경제적 요인으로서 산업화, 정치적 요인으로서 민주화, 문화적 요인으로서 복지문화의 성숙 등 세 가지로 크게 묶어서 정리하는 것이 보다 유용할 것으로 보인다.

1) 산업화

복지국가의 성립조건으로는 우선 산업화를 들 수 있는데, 이는 이미 살펴본 우파의 산업화 이론과 같다. 이에 따르면 복지국가는 산업화로 야기된 사회경제적 변화로 발생한 새로운 기능적 필요에 대한 대응이 산업화로 가능해진 자원을 통해 성립된다. 새로운 기능적 필요란 과거의 복지기능이 사라진데 대한 기능적 간극의 발생과 새로운 기능적 필요로 요약된다. 또한 새로운 기능적 필요에 대한 대응은 산업화가 경제성장을 통해 복지자원을 축적시킴으로써 가능해진다. 즉 경제성장에 의해 국민들의 실질소득이 올라가면 조

46) 이재율, 『경제윤리』, 민음사, 1995.
47) M. Sandel(이창신 역), 『정의란 무엇인가』, 김영사, 2010,

세부담 능력도 증가해서 국민복지에 사용할 자원을 확보할 수 있다는 것이다.

국가의 복지지출 수준과 산업화 수준 사이에 일정한 상관관계가 존재한다는 사실은 복지국가의 출현과 발전에 대한 산업화 이론의 논거를 강하게 뒷받침한다. 하지만 실제로 서구 복지국가들이 경제공황과 전쟁이라는 어려운 상황을 겪으면서 성립되었다는 사실은 복지국가가 성립하기 위해서는 산업화가 어느 정도 이루어졌으면 되는 것이지 반드시 높은 수준에 이르러야만 되는 것은 아니라는 점을 시사한다. 또한 산업화 이론은 복지국가의 성립에 대해 지나치게 거시적이며 가치중립적이다. 산업화이론은 서로 다른 정치이념과 정치문화를 가진 국가들도 산업화만 달성하면 자동적으로 복지국가로 발전해서 유사한 복지제도를 갖게 된다고 보지만 실제로는 그렇지 않다. 역사적 경험은 산업화로 경제성장을 이루었다고 해도 그것이 복지지출에 사용되기 위해서는 그것을 요구하는 정치적·문화적 조건이 선행되어야 한다는 것을 알려준다.

2) 민주화

복지국가의 성립에는 일정한 정도의 산업화 이외에도 민주화라는 정치적 조건을 필요로 하는데, 이와 관련된 복지국가의 성립이론으로는 노동의 요구 이론과 이익집단의 정치이론을 들 수 있다. 정치의 민주화가 이루어지자 국가권력은 사회성원의 정치참여와 선거에 의해 구성되고, 그간 자의적으로 이루어져 온 국가권력의 행사는 의회와 사법부 등에 의해 공공적 통제를 받아야 한다. 하지만 이 정도로 자동적으로 복지국가가 성립되는 것은 아니다. 왜냐하면 국가권력이 구성되고 행사되는 영역에서만 민주주의가 적용되고, 시장을 통해 경제활동이 이루어지는 영역에서는 자유주의의 원리가 적용되기 때문이다.

그럼에도 불구하고 민주화는 복지국가의 성립에 필요한 정치적 여건을 만들어낸다. 즉 민주화는 첫째로 자본주의사회의 주요 계급으로 성장한 노동계급에게 노동3권, 즉 단결권, 단체교섭권, 단체행동권을 부여함으로써 노동계급의 조직화와 집단행동을 합법적으로 보장한다. 둘째로 노동계급의 이익을 대변하는 진보정당이 합법적으로 정권을 장악함으로써 자본계급의 이익에 반하는 개혁정책을 시도할 수 있는 가능성을 보장한다.

이런 맥락에서 사회민주주의자들의 노동의 요구 이론은 서구사회에서 노동운동이 수행한 역할에 초점을 맞추면서 노동계급의 조직화 정도와 조직된 노동계급의 정치적 동원 정도를 그 지표로서 중시한다. 즉 복지국가의 성립은 노동조합 등을 통해 노동계급이 얼마나 조직화되어 있으며, 노동계급의 정당을 통해 얼마나 정치적으로 동원될 수 있는가에 따라 주로 결정된다고 주장하는 것이다. 따라서 노동의 요구 이론은 산업화가 이루어낸 경제성장의 결실을 자본가들이 복지지출을 늘리는 데 사용해야 되는 이유, 즉 자본의 필요 이론이 등장하게 된 배경을 매우 적절하게 설명해준다.

자본의 필요 이론에 따르면 복지국가는 자본주의가 자유경쟁단계에서 독점단계로 이행한 결과 독점자본의 지속적인 축적을 하기 위해 더욱 투쟁적으로 되어가는 노동계급을 어떻게든 회유해야만 하는 필요성에 의해 성립된 것이다. 결국 복지국가는 결국 자본주의사회의 변혁을 위한 단계라기보다는 그것의 안정화를 위한 도구에 불과하며, 독점자본의 기능적 필요에 대한 반응에 불과하다고 주장하는 점에서는 산업화 이론과 일맥상통하는 부분도 있다. 이렇게 볼 때 노동의 요구와 자본의 필요 간의 계급타협체제로서의 복지국가의 성립은 민주화를 통해 촉진되는 것이다.

더욱이 민주화된 사회에서는 복지에 대한 노동의 요구와 자본의 필요라는 계급적 역학관계 이외에 다양한 이익집단들의 요구에도 반응해야 한다. 특히 후기산업사회에 들어서면 전통적 계급정당들의 이념적 차이에 따른 투표성향이 약화되고, 중간층의 증가로 계급정당들의 이념적 차이가 줄어들자 이념보다는 정책이 더욱 중요하게 되었다. 그 결과 후기산업사회에서는 인종, 종교, 언어, 문화, 성, 연령 등의 귀속적 차이에 따른 이익집단들의 정치적 행동, 특히 선거에서의 영향력이 강화되는데, 그 대표적 사례가 노인집단의 선거에서의 영향력이 커지자 이들의 요구를 정치가들이 받아들인 결과로서의 노인복지의 확대이다.

국가 중심 이론도 정치적 민주화의 결과를 반영한 것이라고 할 수 있다. 이 이론은 산업화, 자본의 필요, 노동의 요구, 이익집단 등의 사회복지에 대한 수요가 복지국가의 성립에 어느 정도 영향을 준다는 점은 부인하지는 않지만, 이를 어느 정도 반영하여 복지를 공급할 것이냐의 문제는 국가구조에 달려 있다는 점을 강조한다. 그런데 다양한 사회복지에 대한 수요에 국가가 적극적으로 반응하여 복지지출을 늘리도록 압력을 행사한 근본적 요인은 무엇보다도 국민들이 선거를 통해 막강한 영향력을 행사할 수 있게 된 정치적 민주화였다고 할 수 있다.

지금까지 복지국가의 성립조건 중에서 인과론적 관점에서 크게 산업화라는 경제적 조건과 민주화라는 정치적 조건의 두 가지를 추출하였다. 그 중에서도 커트라이트Cutright와 윌렌스키Wilensky는 산업화 이론을 지지하며, 경제적 요인이 정치적 요인보다 더 중요하게 복지국가의 성립을 설명하고 또한 산업화가 비슷한 수준에서는 복지수준도 비슷하다고 주장한다. 반면에 코르피Korpi와 스테판스Stephens 및 오코너O'connor 등의 사민주의자들은 민주화가 더 중요하게 복지국가의 성립을 설명한다고 보고, 따라서 비슷한 산업화의 수준에서도 국가들 사이의 복지체계는 크게 다르다고 보았다. 하지만 밀러Miller와 김태성도 주장하듯이 산업화가 일정한 수준에 이르기까지는 경제적 조건이 정치적 조건보다 복지국가의 성립을 설명하는 데 중요하나, 그 수준을 넘어서는 나라에서는 정치적 조건이 더 중요하다는 통합적인 관점이 더 타당할 것으로 보인다.[48)]

3) 복지문화의 성숙

그러나 복지국가의 성립조건을 규명하는 데는 산업화와 민주화 두 가지만으로 충분하지 않다. 이들은 복지국가의 이념과 가치지향에 대해서는 거의 간과하고 있기 때문이다. 대표적인 사례로서 미국과 일본과 같은 나라들은 오랜 기간 동안 세계적인 경제대국이고 정치적으로도 민주주의국가이지만, 복지문화가 제대로 성숙하지 못한 까닭에 아직도 복지국가라고 할 수 없는 것이다. 그 결과 1970년대 말이래 영국과 미국 등에서 민주적 선거정치의 결과인데도 불구하고 반복지를 외치며 신자유주의를 내세우는 정당이 집권할 수 있었던 것이다. 그러므로 복지국가가 성립되기 위해서는 이미 살펴보았듯이 시민권이론과 정의론 등과 같은 복지지향적 가치 및 이를 지향하는 사민주의 이념을 통해 성숙한 복지문화를 갖추는 것이 매우 중요하다고 하겠다.

정치민주화가 비록 진보정당의 출현과 정권장악 가능성을 보장하기 하지만 그것이 실현될 수 있는가는 결국 해당국가의 문화적 조건에 달려있는 것이다. 그래서 사회성원들이 인간의 존엄성에 기초해서 경쟁보다는 협력, 이기주의의 추구보다는 공동체의식, 승자독식보다는 공생공영, 사회갈등보다는 사회통합을 중시하는 가치와 이념을 중시하는 성숙한 복지의식을 갖추는 것이 매우 중요하다. 그렇지 않으면 아무리 산업화와 민주화의 조건이 갖추어졌다고 할

---

48) L. Miller, "The Structural Determinants of the Welfare Effort: A Critique and Contribution", *Social Service Review*, 50, 1976; 김태성, "사회복지발전의 결정요인 분석", 『사회복지연구』 2호, 1990.

지라도 복지국가를 지향하는 정당을 선택해주지 않기 때문이다.

이런 맥락에서 캐슬F. Castles은 복지국가의 성립을 설명하는 데 있어서 사회성원들의 가치와 이념이 매우 중요한 요인이라고 주장하면서 서구에서 복지국가의 성립요인은 사민당의 정치적 힘과 그것에 의한 사민주의 이념의 지배적 위치에서 찾을 수 있다고 주장했다. 그에 따르면 스칸디나비아 국가들의 높은 수준의 복지는 사민당과 그 이념이 우세하기 때문이며, 낮은 수준의 복지는 거대하고 응집력이 강한 우파정당이 있기 때문이다.[49]

그렇다면 결국 복지국가의 성립조건은 크게 세 가지, 즉 산업화, 민주화, 그리고 복지문화의 성숙으로 요약될 수 있다. 산업화는 사회경제적 변화로 발생한 새로운 기능적 필요와 이에 대응할 수 있는 경제적 자원의 축적을 동시에 가능하게 한다. 하지만 산업화는 복지국가의 성립을 촉진시키는 하나의 조건에 불과하다. 산업화로 이루어진 경제성장의 결실을 복지지출로 사용하게 된 결정적 계기는 그간 자의적으로 이루어져 온 국가권력의 구성과 행사가 국민들에 의해 통제되는 정치적 민주화였다. 민주화는 자동적으로 복지국가를 성립시키지는 못하지만 노동계급의 권익을 대변하는 정당의 출현과 집권의 기회를 합법적으로 보장한다. 그러나 그런 정당의 출현과 집권은 결국 그 나라 국민들의 문화적 조건, 즉 시민권과 정의에 대한 의식과 같은 복지문화의 수준에 달려있는 것이다. 결국 사회복지는 정책이 아니라 문화에 의해 자리 잡아가는 것이다.

---

49) F. Castles, *The Social Democratic Image of Society*, London, Routledge and Kegan Paul, 1978.

welfare
state

3장 복지국가의 성장, 제도, 유형

3장 복지국가의 성장, 제도, 유형

Ⅰ. 복지국가의 성장

복지국가가 탄생한 후에 복지국가는 어떻게 전개되었나? 많은 학자들이 복지국가의 전개과정을 다양한 시기별로 구분하여 설명하지만, 먼저 2차 세계대전 이후 영국을 비롯한 서구 전역에서 복지국가가 탄생한 이후 1975년까지를 복지국가의 성장기라고 할 수 있다. 복지국가의 성장기는 서구국가들이 고도성장의 기류를 타고 복지를 확장시킨 시기로 이 기간 동안 사회보장재정은 급속하게 팽창한다. 이 시기에는 그 이전 시기에 '뉴딜'이나 '역사적 타협'을 위해 국가-자본-노동 간에 형성된 화해적 정치구조가 그대로 지속되어 경제성장-완전고용-복지국가를 한 묶음으로 하는 '합의의 정치politics of consensus'를 실현할 수 있게 되었다. 이런 화해적 정치구조는 나라에 따라서는 사민당, 노동당, 사회당이라 불리는 사민주의 세력의 집권 하에 수립됐는데 그 구조의 핵심은 다음과 같다.

첫째로 자본주의 경제체제에서 국가나 노동계급 그 누구도 소유-생산-경영에 대한 자본계급의 특권적 지위를 박탈하지 않는다. 둘째로 노동계급은 자본계급과 합의 하에, 그리고 국가의 제도적 보장 하에 경영참가와 단체협약의 방식으로 경영-분배과정에 부분적으로 참여하되 결코 소유-생산영역을 사회화하려는 급진적 시도를 하지 않는다. 셋째로 국가-자본-노동 간의 협력의 결과 이루어지는 경제성장은 자본계급을 이롭게 하는 것은 물론, 노동계급에게는 완전고용과 향상된 복지혜택을 보장하고, 국가에게는 재정수입의 증

가를 보장하기 때문에 3자의 협력은 모두를 이롭게 한다.[1)]

이런 정치적 합의 하에 전후 2차 세계대전 이후 약 30년 동안 거의 모든 서구국가들은 높은 경제성장률, 낮은 인플레, 그리고 낮은 실업률을 기록했기에 더 많은 복지비 지출을 할 수 있었다. 그 결과 이전까지 도입되어 왔던 다양한 복지제도들이 각국으로 빠르게 확산되어 나라마다 산재보험, 질병보험, 노령연금보험, 실업보험, 가족수당 등의 복지제도를 모두 갖추고, 또한 사회복지 서비스와 공적 부조를 위한 제도도 더욱 확충되었다. 뿐만 아니라 이 시기에는 국가에 의한 복지비 지출도 GDP 대비 20~30%대로 증가했기 때문에 복지제도의 포괄성, 복지수혜자의 보편성, 복지혜택의 적절성이라는 세 측면에서 모두 발전의 극치에 이르렀다.

이 기간 동안 대부분의 복지국가에서 선거전의 주요 이슈는 복지정책과 관련된 것이었고, 보수와 진보라는 이념적 차이에도 불구하고 거의 모든 정당들이 복지제도와 복지혜택의 확대를 공약하지 않을 수 없는 상황이 지속되었다. 그 결과 복지재정이 급속하게 팽창했는데, 특히 스웨덴의 경우 국가예산에서 복지비 지출이 차지하는 비율이 1940년대에는 15% 내외였으나, 1960년대 말 이후 약 50%에 달하게 된다. 가히 복지재정의 폭발적 증가라고 할 만하다. 정도의 차이는 있지만 서구 대부분의 복지국가들에서 이런 경향이 나타났다.

Ⅱ. 사회복지의 제도와 정책

복지국가가 사회복지를 보장하는 이유는 대체로 두 가지로 설명할 수 있다. 첫째는 개인적 차원에서 볼 때 인간의 기본적 필요를 충족시켜주기 위한 것이다. 인간은 다른 동물보다 존엄한 존재이기

1) 김태성·성경륭, 『복지국가론』, 나남, 1993, 113.

때문에 아무리 어려운 상황에 처하더라도 기본적 삶은 유지시켜 주어야 한다는 휴머니즘의 발로이다. 둘째는 사회적 차원에서 볼 때 사회적 통합과 안정을 위해 기본적으로 필요한 것이다. 국민들이 사회복지를 통해 상부상조함으로써 모든 국민을 하나로 묶어주고 나아가 공동체를 이룰 수 있다는 것이다.

사회복지의 범위를 어디까지로 할 것인가는 인간의 개인적 필요 중에서 어느 범위까지를 국가가 해결해 줄 것인가의 문제이며, 이는 나라에 따라서 다를 수 있으므로 일률적으로 말할 수는 없을 것이다. 그러나 대체로 인간이 생활하는 데 있어서 기본적 필요라 할 수 있는 의식주, 의료, 교육, 고용, 교통 및 통신 등 생활의 안정에 필수적 욕구를 충족시키는 데 필요한 세부적 사항을 말한다. 따라서 사회복지의 범위는 대체로 다음과 같다.[2)]

1. 사회보장: 소득보장, 의료보장, 사회복지서비스
2. 공중보건: 검역, 전염병 예방, 국민건강 증진
3. 서민주택: 서민을 위한 주택(국민주택, 임대주택, 서민아파트 등) 및 주거환경 개선
4. 국민교육: 초중등교육, 장애인을 위한 특수교육, 유아교육
5. 고용: 직업안정, 직업훈련, 임금정책, 근로감독
6. 환경보존: 대기·수질·토양·해양의 오염방지, 소음·진동규제
7. 대중교통 및 통신: 대중에게 편익을 제공하는 철도·지하철·버스 등의 대중교통과 전화·우편 등의 통신시설

이처럼 사회복지는 국민의 일상생활과 관련된 매우 광범위한 분야를 다루고 있다. 복지국가는 혼합경제를 통해 국민생활에 지대한 영향을 미치는 공익산업에 한하여 선별적인 국유화를 실시하고 있

2) 인경석, 『한국 복지국가의 이상과 현실』, 나남, 1998, 18.

지만, 사회복지의 제도와 정책은 본질적으로 다른 수단에 의존하고 있다. 그런 수단들은 다음과 같은 범주로 분류될 수 있다. 먼저 시장경제를 보완하기 위한 사회복지제도로는 사회보장제도를 중심으로 사회보험, 공공부조, 사회수당, 사회복지서비스가 있으며 그 외에도 공공서비스, 급료이전, 누진세, 외부경제와 외부불경제의 조정 등이 존재한다. 그리고 시장경제를 개선하기 위한 사회복지정책으로는 완전고용정책, 적극적 노동시장정책, 관용적 임금정책, 연대임금정책 등을 꼽을 수 있다.[3)]

1. 시장경제를 보완하기 위한 사회복지제도

시장경제를 통해서는 도저히 해결할 수 없는 사회문제들이 있기 마련이다. 시장경제는 노동시장에 참여할 수 없는 사람들(예컨대 어린이와 노인 및 병자 등)과 노동시장에 참여하고 있는 데도 생활이 어려운 사람들에게는 기본적인 생활을 보장해줄 수 없기 때문이다. 국가는 이런 사람들을 포함한 모든 사람들을 위해 적절한 사회복지제도들을 실시하고 있는데, 그 중에서도 가장 커다란 비중을 차지하고 있는 사회보장제도를 중심으로 살펴보기로 하자.

사회보장제도는 국민들의 기본적인 생활을 보장하기 위한 사회복지의 가장 핵심적이고 대표적인 제도다. 우리가 일상생활을 영위해 나가는 데 기본적으로 필요한 것으로는 일할 수 있는 능력과 건강을 들 수 있다. 일할 수 있는 능력이란 스스로 일터에 나가 일을 하여 소득을 얻음으로써 본인과 가족의 생계비를 벌어들일 수 있는 능력, 즉 소득능력을 의미한다. 여기서 건강이란 아프지 않은 상태, 즉 치료를 필요로 하지 않는 상태를 말한다. 아무리 능력이 있더라도 아픈 상태로는 일상생활을 유지해나갈 수 없는 것이다.

3) 김교환, 『현대복지국가론』, 교육과학사, 2002, 133~134 참조.

하지만 우리는 일할 수 있는 능력 또는 건강을 뜻하지 않은 사유로 상실하게 되는 경우가 많다. 그러면 당장 그 본인은 물론 가족까지도 생계상의 어려움을 겪게 된다. 따라서 이런 위기가 닥쳤을 때에 대비하기 위해 사전에 제도적 장치를 마련해 놓을 필요가 있게 되며, 이런 제도적 장치를 사회보장제도라고 한다. 프리드랜더 W. Friedlander에 의하면 "사회보장제도는 질병, 실직, 가구주의 사망·노령·사고로 인한 불구상태 등으로 자신들의 힘으로는 생계를 해결할 수 없을 때 사회적 입법으로 보호해주는 제도"[4]다. 이런 어려움을 당한 사람 혼자 힘으로 해결하기 어려운 사유를 '사회적 사고 social contingencies'라고 하는데 이는 여러 사람이 힘을 합쳐 사회적으로 해결해주어야 할 사고라는 뜻이다.

사회보장제도는 일할 능력이 상실되었을 때에는 생계유지에 필요한 현금 또는 현물을 제공하여 소득을 보장하고, 건강이 상실되었을 때에는 치료비 또는 의료서비스를 제공하여 의료를 보장한다. 따라서 소득보장과 의료보장은 사회보장제도의 두 가지 기둥이다. 이런 사회보장제도는 크게 사회보험, 공공부조, 사회수당, 사회복지서비스로 구분된다. 사회보험과 공공부조는 적용대상자와 재원마련방법에 따른 구분이고, 사회수당과 사회복지서비스는 수혜대상자와 제공되는 서비스를 고려한 구분이다. 또한 사회보험은 사회보장제도 중에서 능력이 있는 모든 국민을 대상으로 하는 제도이므로 가장 핵심적이고 중추적인 제도이고, 공공부조와 사회수당 및 사회복지서비스는 일부 능력이 부족하거나 보호를 필요를 하는 계층을 대상으로 하는 보충적 제도라고 할 수 있다. 이들을 보다 상세하게 살펴보기로 하자.

---

4) W. Friedlander, *Introduction to Social Welfare*, Prentice-Hall, 1980. 4~5.

1) 사회보험

사회보험은 평상시에 소득이 있는 사람에게 보험료를 부과하여 이를 재원으로 각종 사회적 사고가 발생했을 때 필요한 소득 또는 의료를 보장해주는 제도이다. 그래서 사회보험은 특정한 대상이나 집단으로 대상이 제한되는 선별적 복지제도가 아니라 모든 국민에게 적용된다는 의미에서 보편주의적 복지제도이다. 취업을 해서 소득이 발생하는 모든 성인은 사회보험에 가입해 소득의 일정액 혹은 일정 비율을 사회보험금으로 납부해야 한다.

사회보험 가입은 일반 사적 보험과는 달리 강제적인데, 그 이유는 위험분산효과를 극대화하고 부유한 계층으로부터 낮은 계층으로 소득을 재분배하는 효과를 얻기 위한 것이다.[5] 만일 강제가입이 아니라면 부유한 계층은 빠져나가고 보험료 납부능력이 떨어지는 계층만 남게 되어 재분배효과가 불가능하게 되며, 재원도 부족해져 적절한 수준의 보험급여를 제공하기 어렵다.

사회보험의 재분배효과는 수직적 재분배와 수평적 재분배로 나누어 살펴볼 수 있다. 수직적 재분배는 소득이 높은 계층과 소득이 낮은 계층 간의 재분배를, 수평적 재분배는 동일한 소득계층 내부에서 일어나는 재분배를 의미한다. 예컨대 사회보험을 통해 같은 소득계층 안에서 건강한 사람이 낸 돈으로 건강하지 못한 사람이 치료를 받게 되거나 젊은이가 낸 돈으로 노인들이 연금을 받게 되면 수평적 재분배가 일어나는 것이다. 그런데 여기서 말하는 재분배효과란 수직적 재분배 효과를 가리키는 것이다.

사회보험은 위험의 종류에 따라 구분되기도 하고, 어떤 나라에서는 한두 개의 보험으로 묶어서 모든 위험을 보장하기도 한다. 어떤 형태로 제도화하더라도 대부분의 복지국가는 네 가지 사회적 위험

---

5) 정원오, 『복지국가』, 책세상, 2010, 75.

(질병, 실업, 재해, 퇴직)에 대해 건강보험, 고용보험, 산업재해보험, 연금보험 등을 시행하고 있다.

건강(의료)보험은 부상을 포함한 질병, 분만 시 본인의 의료비를 보장하는 제도다. 복지국가 중에는 부상, 질병, 분만으로 취업하지 못한 기간 중 1년 정도까지는 생계비를 보장하는 나라도 있다. 또한 모든 국민의 의료비를 정부재정에서 모두 부담하여 국영병원에서 무료로 치료받게 하는 보건서비스를 운영하기도 한다.

고용(실업)보험은 실직 시 본인 및 가족에게 생계비를 보장하는 제도다. 실직자 본인이 재취업을 위한 노력을 하는 것을 조건으로 6개월에서 1년 정도의 단기간 동안 지급하는 것이 보통이다. 국가가 실직자의 재취업을 촉진하기 위해 직업훈련, 직업소개, 고용기회 확대 등의 사업을 병행한다는 의미에서 고용보험이라고도 한다.

산업재해보험은 업무상의 사유로 인한 부상을 포함한 질병, 불구, 사망 시 본인의 치료비와 본인 및 가족에게 생계비를 함께 보장하는 제도다. 사업장에서 직접 업무수행 중에 발생한 사고 외에도 업무와 관련된 사고, 예컨대 작업준비 중이거나 회사버스로 출근하는 중에 발생한 사고도 포함되는 것이 보통이다.

연금보험은 노령, 불구, 사망 시 본인 및 가족에게 생계비를 보장하는 제도다. 노령 시에는 노령연금, 불구 시에는 장해연금, 사망 시에는 유족연금이 지급되는 등 세 가지 사회적 사고에 대비하기 위한 종합적 사회보험제도이며, 이 중에서 노후에 생계비를 제공하는 노령연금이 가장 대표적이다.

이상에서 살펴본 사회보험은 정부가 법을 통해 모든 국민에게 강제로 적용하는 제도이므로 부족한 재원은 정부의 일반재원인 세금으로 충당할 수밖에 없다. 일반 세금은 저소득계층에게는 낮은 세율을 적용하고 부유한 계층에게는 높은 세율을 적용하는 누진세율 방식이므로, 사회보험 재원에 일반 조세가 투입되는 비율이 높은 경우 재분배효과는 더욱 확대된다.

2) 공공부조

공공부조는 과거에는 공적 부조라고 부르기도 했는데, 현재 빈곤한 계층, 즉 기본적 생활수준 이하에 속하는 사람들에게 무상으로 생계비를 지원하거나 여타의 생활필수품과 서비스를 제공함으로써 그들이 국가가 인정한 기본적인 생활수준 이상의 상태를 유지할 수 있도록 보장해주는 제도이다. 다시 말해 빈곤층에 대해 국가가 무상으로 기본적인 생활수준을 보장해주는 제도를 말한다. 우리나라에서 이에 해당하는 제도는 국민기초생활보장 제도이다.

재원은 국가의 일반조세로 마련하며, 지원에 대해 나중에 갚거나 이자를 지불하는 등의 의무가 없는 대신, 빈곤한지 여부에 대한 조사가 따른다. 이를 자산조사라고 하는데 소득과 재산을 조사하는 절차를 거치는 것이다. 이 과정이 수치심과 낙인찍히는 감정을 느끼게 한다는 비판이 있기도 하다. 반면에 자산조사는 복지급여를 받기 위해 지불해야 하는 정신적 비용이므로 불가피하다는 주장도 있다. 즉 공공부조 급여를 받기 위해서는 정신적 수치심을 감수해야 하므로 국가의 부조에 의존하지 않고 자립하려는 의지를 일깨우는 긍정적 기능이 있다는 것이다. 여하튼 공공부조는 가난한 사람만을 선택해 복지급여를 제공하는 제도이다. 그래서 선별적 복지제도라고 부른다.

공공부조의 종류로는 생활보호제도, 의료보호제도, 재해구조제도 등이 있다. 먼저 생활보호제도는 노령, 아동, 불구·폐질 등으로 근로능력이 없거나 근로능력이 있어도 소득이 낮아 보호가 필요한 자에게 정부(국가 및 지방자치단체)의 재정으로 생계비를 지원해주는 제도이다. 지원되는 항목은 주·부식비 등 기본생계비(생계보호), 교육비(교육보호), 주거비(주거보호), 출산비(해산보호), 장례비(장제보호) 등이 있고, 근로능력이 있는 자에게는 직업훈련 및 생업에 필요한 자금의 융자(자활보호) 등이 있다.

의료보호제도는 위에서 설명한 생활보호대상자와 기타 의료비를 지원할 필요가 있다고 인정되는 자(우리나라의 경우 국가보훈 대상자와 재해이재민 등)에 대해 정부(국가 및 지방자치단체)의 재정으로 의료비를 지원해주는 제도이다. 부상을 포함한 질병과 분만 시 본인은 원칙적으로 무료로 치료를 받고 정부가 치료비를 지불한다.

재해구조제도는 폭풍과 홍수 및 가뭄의 피해 등의 자연재해와 지진피해 등의 천재지변으로 재난을 당한 이재민에게 재해복구에 필요한 기간 동안 생계비 및 복구에 필요한 비용을 정부(국가 및 지방자치단체)의 재정과 구호성금 등에서 지원해주는 일시적 구호제도이다.

3) 사회수당

사회수당이란 가난한 사람인지 아닌지를 구분해 지원하는 공공부조와 달리 사회적 보호가 필요하다고 생각되는 특정한 범주에 해당하는 사람들, 예컨대 아동이나 노인 및 장애인 등의 취약계층에게 무료급여를 제공하는 제도를 말한다. 무료급여란 사회보장과 같이 보험료를 미리 납부할 의무가 없다는 의미이다. 즉 사회보험료 납부실적이 없어도, 빈곤하다는 증명이 없어도 특정 인구 범주에 속한다는 이유만으로 급여를 제공하는 것이 바로 사회수당제도이다. 이런 사회수당은 소득에 관계없이 모두에게 일정한 액수를 지급하는 보편적 복지제도가 일반적이지만, 경우에 따라서는 보편적이되 저소득층에게 더 많은 혜택을 주는 비례적 복지제도나 저소득층에게만 혜택을 제공하는 선별적 복지제도 등의 다양한 형태로 운영되기도 한다.

사회수당 형태의 복지제도로는 아동수당, 노인수당, 장애인 수당

등이 있다. 아동수당은 특정 연령 이하, 예컨대 15세 이하의 아동이 있는 가정의 생계상의 어려움을 덜어주고 아동이 건강하게 성장할 수 있도록 소정의 금액을 지원하는 제도이다. 아동수당은 가난한 집안의 아동이든 부유한 집안의 아동이든 구분하지 않고 일정한 액수를 지급하는 보편적 복지제도, 모두에게 주되 저소득층에게 더 많은 혜택을 주는 비례적 복지, 저소득층에게만 주는 선별적 복지 등의 다양한 형태로 운영된다.

하지만 아동수당의 경우에는 특히 가난한 집안의 아동이든 부유한 집안의 아동이든 구분하지 않고 지급하는 보편적 복지제도가 바람직하다. 보편적 아동수당제도가 등장한 배경에는 빈곤여부를 조사하는 과정에서 발생하는 부정적 낙인효과stigma effect를 제거하려는 목적이 있다. 성장기의 환경이 매우 중요한 아동이 낙인을 의식할 경우 성장과정에서 부작용이 크기 때문에 아동을 지원하는 제도에서는 세심한 배려가 필요하다.

최근 우리나라에서도 논란이 된 학교 무료급식도 이런 측면과 직접 관련되어 있다. 가정형편이 어려운 아동에게만 학교급식을 무료로 제공해야 한다는 주장이 있는 반면, 빈부에 상관없이 모든 아동에게 무료급식을 해야 한다는 주장이 있다. 그런데 부유한 가정의 아동에게까지 무료로 급식을 제공하는 것은 재원낭비라는 주장은 하나만 생각하고 둘은 고려하지 못하는 근시안적인 것일 수 있다. 가난한 가정의 아동을 배려하는 진정한 복지는 수혜당사자가 도움을 받는다는 느낌 없이 당연한 권리로서 복지를 향유할 수 있도록 해야 한다. 모든 아동에게 차별 없이 무료급식을 제공한다면 이 제도는 현금지급이 아니라 일종의 급식서비스이므로 사회수당 방식의 사회서비스라고 할 수 있겠다.[6)]

---

6) 위의 책, 82.

노인수당은 노인에게 소정의 생활비를 제공하는 것이다. 예컨대 65세 이상 혹은 70세 이상의 노인에게 빈곤의 여부를 가리지 않고, 사회보험 납부실적도 따지지 않고 일정액의 현금을 지급하는 것이 일반적이다. 마찬가지로 빈곤여부와 사회보험 납부실적에 관계없이 장애인에게 생활비를 제공하는 제도가 장애수당이다. 이런 사회수당은 수혜자가 빈곤한 대상자로 한정되지 않기 때문에 재원확보에 현실적인 어려움이 있지만, 혜택을 사회 구성원으로서의 당연한 권리로 누리게 한다는 점에서 사회보장제도 중에서 가장 권리성이 높은 프로그램이다.[7)]

4) 사회복지 서비스

앞의 세 유형은 현금형태로 소득을 지원하는 제도인 데 반하여, 사회복지 서비스는 줄여서 사회서비스라고도 부르는데 이는 말 그대로 현금이 아닌 서비스 형태의 지원이 이루어지는 모든 사회복지제도를 통칭한다. 다시 말해 사회복지 서비스란 불우한 처지에 있거나 사회적으로 열세한 위치에 있는 사람들을 대상으로 전문적인 지식과 방법을 동원하여 그들의 어려운 상황을 해결해 줌으로써 정상적인 사회인으로서 권리를 누리고 의무를 수행할 수 있도록 해주기 위한 공공기관이나 민간단체의 조직적 활동을 말한다.

사회복지 서비스를 제공하는 것은 현금을 지원하는 것과 거의 유사한 효과가 있다. 자본주의사회에서 필요한 서비스는 시장에서 매매되기 때문이다. 사회가 무료로 서비스를 제공하지 않으면 그것을 구매해야 한다. 이런 서비스를 국가가 무료로 혹은 저렴하게 공급하는 것을 사회복지 서비스라고 하는 것이다. 사회복지 서비스는 노인, 장애인, 고아 등 불우한 아동, 미망인 등 도움을 요하는 여성

---

7) 위의 책, 83.

등이 주로 그 대상이 된다. 그래서 그 대상을 중심으로 노인복지 서비스, 아동복지 서비스, 장애인복지 서비스, 여성복지 서비스 등으로 나눌 수 있다.

먼저 노인복지 서비스로는 노인(주로 65세 이상)을 위한 생활편의 제공(상담, 식사제공, 가정봉사원 파견 등), 보호서비스(시설수용보호, 이용시설 활용, 정기점검용 전화 등), 보건의료 서비스(건강상담, 건강진단, 치료·요양 등), 취업, 여가활동, 소외감 해소 등을 위한 각종 서비스가 있다.

아동복지 서비스에는 아동(주로 18세 미만) 중에 보호를 요하는 고아, 기·미아, 학대받는 아동 등을 위한 보호서비스(상담 및 선도, 시설수용보호 등)와 가정위탁보호 및 입양서비스, 직업훈련 및 취업알선 등과 일반아동을 위한 보육서비스의 제공이 있다.

장애인복지 서비스로는 장애인(지체장애, 시각장애, 청각·언어장애, 정신지체 등)을 위한 생계보호 서비스, 특수교육, 의료재활, 시설수용 보호 및 이용, 직업훈련 및 취업알선, 보장구의 제공, 각종 편의시설의 설치 등이 있다.

여성복지 서비스에는 저소득 모자가정, 미혼모, 윤락여성, 가출여성, 학대받는 여성 등 보호를 요하는 여성을 위한 상담과 예방교육 및 선도, 생계보호 서비스, 시설수용보호, 직업훈련 및 직업알선 등 각종 서비스의 제공과 일반여성을 위한 근로여성 보호서비스, 부녀지도 서비스 등이 있다.

국가가 사회복지 서비스를 제공하는 방식은 다양하다. 현금으로 서비스를 간접 지원할 수도 있고, 서비스를 이용할 수 있는 증서를 제공할 수 있으며, 직접 서비스를 제공할 수도 있다. 과거에는 복지서비스를 국가가 직접 제공하는 방식을 선호했는데, 최근에는 서비스는 민간이 제공하고 그 비용은 국가가 제공하는 방식으로 바뀌는 경향이 있으며, 특히 최근에는 서비스 이용증서를 제공하는 방식이 활발하게 적용되고 있다. 이런 증서방식을 바우처voucher 방식이라고 부르기도 한다.

사회복지 서비스에서는 서비스 분배의 문제도 중요하지만, 복지 서비스를 어떻게 고도화할 것인가와 같은 전문적 기술과 기법 등을 개발하고 교육하는 문제도 중요하다. 복지 서비스와 제도들을 연결시키고 직접 서비스를 제공하는 등의 역할을 담당하는 사람들을 사회복지사라고 한다. 물론 사회복지사들이 앞에서 언급한 모든 사회복지 서비스를 직접 제공하는 것은 아니다. 재활치료사, 상담사, 간병인, 의사 등 분야에 따라 서비스를 제공하는 전문가 혹은 활동가들이 존재한다. 사회복지사들이 이런 서비스를 연결해주는 경우가 많으며, 특히 빈곤계층의 사회적 약자들이 사회서비스를 무료로 이용할 때 사회복지사들의 도움을 받는 것이 일반적이다.[8)]

이상에서 살펴본 네 가지 유형의 사회복지제도들은 각기 나름대로의 특성을 지니고 있으며, 이것들이 혼합되어 특정 국가의 사회보장제도를 구성하게 되는데, 어떤 제도의 비중이 더 큰가, 어떤 제도가 상대적으로 더 주요한 역할을 하는가에 따라 복지국가의 특성이 상이하게 나타나기도 한다.

공공부조제도는 빈곤한 계층에 한해 급여를 제공하므로 제한된 자원으로 가장 도움이 필요한 사람들을 집중 지원할 수 있다는 장점이 있다. 비용 대비 효과가 가장 효율적인 제도라고 할 수도 있다. 그러나 빈곤여부를 조사하는 과정에서 심리적 낙인, 즉 부정적 스티그마를 부여하고, 도움을 받는 계층과 도움을 주는 계층을 분리함으로써 사회통합에 부정적 영향을 미친다는 단점이 있기도 하다. 영국에서 베버리지가 빈곤해소의 가장 중요한 도구로 사회보험

8) 위의 책, 84~85.

제도를 사용해야 한다고 주장한 이면에는 공공부조의 비인간적 측면과 부정적 효과에 대한 인식이 깔려있었다. 이런 문제점으로 공공부조는 권리성이 매우 취약하다는 약점이 있다. 하지만 아이러니하게도 공공부조는 지금까지도 영국에서 중요한 제도로 존재하고 있다.[9)]

사회보험과 사회수당은 그 대상을 빈곤계층으로 한정하지 않는다는 점에서 보다 보편성을 띤다. 권리성의 측면에서 사회수당은 사회권의 완성에 가깝다. 사회보험은 기여에 대한 권리로 급여권이 인정되는 반면, 사회수당은 그 나라 국민이라는 사실만으로 급여를 받을 권리가 인정되기 때문이다. 대신에 사회수당은 막대한 재원이 소요된다는 점에서 어려움이 있다. 특히 모든 노인이나 아동 및 장애인에게 차등 없이 급여를 제공하는 경우 막대한 세금이 필요하므로 평등주의가 확산되어 있는 사회가 아니면 시행하기 어렵다. 그 대신 사회통합의 측면에서 사회수당의 효과는 매우 크다고 할 수 있다.[10)]

사회보험은 권리성과 사회통합 효과 등에서 공공부조와 사회수당의 중간정도에 해당한다. 즉 사회수당보다는 낮지만, 공공부조보다는 높다. 사회보험은 재원의 상당부분을 보험료로 충당하기 때문에 재원 마련이 상대적으로 쉬운데다 사회통합성과 권리성이 공공부조보다 높아 복지국가의 복지제도로는 가장 많이 활용되는 방법이다. 대상자의 규모 측면에서나, 제도 전체 재원의 규모 측면에서나, 전체 급여액의 측면에서나 사회보험은 복지국가에서 가장 주도적인 제도다.[11)]

사회복지 서비스는 보험금 갹출 능력이 없는 빈곤한 사람들을 대

---

9) 위의 책, 85~86.
10) 위의 책, 86.
11) 위의 책, 87.

상으로 하기 때문에 사회보험과는 그 성격을 달리하며, 이런 점에서는 공공부조와 유사하다. 그리고 물질적 급여 외에 전문 사회사업 서비스를 제공한다는 점에 있어서도 공공부조와 공통된다. 하지만 사회복지 서비스는 전문 사회사업가에 의한 전문서비스에 의해서만 소기의 성과를 기대할 수 있기 때문에 그것이 보충적으로만 그치는 공공부조와는 그 성격을 달리한다. 뿐만 아니라 사회복지 서비스는 그 주체가 공공기관만이 아니라 민간단체도 포함되며, 또 그 대상자의 범위도 공공부조보다 광범위하다. 이렇듯 사회복지 서비스는 그 대상을 빈곤층으로 한정하지 않는다는 점에서 공공부조보다는 권리성과 사회통합성이 강하다고 할 수 있다.

그런데 세상에는 사회보장제도 가운데 공공부조가 중심적 역할을 하는 나라가 있는 반면, 사회보험이 가장 중추적인 역할을 하는 나라도 있다. 또한 사회수당의 현금급여제도보다 사회복지 서비스가 더 중요한 복지체계로 작동하는 나라도 있다. 더욱이 동일한 유형의 사회보험 위주의 복지국가라 할지라도 개인의 능력을 그대로 인정하여 재분배효과가 낮은 나라가 있는가 하면, 개인의 능력보다 사회적 약자를 더 배려하여 재분배효과가 높은 나라도 있다. 즉 복지국가라고 해서 다 똑같지 않다는 말이다.

사회보장제도 중에서도 특히 복지국가인가 아닌가를 구분하는 중요한 기준으로 빈곤층에게만 적용되는 공공부조 위주의 복지체계를 선별적 복지체계라고 하고, 모든 국민에게 적용되는 사회보험 위주의 복지체계를 보편적 복지체계라고도 규정한다. 전 세계 어느 나라도 100% 보편적 복지나 선별적 복지를 선택하는 나라는 없다. 하지만 대체로 미국은 선별적 복지, 스웨덴은 보편적 복지의 원칙을 따르고 있다. 전반적으로 미국은 복지에 부정적이고, 스웨덴은 복지에 긍정적이기 때문이다. 특히 미국은 공공부조에 대해서도 인종주의적 편견이 강해 인색하다. 그 결과 빈곤의 책임이 국가가 아닌 개인에게 있다고 보는 경향이 강하다.

이와 관련하여 장하준 교수는 "경제민주화란 1원 1표라는 시장논리를 1인 1표라는 시민권에 기반을 둔 민주주의 논리로 견제하자는 것으로, 그 핵심은 시민권에 바탕을 둔 보편적 복지국가"라고 규정한다. 그러면서 "선별적 복지는 정치적 지속성이 없다. 미국은 내는 사람은 내기만 하고 받는 사람은 받기만 해서 불만이 많지만, 유럽은 누구다 다 받기 때문에 불만이 덜하다면서, 지속가능한 복지국가를 위해서는 기본적 틀을 보편적 복지국가로 잡아야 한다."고 강조했다. 또한 "보편적 복지국가를 위해서는 부자와 가난한 사람들 모두 세금을 더 내야한다."면서 "GDP의 20~22%인 세금을 선진국처럼 45~55%, 최소 40%까지 올려야 한다."고 지적했다. 반면에 미국식의 선별적 복지는 혜택은 받지 못하고 세금만 내야하는 중산층의 반발로 보수화를 초래한다는 것이다.12)

이런 맥락에서 스웨덴의 발테르 코르피 교수는 서구 복지국가들을 비교분석한 결과, 빈곤층을 대상으로 한 선별적 복지가 모든 사람을 대상으로 한 보편적 복지보다 재분배효과가 떨어진다는 이른바 '재분배의 역설' 현상을 주장했다. 그에 의하면 "빈곤층을 대상으로 한 선별적 복지가 투자예산 단위당 재분배효과는 높을 수 있다. 그러나 복지정책과 관련한 계층 간 연합이나 분배예산 규모 등 다른 요인들 때문에 결국은 보편적 복지의 재분배 효과가 높게 된다. 선별적 복지는 고소득층과 중산층을 복지혜택에서 배제하기 때문에 이들이 복지정책과 관련해 빈곤층을 제외한 계층연합을 형성하게 된다. 이것은 세금과 복지국가 거부로 나타난다. 반면 보편적 복지를 하면 대부분 계층이 혜택을 입기 때문에 저소득층과 중산층이 모두 복지정책을 지지하게 된다. 이런 계층연합은 정치적 차원에서

12) 〈네이버뉴스〉, 2012. 9. 24.

복지예산 규모 자체를 키우게 된다."[13]

이와 관련하여 한국일보와 한국재정학회가 공동으로 여론조사를 한 결과, 우리나라 국민의 62.7%는 바람직한 복지제도의 방향으로 저소득층에게만 제공하는 선별적 복지(24.4%)나 모두에게 주는 보편적 복지(11.9%)보다 모두에게 주되 저소득층에게 더 많은 혜택을 주는 '비례적 복지'를 더 선호하는 것으로 나타났다.[14]

5) 기타

이상에서 살펴본 네 가지의 사회보장제도 이외에도 사회복지 기능을 수행하는 제도들도 존재하는 데, 이를 간략하게 소개해보자. 첫째로 공공서비스 제도를 들 수 있다. 복지국가는 시민 모두에게 특정한 요구가 필수적인 경우 그것을 공공서비스로 제공해야 한다. 치안, 국방, 교육, 의료, 법률상담, 도로, 철도, 항만, 문화 및 휴게 시설 등의 공공재가 바로 그것이다. 이런 공공서비스는 일반세입으로 운영되어 시민들에게 돌아갈 권리로서 무료로 또는 적정요금을 받고 제공해야 한다.

둘째로 사회보장체계 외부에서 이루어지는 급료이전 제도는 시민들에게 양호한 주택(주택공제), 적정소득(소득 및 공공보조의 보장), 가족부양비에 부응하는 재화(가족수당) 등을 보장한다. 이런 방법들은 아마도 세대 간에 재화를 재분배하는 것에 지나지 못할 수도 있다. 그 대표적 사례가 취업 노동자로부터 은퇴한 노동자에게로의 재분배이다. 따라서 수직적 재분배라기보다는 수평적 재분배에 가깝다.

셋째는 누진세 제도이다. 소득과 부에 대한 누진세 제도는 급료이전과는 달리 재화의 수직적 재분배를 도모한다. 개인권력의 집중

13) 〈한겨레신문〉, 2011. 5. 19.
14) 〈한국일보〉, 2015. 2. 23.

을 견제하고 평등을 증진시키는 데에는 누진세 제도가 필수적이다. 이것은 복지비용을 부유층에게 부담시키는 전형적인 방식으로 사용되어 왔다.

넷째로 외부경제와 외부불경제의 조정제도는 사익과 공익의 충돌을 해결하는 기능을 수행한다. 공해는 외부불경제의 대표적 사례이다. 예컨대 어떤 공장이 배출하는 폐수가 바다를 더럽혀 어획고를 감소시키거나, 일회용 식품의 생산증대로 쓰레기가 늘어나 청소비가 증가하는 등의 비용이전 행위를 말한다. 반대로 어떤 기업이 노동력이 남아도는 곳에 무공해공장을 세워 공장까지의 도로를 특정기업의 부담으로 정비한 경우 그 기업은 그 지역 노동자의 고용과 소득을 증가시키거나 도로의 이용을 가능하게 함으로써 의도하지 않았던 사회적 이익을 증대시키는 데 이를 외부경제라고 한다. 이런 경우 외부불경제를 초래한 기업에 대해서는 세금을 부담하고, 외부경제를 낳은 기업에 대해서는 보조금을 지원한다.

2. 시장경제를 개선하기 위한 사회복지정책

복지국가는 시장경제로는 해결할 수 없는 것들을 보완하기 위한 사회복지제도를 시행하면서도 시장경제를 부정하기 보다는 개선하려고 한다. 왜냐하면 시장경제는 크게 보아 두 가지 점에서 복지의 증진에 기여할 수 있기 때문이다. 첫째로 시장경제에 의해 정치권력의 기초라 할 수 있는 경제권력이 정치권력과 분리되면 실제로는 3권분립이 아니라 4권분립이 이루어지므로 그것만으로도 정치적 독재를 방지할 수 있다. 둘째로 시장경제 자체가 사회구성원들의 자유로운 욕구에 의한 생산과 분배 그리고 소비와 교환의 경제활동을 보장함으로써 경제적 효율성을 기할 수 있다. 하지만 시장경제가 이런 이점을 가진다해도 시장경제가 자동적으로 사회복지를 충분히 해결하지 못한다. 따라서 복지국가는 시장경제를 개선하기 위한 경제정책을 다음과 같이 시행하고 있다.

1) 완전고용정책

복지국가의 사회복지정책이 지닌 두드러진 목적 중 하나는 완전고용이다. 최선의 복지는 무상으로 생계를 보장해주는 것이 아니라 일자리를 마련해주는 것이기 때문이다. 실업에 대한 최선의 대책은 실업보험이 아니라 취업인 것이다. 따라서 복지국가는 불황기 시장경제에 대한 국가개입의 정당성을 이론적으로 뒷받침한 케인스의 대표 저작 『고용·이자 및 화폐에 관한 일반이론』, 이른바 '일반이론'에서 제안한 공공일자리 창출을 통한 완전고용정책을 지지한다.

케인스에 따르면 자본주의는 시장경제에 의해 작동하므로 정기적으로 호황과 불황을 반복하는데, 시장의 효율성에 문제가 발생하는 시기가 불황이다. 그래서 자본주의 경제체제는 그동안 몇 차례의 경제공황을 겪어왔는데, 1929년 10월에 시작된 대규모의 경제공황은 매우 심각한 수준이었다. 자본주의 세계경제 전체가 실업과 빈곤 및 폭동의 혼란 상태에 빠졌으며, 당시 급속하게 발전하던 미국에서도 대부분의 근로자가 실업자로 전락하는 유례없는 사태가 벌어졌다. 케인스는 1936년에 '일반이론'을 통해 공황의 원인이 상품공급과 생산부족이 아니라 너무 많은 생산, 즉 과잉생산이므로 공급을 장려하는 정책에서 방향을 전환할 것을 주문한다. 즉 중요한 것은 생산이 아니라 소비라는 사고의 전환을 촉구한 것이다.

소비를 장려하고 촉진함으로써 시장경제가 다시 작동할 수 있게 하기 위해서는 특히 소비능력이 없는 실업자에게 소득이 발생할 수 있도록 정부가 도로건설 등의 공공사업을 전개해서 실업자들을 고용하는 공공일자리 창출이 무엇보다 중요하다는 것이다. 국가는 불황 시 공공사업을 확대하고 경제팽창 시에는 공공사업을 축소함으로써 완전고용을 유지하도록 개입해야 한다는 것이다.[15] 이렇듯 케인스 이론은 기존의 공급의 경제학에서 수요의 경제학으로 이론적 패러다임을 전환되는 계기를 만들었을 뿐만 아니라, 새롭게 싹트고 있던 복지국가체제에 중요한 이론적 기반을 제공했다.

2) 노동시장정책

그러나 완전고용에 치우치다보면 효율성의 저하를 초래할 수 있기 때문에 노동시장정책은 이를 방지하기 위해 노동수요를 예측하여 직업을 소개하고, 지역 간 노동수급을 조정하기 위해 산업과 노동력을 배치하고, 직종 간 노동수급을 위해 새로운 직업을 위한 훈련 및 재훈련을 실시한다. 이러한 노동시장정책은 단순한 직업소개나 실업수당과 같은 수동적 대응이 아니라, 고생산성 부문의 고용촉진과 실업자에 대한 직업훈련 등을 내용으로 한다는 의미에서 적극적 노동시장정책이어야 한다. 다시 말해 적극적 노동시장정책은 높은 수준의 고용을 유지하는 것 외에도 실업자들에게 직업정보, 재교육, 직업이전수당, 일상생계에 대한 편익 등을 제공함으로써 재취업에 따르는 시련을 완화시킨다. 더 나아가서 노동시장정책은 이런 서비스들을 이미 취업하고 있는 노동자들에게까지 확대시켜 그들의 생활과 잠재적 생산효율성을 개선시키는 것을 목표로 한다.

3) 관용적 임금정책

완전고용이 달성되면 공정한 임금분배를 보장하기 위한 관용적 임금정책이 시행된다. 이것은 저임금 노동자의 임금수준을 우선적으로 인상함으로써 전 국민의 임금분배를 보다 평등한 수준으로 접

15) 여기서 완전고용이란 실업자가 전혀 없는 상태를 의미하지는 않는다. 약간의 마찰적 실업이 있는 3% 내외의 실업률이 기록되는 경우를 대체로 완전고용 상태로 평가한다.

근시키는 것이다. 조세와 급료이전은 공제한 후가 아니라 공제하기 전에 보다 공정하게 임금을 분배하는 원칙을 확립하려는 것이다. 이렇게 저임금 노동자의 소득을 증대시키는 방법은 저임금 노동자들이 차후에 공공자선으로 혜택을 얻는 모멸감을 면하게 해주는 장점을 지니고 있다.

4) 연대임금정책

연대임금정책은 스웨덴에서 유래된 것으로 핵심내용은 '동일노동 동일임금'으로 요약될 수 있다. 이로써 연대임금정책은 개인적인 차원에서 직종 간 합리적 임금격차는 유지하면서도, 동질내용의 노동에 대해서는 기업과 부문의 생산성이 높고 낮음을 불문하고 동일임금 수준을 적용함으로써 가장 낮은 임금을 받는 사람들도 평균적 생활수준에서 떨어지지 않도록 임금격차를 줄여주는 것이다. 또한 사회적 차원에서는 산업구조의 고도화, 인플레이션 억제, 연대와 평등을 달성하려는 것인데, 이를 상세히 설명하면 다음과 같다.

사회적인 차원에서 연대임금정책을 통해 동일노동 동일임금으로 평준화하면, 생산성이 떨어지는 기업이나 부문에서는 임금수준을 감당하기 어렵게 될 것이며, 생산성이 높은 부문에서는 상대적으로 낮은 수준에서 임금이 결정되기 때문에 과도한 이윤이 발생할 것이다. 초과이윤 부문에서는 기금을 축적하고 경쟁력을 비축하는 반면, 이윤율이 낮은 부문의 기업과 산업에 대해서는 생산성 향상 혹은 합리화의 압력이 행사될 것이다. 산업구조의 고도화가 추진되는 것이다. 기금은 정리된 부문의 노동자들을 재훈련, 재취업시키는 적극적 노동시장정책의 재원으로 활용된다. 노동자들은 끊임없이 사양산업에서 경쟁력 있는 새로운 산업으로 재편되어 들어가야 한다.

한편 사회 전체의 임금이 적절한 수준으로 통제됨으로써 인플레이션이 억제될 것이다. 이런 연대임금정책은 중앙집중적 임금교섭이 이루어지지 않으면 실현 불가능하다. 임금교섭이 산별노조로 분권화되어 있을 경우 임금격차를 줄이기 어렵기 때문이다.[16] 이것이 노동자들의 연대와 평등을 촉진하는 것이다.

Ⅲ. 복지국가의 유형

복지국가의 유형에 대한 논의들은 대부분 각국에서 실시되는 복지제도의 유형을 분류하는 데 초점을 맞추고 있기 때문에 복지국가라고는 할 수 없지만 나름대로 복지제도를 시행하고 있는 나라들까지 편의상 복지국가의 유형에 포함해서 논의하는 경향이 있어 복지국가의 개념 자체에 혼동을 초래하기도 한다. 이런 점에 유의하면서 기존의 논의 중에 유용한 것들을 살펴보기로 하자.

먼저 복지제도를 유형화하는 틀로서 가장 오래되고 가장 많이 사용하는 것은 윌렌스키H. Wilensky와 르보C. Lebeaux의 '잔여적residual' 복지제도와 '제도적institutional' 복지제도의 구분이다.[17] 잔여적 복지제도는 원칙적으로 가족이나 시장이 사회복지의 요구를 해결하는 주된 기능을 수행하지만 이런 기능이 실패했을 때에만 국가가 최소한으로 개입하는 것이다. 반면에 제도적 복지제도는 우선적으로 국가가 복지를 국민에 대한 시혜가 아니라 국민의 사회권을 보장하기 위해 보편적으로 제공하는 것을 말한다.

이와 유사하게 티트머스R. Titmuss는 복지제도의 유형을 '잔여적' 유형, '산업실적industrial achivement performance' 유형, '제도적 재분배 institutional redistribution' 유형으로 구분했다.[18] 첫째와 셋째는 윌렌스

16) 정원오, 앞의 책, 60~61.

17) H. Wilensky & C. Lebeaux, *Industrial Society and Social Welfare*, New York, Russell Sage Foundation, 1965.

18) R. Titmuss, *Social Policy*, London, Allen and Unwin, 1974.

키와 르보의 구분과 유사하여 첫째는 가족과 시장의 역할을 중시하고, 셋째는 국가의 보편적 복지제공을 강조한다. 반면 둘째는 복지급여를 시장에서의 성과에 따라 차등을 두는 것이다. 다시 말해 국가가 시행하는 사회보장제도 중에서 잔여적 유형이 공공부조 프로그램에 의존하고, 제도적 재분배 유형이 보편적 프로그램을 강조한다면, 산업적 성취 유형은 사회보험 프로그램을 중시한다. 사회보장제도 중에 사회보험에의 비중이 상대적으로 높은 중유럽국가들은 이 분류에 따르면 산업실적 모형에 속한다고 할 수 있다.

퍼니스N. Furniss와 틸톤T. Tilton은 사회복지 욕구에 대한 정부개입의 형태에 따라 '적극적 국가positive state', '사회보장국가social security state', '사회복지국가social welfare state'로 분류했다.[19] 적극적 국가의 목표는 자본주의 사회에서 발생하는 문제들에 맞서 재분배를 요구하는 세력으로부터 자본가들을 보호하는 것이다. 따라서 복지정책의 방향은 경제성장을 위한 정부와 시장 간의 협력에 두고 있다. 경제효율성을 저해하는 복지정책에는 반대하고, 보험원칙에 입각한 사회보험 프로그램을 선호하는 것이다. 소득의 수직적 재분배(부자로부터 빈자로의 재분배)보다는 수평적 재분배나 세대 간 재분배(청년으로부터 노인 또는 건강한 사람으로부터 환자로의 재분배)가 더 강조된다. 이런 유형의 복지체계는 시장경제의 기능을 강화하기 위한 사회통제적 기능이 강하다. 시장에서 역할이 없거나 적은 사람은 복지체계에서 가장 적고 치욕적인 급여를 받는다. 이런 나라의 전형이 미국이며, 복지국가라고 할 수 없다.

미국을 복지국가로 분류하는 것은 적절치 않으며, '지체된' 복지국가 혹은 '복지후진국가'로 분류하는 것이 적절하다고 많은 학자들이 지적한다. 미국은 영국과 유럽대륙에서 자유를 찾아, 새로운 기

19) N. Furniss and T. Tilton, *The Case for the Welfare State: From Social Security to Social Equality*, Bloomington, Indiana University Press, 1977.

회를 찾아 이주한 사람들이 신대륙에 세운 나라이다. 그래서 미국은 자유주의적 성향이 강하다. 미국에서는 개인의 사생활 보장과 신체의 자유, 재산소유의 자유 등의 자유권적 기본권이 매우 존중된다. 국가의 역할은 국방과 질서유지 차원을 넘어서지 못하도록 제한되는 경향이 강하다. 빈곤계층을 돕거나 노약자를 지원하기 위해 국가가 세금을 거두는 행위는 개인의 사생활에 대한 침해이며, 국가의 역할을 벗어난 과도한 행위라고 여겨진다. 그래서 미국에서는 유럽 각국이 시행하는 사회보험제도의 도입도 상당히 늦게 이루어졌다.

독일이 사회보험제도를 처음 시행한 시기가 1880년대였는데, 미국은 그로부터 50여년이 지난 1930년대에야 비로소 사회보험을 도입했다. 미국의 경우 사회보험제도의 도입이 늦었을 뿐 아니라 국가개입에 대한 반대여론으로 다양한 사회적 위험에 대비하고 모든 국민을 포함하는 포괄적인 사회보험을 만들지도 못했다. 미국의 사회보험에는 질병에 대비하는 의료보험이 없고, 그렇다고 무료의료서비스가 있는 것도 아니어서 가난한 사람들은 의료 서비스를 이용할 수 없었다. 2014년에 이르러서야 비로소 내용은 다소 부실하긴 하더라도 모든 국민을 대상으로 하는 의료보험, 이른바 '오바마케어 Obama care'가 실시되기 시작한 것이다.

사회보장국가는 국민들의 기본생활을 보장하는 것을 목표로 한다. 기본생활의 수준은 생활수준의 전반적 상승에 따라 변화한다. 이런 목표를 달성하기 위해서는 사회보험 이외의 다른 프로그램이 중요하게 되고, 사회보험 프로그램도 보험원칙에 엄격히 의존해서는 안 된다. 하지만 이런 국가가 바탕으로 하는 가치는 결과의 평등이 아니라 기회의 평등이다. 사회보장에 앞서 각자는 자신이나 가족을 위해 노력과 책임을 다할 것을 강조하는 데, 이런 국가의 전형이 영국이라는 것이다.

영국에서는 일찍부터 노동조합이 결성되었고, 노동계급의 이익을 대변하는 노동당의 의회진출도 빠른 시기에 이루어졌다. 그러나 스웨덴에 비해서는 영국 노동계급의 정치적 역량이 떨어지는 것으로 평가된다. 이는 단순히 노동계급의 역량 문제가 아니라 그 나라의 고유한 정치적, 이념적 성향에서 비롯된 문제라고 할 수 있다. 노동당은 상당한 기간 동안 고생하다가 1945년에야 처음으로 다수당이 되어 집권하게 된다. 이후에도 노동당은 지속적으로 집권하지 못하고 보수당과 정권을 주고받는 경쟁과 타협을 해야만 했다. 그래서 영국의 경우 노동당 중심의 복지국가를 실현했다기보다는 노동당이 보수당과 함께 복지국가를 만들었다고 표현하는 것이 적절해 보인다.[20]

영국은 베버리지 보고서를 토대로 복지국가를 건설할 당시 무료의료 서비스NHS, 아동수당과 같은 보편적 복지제도를 만들 수 있었으나, 이후 노동당이 보수당과 타협하는 과정에서 선별적 복지제도의 비중을 증대시킬 수밖에 없었다. 보편적인 사회보험에서도 보험료 납부능력에 따른 복지급여의 비중이 상대적으로 높아졌기 때문에 재분배효과도 처음과 달리 낮아져갔다. 노동시장에 대한 국가의 개입도 약화되었고, 스웨덴과 달리 임금격차를 줄이는 정책을 실현하기 어려웠다. 스웨덴과 가장 큰 차이점은 앞에서도 언급했듯이 복지국가의 목표가 불평등 완화가 아니라 빈곤퇴치라는 점이었다.[21]

오늘날 영국 복지국가는 미국과 상당히 다름에도 불구하고 나중에 신자유주의를 채택한 탓에 자유주의 복지국가로 분류되기도 한다. 미국과 영국이 1980년대 이후 복지체제에 대한 유사한 변화를 추구해왔기 때문이다. 하지만 영국을 복지후진국인 미국과 동일한 유형으로 분류하는 것은 적절하지 못하다는 비판이 존재하는 것 또

20) 정원오, 앞의 책, 91.
21) 위의 책, 92.

한 사실이다.

사회복지국가는 적극적 국가와 사회보장국가가 국가와 기업 간의 협동을 강조하는 것과 달리, 정부와 노동조합의 협력을 강조하는 복지체계이다. 노조가 정부의 임금과 고용정책에 깊이 개입해 정부와 기업의 통제를 넘어선다. 이런 유형은 국민의 기본생활의 보장을 넘어 빈부격차까지 줄이는 평등까지 추구한다. 이를 위해 정부는 전통적 사회보험이나 공공부조 프로그램에의 의존을 넘어서서 일반예산에 의한 복지서비스의 제공을 확대한다. 이런 나라들의 궁극적 목표는 정책결정의 힘을 노동자와 일반시민이 갖게 하는 것이며, 그 전형이 스웨덴이라는 것이다.

스웨덴에서는 강력한 노조의 힘과 조직률을 바탕으로 노동계급을 대변하는 사민당이 일찍부터 의회의 다수당으로 진출했고, 1930년대 초반 이후 사민당이 장기적으로 집권하는 독특한 정치적, 이념적 지형 속에서 노동계급의 이해를 많이 반영하는 사민주의적 복지국가를 건설할 수 있었다. 국가가 노동시장의 수급에 적극 개입하는 적극적 노동시장정책과 임금격차가 적은 연대임금정책은 스웨덴 복지국가의 중요한 특성이었다.

스웨덴 사민주의는 복지국가의 목표를 난순한 빈곤퇴치가 아니라 국가 전체의 불평등 완화에 두었다. 그래서 빈곤층만을 대상으로 하는 선별적 복지제도가 사회복지체계에서 차지하는 비중이 상대적으로 낮고, 국민 전체를 포괄하는 보편적 제도가 지배적인 복지체계를 구축하게 된다. 그래서 스웨덴에서는 권리성이 높은 사회보험과 사회수당이 중요한 복지제도로 구축되고, 사회보험의 경우에도 보험료 납부실적에 의거하기 보다는 재분배효과가 높은 방식으로 제도가 구성되었다.[22)]

---

22) 위의 책, 90.

한편 에스핑-안데르센Esping-Anderson은 공적인 소득보장제도(연금 및 실업보험)가 제공하는 복지급여가 시장소득을 어느 정도 대체할 수 있는지를 보여주는 탈상품화decommodification 정도와, 복지제도가 노동시장의 이전 지위를 약화시키는지 아니면 강화시키는지를 측정하는 계층화stratification 유형, 그리고 아동과 노인에 대한 케어 부담이 국가/가족/시장 간에 어떻게 배분되는지를 측정하는 탈가족화defamilialization 정도 등 세 기준으로 선진국을 비교해 보았을 때 세 가지 유형으로 복지국가를 구분할 수 있다고 주장했다.[23] 즉 노령, 실업, 케어 부담이라는 사회적 위험에 대처하는 복지공급의 세 주체, 즉 국가, 시장, 가족의 역할과 비중이 결합되는 방식과 정도에 따라 자유주의liberal 복지국가, 조합주의corporatist 또는 보수주의conservative 복지국가, 사민주의social democratic 복지국가의 세 가지 복지국가 유형으로 구분된다는 것이다.

첫째로 자유주의 복지국가는 탈상품화의 정도가 가장 낮고 사회계층체제가 다차원적 유형으로 분화된 사회에서 나타나는 복지유형이다. 이런 유형에 속하는 국가로는 미국, 캐나다, 오스트레일리아, 뉴질랜드 등이 있다. 때로는 1980년 이후의 영국도 포함시키기도 한다. 자유주의 복지국가에서는 소득조사에 의한 공공부조 프로그램을 가장 중시한다. 따라서 급여의 대상은 빈곤층과 저소득층에 한정된다. 사회복지의 확대는 전통적인 노동윤리에 의해 크게 제약된다. 일을 하지 않으면 벌을 받는 것과 마찬가지로 복지혜택을 받아야 하므로 대상자의 자격기준을 엄격하고 까다롭게 하여 복지급여를 받는 과정에서 치욕을 느끼게 한다. 국가복지는 가급적 최소화되어야 하고 자발적 참여를 통해 이루어지는 민간복지와 기업복지가 장려된다. 따라서 엄밀한 의미에서는 복지국가라고 부를 수

23) G. Esping-Andersen, *Social Foundations of Postindustrial Economies*, Oxford University Press, 1999.

없다.

둘째로 조합주의 복지국가는 보수주의 복지국가라고도 부르는데 탈상품화 정도가 자유주의 복지국가보다는 높은 반면 사민주의 복지국가보다는 낮다. 이런 나라들로는 영국을 비롯해서 독일, 프랑스, 오스트리아, 이탈리아 등 유럽대륙 국가들이 이런 유형에 속한다. 독일에서 사회보험이 출현한 과정을 보면 당시 수상 비스마르크에 의해 사회보험법이 만들어졌는데, 그 동기는 평등주의와는 거리가 멀었다. 그는 귀족 출신의 엘리트로서 노동계급의 사회주의적 성향을 방지하고 사회를 안정시키기 위해 복지제도를 통해 노동계급을 회유하려고 했다. 이런 특성은 이후에도 기독교 민주당의 복지정책으로 이어져 왔다. 이렇듯 전후 유럽대륙에서는 우파 또는 중도우파 연합에 의해, 특별히 독일의 경우 기독교 민주당에 의해 복지정책이 추진되었다.

조합주의 복지국가의 주요한 특징은 사회보험 중심의 복지체계라는 것이다. 자유주의적 복지국가는 공공부조 중심의 선별적 복지여서 탈상품화 정도가 낮은 반면, 조합주의적 복지국가는 사회보험 중심의 보편적 복지여서 탈상품화 정도가 상대적으로 높다. 하지만 사회보험은 시장경제에서의 성과와 지위를 그대로 반영하므로 재분배효과가 떨어진다. 이런 특성은 기독교 민주당, 혹은 가톨릭 정당 주도로 복지체계가 형성된 데 기인한다. 기독교 정당은 전통과 질서에 대한 가치를 중시하므로 전통적인 가족을 유지하고 지원하는 복지체계에 초점을 맞추었다. 그 결과 남성은 가족을 부양하고 여성은 가사를 돌보는 가족모델을 유지하고, 남성 가장을 지원하는 사회보험을 통한 현금급여는 중시하는 반면, 여성의 취업을 지원하는 사회복지 서비스(아동, 노약자 돌봄 서비스 등)에는 매우 인색했다. 또한 사회보험도 취업한 남성 가장을 대상으로 직업적 계층에 따라 분화되어 있어 재분배효과와 탈상품화 정도가 북유럽의 사민주의 복지국가보다 떨어진다.

셋째로 사민주의 복지국가에서는 탈상품화 정도가 가장 높아 사회보장제도에 대한 분화현상이 낮은 계층 통합적 복지체계를 구축했다. 이런 나라들로는 스칸디나비아 지역의 스웨덴, 덴마크, 노르웨이, 핀란드 등이 있으며, 이들을 사민주의 복지국가라고 부르는 이유는 사민주의 세력이 사회복지의 확대를 주도해왔기 때문이다. 이런 복지국가는 최소한의 생활수준 보장을 넘어 경제적 불평등을 완화하는 데 목표를 둔다. 그래서 사회의 모든 계층이 보편적이고 포괄적인 복지체계에 통합되어 모든 사람이 국가에 의존해서 복지급여를 받는 반면, 각자의 능력에 맞게 사회보장비용을 지불할 의무를 진다.

사민주의 복지국가는 조합주의 복지국가와 비교해서 사회보험이 가장 큰 비중을 차지한다는 점은 같지만, 상대적으로 사회수당과 사회복지 서비스를 더 많이 활용한다는 점은 다르다. 모든 복지국가에서 사회수당과 사회서비스의 역할은 상대적으로 낮다. 사회수당은 막대한 재원이 필요하기 때문에 쉽게 사용하기 어렵고, 사회복지 서비스는 인적 서비스를 제공하는 방식이어서 현금을 직접 급여하는 제도에 비해 활용도가 낮기 때문이다. 하지만 사민주의 복지국가에서는 모든 계층이 차별 없이 사회수당과 사회서비스를 활용할 수 있도록 함으로써 사회보장제도의 보편성을 더 확대하고 있는 것이다.

사민주의 복지국가가 다른 유형의 복지국가와 구분되는 또 하나의 중요한 차이점은 사회복지정책과 경제정책이 밀접하게 연계되어 있고, 상충적이거나 대립적이지 않다는 것이다 예컨대 스웨덴 복지국가의 세 가지 축은 적극적 노동시장정책, 연대임금정책, 보편주의 임금정책인데, 그 중 두 가지는 경제정책이기도 하고 사회정책이기도 하다. 공공일자리를 창출하는 적극적 노동시장정책은 경제정책이기도 하고, 실업자에게 일자리를 제공한다는 점에서 사회복지정책이기도 하다. 연대임금정책을 통해 산업별 임금격차를 축소하고 연대임금기금을 활용해 사양산업을 정리하고 산업구조를 재편하는 정책 또한 경제정책이기도 하다. 즉 사회복지정책과 경제정책이 유기적으로 연결된 구조인 것이다. 사회복지정책이 경제정책을 방해하고 경제적 효율성을 떨어뜨림으로써 경제정책과 상충관계에 있는 것이 아니라, 경제정책의 효율성을 증가시킴으로써 경제정책과 상보관계에 있다고 하겠다.[24)]

하지만 김연명 교수는 중부유럽의 복지국가를 단일한 유형으로 분류한 에스핑-안데르센과는 달리 스페인이나 이탈리아, 그리스 등의 국가는 독일이나 프랑스와 다른 남부유럽형 복지국가로 분류해야 한다는 주장이 설득력이 있다면서[25)] 한 가지 유형을 더 추가했다. 남부유럽형 복지국가는 혜택이 모든 국민들에게 골고루 돌아가지 않고 특정집단에 과도하게 집중되는 특징을 갖고 있다. 다시 말해 노동시장에서 좋은 위치에 있는 공무원이나 금융업 혹은 핵심산업에 종사하는 노동자들은 상당히 관대한 복지혜택을 받는 반면, 오히려 불리한 위치에 있는 비정규직 등은 혜택을 받지 못하는 양극화 현상이 나타난다. 불행하게도 한국도 이런 특성이 매우 강하다. 그 이유는 노동시장에서 비정규직을 지속적으로 차별해왔기 때문이다.[26)]

남부유럽형 복지국가에서는 노동시장의 핵심계층은 복지혜택을 받고, 나머지 집단은 복지에서 배제되기 때문에 엄밀한 의미에서의 복지국가라고는 할 수 없다. 이런 부와 복지의 양극화가 심화되면

---

24) 정원오, 앞의 책, 101.

25) M. Ferrera, "The South European Countries", F. Castles et. al. eds, *The Oxford Handbook of the Welfare State*, Oxford University Press, 2010.

26) 김연명, "대한민국은 과연 복지국가일까", 『대한민국 복지』, 두리미디어, 2011, 75.

복지국가 초기단계까지 갔다가 그 안으로 진입하지 못한 남미형 국가로 전락할 수도 있다. 아르헨티나 같은 경우는 2차 세계대전 전후만 해도 상당한 수준의 복지체제를 갖추었으나, 극심한 부와 복지의 양극화로 인해 결국 복지국가로 진입하는 데 실패했다. 이런 현상은 남미의 여러 국가에서 공통적으로 나타났다.[27)]

이렇듯 김연명 교수는 남부유럽 PIGS(포르투갈, 이탈리아, 그리스, 스페인) 4개국은 별도의 복지체제로 보아야 한다는 것이 많은 학자들의 지지를 받아왔기 때문에 복지국가 유형을 〈표1〉에서처럼 네 가지로 구분한 후 각각의 복지체제에서 불평등이 어떻게 구조화되는지를 살펴보아야 한다고 주장했다.[28)]

〈표1〉 복지국가의 네 가지 유형과 제도적 특징

	사민주의 복지체제	조합주의/보수주의 복지체제	자유주의 복지체제	남부유럽 복지체제
탈상품화 정도	높음	(남성 가장에게) 높음	낮음	(남성 가장에게) 높음
계층화의 유형	없음	지위차별화 status segmentation 직종별 사회보험	이중화dualism 공공부조 수혜자와 시장 구매계층 간의 이원화	지위 차별화와 복지 내부자/외부자
탈가족주의 정도	높음 (높은 국가 책임)	낮음 (높은 가족 책임)	높음 (높은 시장 구매)	낮음 (높은 가족 책임)
대표적 국가	스웨덴, 노르웨이	독일, 프랑스	미국, 영국	이탈리아, 스페인

먼저 탈상품화와 탈가족주의를 간략히 보자. 탈상품화 정도, 즉 연금이나 실업보험 등 공적 소득보장제도가 제공하는 복지급여의 수준은 사민주의, 조합주의, 남부유럽 복지체제에서 매우 높게 나타

27) 위의 글.
28) 김연명, “복지국가, 불평등 해소의 대안인가?”, 이정우·이창곤 외, 『불평등 한국, 복지국가를 꿈꾸다』, 후마니타스, 2015, 406.

나지만, 자유주의 유형에서는 상당히 낮다. 자유주의 복지체제에서는 공적 연금의 급여수준이 매우 낮아 부족한 부분을 민간연금이나 기업복지, 즉 시장을 통해 보충한다. 가족의 돌봄 기능을 대체하는 탈가족주의 정도에서 사민주의 복지제체는 공공복지제도(예, 국공립 보육시설)가 핵심적 역할을 하는 반면, 자유주의 복지체제는 시장을 통한 구매가 주로 이루어져 시장이 중심적인 역할을 한다. 그러나 남부유럽 국가들은 공공부문과 시장의 역할이 낮고 조합주의국가들처럼 가족, 특히 여성이 케어 제공에서 매우 중요한 역할을 한다.[29)]

에스핑-안데르센에게 있어서 계층화는 복지국가 내부에서 불평등이 구조화되는 양식을 의미하는데, 역사적으로 크게 두 개의 계층화 유형이 나타난다.[30)] 첫째는 유럽의 구빈법 전통에서 현대의 공공부조로 진화된 것으로 자산조사 방식의 공공부조 수급자와 일반시민을 구분하는 것이다. 시장 부적응 빈곤층에게는 자산조사를 통해 낙인감을 유발하는 공공부조 방식의 복지를 제공하고, 중산층 등 일반시민에게는 최저수준의 공공복지를 제공하되 그 이상의 것은 시장에서 복지를 구매하는 방식으로 복지공급구조가 제도화된다. 이런 방식의 복지공급구조는 영국, 미국 등 자유주의 복지국가에서 구조화되었는데, 인구를 두 개의 국민으로 분리한다는 의미에서 에스핑-안데르센은 이를 '사회적 이중화social dualism'로 명명했다.[31)]

두 번째 계층화 유형은 주로 독일, 프랑스 등의 유럽대륙 국가에서 역사적으로 구조화된 것으로, 사회보험이 직업집단을 중심으로 설립됨으로써(조합주의 사회보험) 복지급여의 수준이 노동시장의 지위를 그대로 반영하는 구조인데, 에스핑-안데르센은 이를 '지위

29) 위의 글, 406~407.
30) G. Esping-Andersen, 앞의 책, 74~85.
31) 김연명, "복지국가, 불평등 해소의 대안인가?", 앞의 책, 407~408.

차별화status-segmentation'라고 명명했다. 가령 노동시장에서 좋은 위치에 있는 공무원, 은행업 종사자, 그리고 핵심 제조업 근로자들은 그들 직종만 가입하는 사회보험을 만들고, 높은 임금을 기반으로 관대한 복지급여를 제공받는다. 상대적으로 좋은 노동시장에서 오는 혜택이 복지급여에도 그대로 반영되는 것이다.

스웨덴 등 사민주의 복지국가는 복지제도에서 직종별 차이를 없애고 전 국민을 하나의 복지제도에 포괄해 높은 급여수준을 보장하는 방식의 복지제도를 구축했기 때문에 보수주의 복지국가에서 나타나는 '지위 차별화', 그리고 자유주의 복지국가에서 보이는 '이중화'라는 계층화 구조는 발생하지 않는다.

남부유럽 복지국가는 기본적으로 독일, 프랑스에서 나타나는 '지위 차별화'라는 계층화가 존재한다. 그러나 한국과 비슷한 노동시장 양극화로 인해 노동시장 내부자는 관대한 복지급여가 제공되지만, 노동시장에 진입하지 못하거나 진입해도 노동시장의 주변부에 존재하는 노동시장 외부자에게는 복지가 제공되지 않은 '복지 내부자/외부자' 차별구조가 존재한다. 흔히 한국에서 비정규직으로 대표되는 광범위한 사회보험 사각지대가 바로 여기에 해당되는데. 이 현상은 복지제도가 불평등을 강화시킨다는 측면에서 '지위 차별화'와 '이중화'와는 다른 양상의 계층화로 볼 수 있다. 다시 말하면 남부유럽 복지국가에서는 '지위 차별화'라는 계층화 효과에 더하여 광범위한 사회보험 사각지대로 인해 발생하는 '복지 내부자/외부자'라는 또 다른 계층화가 존재하고 있다.

페레라M. Ferrera는 노동시장의 양극화에 따른 남부유럽 국가의 사회보험 양극화를 "핵심/정규직 노동자에게는 관대한 복지급여, 주변부/비정규직에게는 최소한의 급여, 정규 노동시장에 진입할 수 없는 노동자에게는 (있다면) 빈약한 보조금"[32)]이라는 구절로 압축하여 표현하고 있다. 즉 남부유럽 국가에서는 노동시장에 들어가지 못하거나 불리한 위치에 있어 아예 복지제도의 적용에서 제외된 계층이 광범위하게 존재한다.

이렇게 볼 때 복지국가 자체는 자동적으로 불평등을 완화하지는 않으며 복지제도가 어떻게 구조화되는가에 따라 완화될 수도 있고, 반대로 오히려 다양한 형태의 계층화를 만들어내 불평등 구조가 더 강화될 수도 있다. 따라서 복지국가 자체가 중요한 것이 아니라 '어떤 복지국가'라는 질문이 불평등 문제에 접근하는 데 더 의미 있는 질문이 된다.[33)]

32) M. Ferrera, 앞의 글, 620~621.
33) 김연명, "복지국가, 불평등 해소의 대안인가?", 앞의 책, 409.

welfare
state

4장 복지국가의 위기 논쟁

4장 복지국가의 위기 논쟁

Ⅰ. 복지국가는 위기인가

서구에서 전후 30년간은 '복지국가의 황금기'로서 복지국가의 정당성에 대한 합의가 존재했다. 1950년대와 1960년대 복지국가의 급속한 성장은 지속적인 경제성장을 기반으로 한 것이었다. 경제성장에 따라 국민소득이 증가했고, 국민소득이 증가하면서 사람들은 사회복지를 위한 세금이 증가해도 부담을 느끼지 않았다. 국민들은 세금을 더 내는 대신 더 좋은 복지 서비스를 받았으므로 불만이 없었을 뿐만 아니라 복지국가체제에 대한 국민들의 만족감도 높은 수준으로 유지되었다. 그 결과 1970년대 중반에 이르면 일부 국가를 제외하고 대부분의 복지국가들에서 사회복지비용이 국민총생산의 약 20% 수준을 상회하게 되었다. 대부분의 국민들이 사회복지의 확대를 지지했으므로 선거에서 모든 정당들은 보수당과 진보당 간의 이념적 차이에도 불구하고 실제로는 사회복지의 확대를 공약하지 않을 수 없었다.

하지만 복지국가의 황금기도 점차 저물어 1970년대에 이르러서는 경제위기의 조짐이 보이기 시작했다. 중동의 산유국들이 담합해 석유가격을 급상승시킨 오일쇼크로 말미암아 임금상승을 초과하는 상품가격의 상승은 사람들의 생활을 어렵게 만들었다. 기업들은 원자재 가격이 상승하는 반면 물건은 팔리지 않은 이중고에 시달리게 되었다. 과거의 불황은 수요자의 소비능력을 증가시키는 케인스주의적 복지국가 전략으로 극복할 수 있었지만, 이번에는 원자재 가격의 상승과 상품가격의 상승으로 인해 소비능력을 증가시키는 전략이 잘 먹혀들지 않았다. 즉 복지국가 전략에도 불구하고 세계경제는 장기간의 불황상태에 빠져들게 되었다.

서구 복지국가들은 1973년의 오일쇼크를 계기로 시작된 경제적 위기로 인해 국가의 위기를 거쳐 마침내 정당성의 위기에까지 이르게 되었다. 먼저 서구 복지국가들은 경제적 위기에 직면했다. 1980년대에 이르러 유럽 복지국가들은 평균 10% 이상의 높은 실업률로 국민소득은 떨어졌고 국가경제는 마이너스 성장을 기록하고 국민총생산액은 감소함으로써 복지재원 마련이 어려워졌다.

둘째로 복지국가들은 전후 복지를 지속적으로 확대하여 1970년대 중반 이후에는 일부 국가, 예컨대 스웨덴과 벨기에의 경우 정부지출이 GNP의 50%를 넘어섰다. 이런 과도한 정부지출에서 복지비용이 가장 큰 몫을 차지했기 때문에 국가의 과중부담의 위기는 국가의 위기와 동일시되었다.

셋째로 복지국가는 위에 언급한 경제적 위기와 국가의 위기의 총체적 결과로 전통적으로 복지의 확대를 지지하는 영국, 독일, 스웨덴의 사민주의 정당이 1970년대 이후의 선거에서 패배함으로써 결국 국민의 지지를 잃게 되는 정당성의 위기를 맞게 되었다.

이로써 전후 30년 동안 자본주의가 낳은 '위기의 해결사'로 칭송받던 복지국가가 갑자기 '위기의 근원'으로 지목되었다.[1] 따라서 1970년대 중반 이후 복지국가의 위기는 왜 발생했고 어떻게 해결할 수 있는가를 논의한 '복지국가 위기론'이 다양하게 제기되었는데, 신자유주의자들의 국가실패론과 신마르크스주의자들의 복지국가 모순론 두 가지로 대표된다. 하지만 이들은 우파와 좌파의 차이에도 불구하고 복지가 성장을 저해하여 결국 경제적 위기를 초래할 것이

---

1) S. E. Olssen, *Social Policy and Welfare State in Sweden*, Lund, Sweden, Akiv Förlag, 1990, 249.

라고 주장하는 점에서는 입장을 같이 한다.

또한 1990년대에 들어서는 공산권의 붕괴로 인해 가속화된 세계화globalization가 복지정책의 전면적 축소를 초래할 것이라는 '세계화론'이 강력하게 제기되었다. 그런데 이것의 핵심적인 논리도 복지가 성장을 저해하므로 세계화된 경제에서는 국가의 경쟁력을 떨어뜨린다는 것으로서 1970년대의 복지국가 위기론, 특히 신자유주의자들의 주장의 연장선상에 서있다고 할 수 있다.

한편 1980년대 이후에는 복지국가의 개혁이 가시화되면서 복지국가 위기론에 맞서는 복지국가 재편론이 활발하게 전개되었다. 그것은 복지국가가 경제위기로 인해 다소 축소된 것은 사실이지만 기본틀은 민주적 선거정치로 인해 여전히 유지되고 있다는 복지국가의 불가역성론으로 집약될 수 있다. 또한 같은 이유로 1990년대 이후 제기된 세계화론에 대해서도 세계화를 복지의 전면 축소로 연결시키는 일반론은 적어도 현재까지의 시점에서는 과장된 것이라는 '세계화 비판론'도 만만치 않다. 왜냐하면 세계화가 복지정책의 개혁에 미치는 영향은 획일적이지 않고 상이한 형태로 나타나고 있기 때문이다.

여기서는 역사적으로 다양한 형태로 제기되어온 복지국가의 위기 논쟁을 심층적으로 살펴보고, 복지국가의 위기론과 이에 맞서는 불가역성론이 각기 나름대로 지니고 있는 의의와 한계를 분석함으로써, 이들 상반된 이론을 대립적이기보다는 상호 보완적인 관계로서 통합할 수 있는 시각을 정립하는 것이 이후에 전개된 역사적 현실을 설명해 나가는 데 보다 설득력이 있을 것이라는 점을 강조하고자 한다.

Ⅱ. 복지국가 위기론

복지국가 위기론은 역사적으로 다양한 관점에서 오래 전부터 제기되어온 문제다. 큰 맥락에서 보면 1970년대 중반 이후에 제기된 복지국가 위기론, 즉 신자유주의적인 공공선택론이[2] 주장하는 국가실패론과 신마르크스주의의[3] 복지국가 모순론, 그리고 1990년대에 들어 제기된 신자유주의적인 관점의 세계화론의 세 가지 주장으로 나누어진다. 따라서 이들의 주장과 현실을 대비해보면, 복지국가가 과연 쇠퇴하고 있는지를 검증해볼 수 있다.

1. 복지가 성장을 저해한다

복지국가의 위기는 왜 발생했고, 또한 어떻게 해결될 수 있는가? 1970년대 중반 이후 가열된 복지국가 위기론은 복지국가가 성장을 저해함으로써 경제적 위기를 초래하고 말 것이라고 주장하는 신자유주의자들의 국가실패론과 신마르크스주의자들의 복지국가 모순론의 두 가지로 대표된다

1) 신자유주의의 국가실패론

복지국가가 좌파뿐만 아니라 우파에 의해서도 지지를 받던 전후 복지국가의 전성기에도 오늘날 대표적인 신자유주의자로 알려진 하이에크F. A. Hayek와 프리드만Milton Friedman은 복지국가의 혼합경제

2) 공공선택론은 경제학적 방법론과 이론을 가지고 정치현상을 설명하려는 학문조류로서 정치와 행정의 참여자(정치가, 관료)들을 공공선의 수호자로 보기보다는 자기이익을 극대화하려는 합리적 행위자로 가정한다.

3) 신마르크스주의neo-Marxism는 정통파 마르크스주의로부터 변형된 형태로서 마르크스와 프로이트의 이론적 결합을 주장한 1930년대 독일의 프랑크푸르트학파가 대표적이며, 유럽의 신좌익운동에 사상적 영향을 주었다.

체제를 비판하고 자유시장 경제체제를 옹호해왔지만 보수적 정치가들에 의해서조차 외면 받아왔다. 그러나 1973년 오일쇼크 이래 복지국가의 위기가 표면화되자 이들의 주장은 새로운 관심과 영향력을 얻게 되었다. 이들은 복지국가의 위기를 자본주의 경제체제에 대한 국가의 개입으로 인한 국가의 팽창과 과중부담이 결국 '국가의 실패state failure'를 초래했다고 주장한다. 이들은 공공선택론의 관점에 입각해서 '큰 정부 실패론'을 내세우면서 복지국가의 위기를 지적하는데, 그 논점은 크게 세 가지로 요약할 수 있다.

먼저 국가의 팽창이다. 관료들에게는 자기이익을 극대화하려는 경향이 있다는 것이다. 관료들은 사실 이익집단처럼 자기 조직을 확대하거나 예산을 증대시키는 데 관심을 가지므로, 그들이 복지분야를 맡게 된다면 필연적으로 정부의 규모가 커지게 된다는 설명이다. 이로 인해 자원의 비효율적 분배가 생산부문을 압도하게 되면서 폐해가 커진다고 예측한다.

둘째로 '정부의 과중부담government overload'이다. 민주주의가 발달하면서 시민들이 정부에게 과도하게 기대하고, 이에 발맞춰 정치가들은 지키지도 못하고 지켜져서는 안 될 복지공약을 남발한다는 것이다. 그 결과 정부가 자기 무게에 짓눌려 파산할 것이라는 주장이다. 이는 한국에서 '복지 포퓰리즘welfare populism'이라는 이름으로 자주 들을 수 있는 이야기다.

세 번째로 국가의 실패다. 정부도 일종의 조직이기 때문에 복지를 생산하고 전달하기 위해 숙명적으로 관료제의 병폐를 피할 수 없다는 것이다. 국가의 규모는 커져도 결국 국민으로부터 신뢰를 받지 못하고 거대한 조직으로만 군림하게 될 것이라는 비판이다. 이 지적에 대해서는 좌파 지식인들도 공감하고 있다. 대표적인 사민주의 복지국가인 스웨덴에서도 이에 대한 대안으로, 1980년대에 들어서 사회복지 서비스 전달체계의 지방분권화와 민영화, 주민참여 등과 같은 개선안을 만들었다.

요컨대 복지국가는 국가의 팽창과 이에 따른 과중부담 상태로 인해 결국 국가의 실패로 귀결됐다는 것이다. 다시 말해 복지국가는 시장의 실패를 해결하기 위해 경제에 개입했다가 오히려 정치적 자유와 경제적 효율성을 감소시키는 국가의 실패를 초래했다는 것이다. 하이에크는 현대 복지국가의 속성들, 예컨대 중앙에 의한 경제계획, 기업의 사회화, 누진세에 의한 소득과 부의 분배, 사회서비스에 대한 과도한 국가지출 등으로 인해 개인들은 정치적 예속의 길을 걷게 될 것이라고 주장했다.[4] 프리드만은 복지국가가 개인의 경제적 자유를 침해하여 경제적 번영을 저해한다고 비판했다. 더욱이 경제적 자유가 없으면 정치적 자유도 보장될 수 없다. 또한 복지비용은 자신의 돈을 사용하는 것이 아니므로 낭비가 불가피하다는 것이다.

그렇다면 복지국가의 위기에 대한 신자유주의자들의 타개책은 무엇인가? 그것은 시장의 우월성을 강조하고 최소한의 국가, 다시 말해 '작은 정부small government'로 돌아가는 것이다. 정부가 나서서 복지를 펼칠 게 아니라 민영화나 위탁운영 등의 방안을 늘려야 한다는 이야기다. 작은 정부는 관료주의의 병폐도 없을 뿐 아니라, 시장의 '보이지 않는 손'에 의해 시민사회 영역에서 수요와 공급의 최적화를 이룰 수 있다고도 덧붙인다. 하이에크는 인간사회의 기본 속성이 정교하게 과학적으로 고안된 것이 아니라 수 백 년 동안 진화되어 온 것이기 때문에 복잡하게 분산된 사회제도의 정보를 가장 효율적으로 운용하기 위한 '자생적 질서spontaneous order'로서의 시장이라는 메카니즘에 의존하지 않을 수 없다고 본다.[5] 프리드만은

---

4) F. A. Hayek, *The Road to Serfdom*, Routledge, 1944.

5) F. A. Hayek, *Law, Legislation and Liberty*, vol. 2: *The Mirage of Social Justice*, London, Routledge, 1976, 68~71.

국가의 역할이 법과 질서를 유지하고 사적 계약의 실효성과 경쟁적 시장기제를 보장하는 데 그쳐야 한다고 주장한다.[6] 요컨대 국가가 계속 전능한 신이 되고자 할 것이 아니라 과감하게 자유방임주의로 돌아가야 한다는 것이다.

결국 이들은 주장은 1950~60년대의 황금기 자본주의가 위기에 처한 진정한 원인을 도외시한 채, 이를 분배의 정치화에 따른 복지국가의 확대의 탓으로만 돌리는 편견에 가깝다. 복지국가의 위기가 도래하기 훨씬 전부터 되풀이되었던 이들의 주장은 자본주의 경제를 가능한 비정치화시켜 '복지자본주의'에서 '자본주의'적 요소를 극대화하고, '복지'의 요소는 제거하고자 하는 이데올로기적 주장이라는 비판을 면하기 어렵다.[7] 이들은 큰 정부를 대신할 '보이지 않는 손'과 시민사회의 자율적 역량을 과신한다. 영화 〈식코Sicko〉[8]에서 다룬 것처럼, 그로 인한 피해사례는 민간에 맡겨 둔 의료시스템으로 신음하고 있는 미국의 경우에서 찾아볼 수 있다. 시장의 실패가 엄연히 존재했고 시민사회 역시 결국 사익의 총집합이기에 언제나 지고의 선일 수만은 없다는 점을 감안한다면, 자율이라는 이름으로 나타나는 방기 또는 폐해도 만만치 않아 보인다.

작은 정부만이 능사가 아니라면 무조건 큰 정부로 가야 한다는 것일까? 그것도 아니다. 정부는 절대적인 선이 아니기 때문이다. 해답은 능력 있고 신뢰받는 제대로 된 큰 정부이다. 이런 정부는 복지국가로 발달해 나가는데 기초자산이 된다. 스웨덴의 복지국가 연

---

6) Milton Friedman, *Capitalism and Freedom*, Chicago, Chicago University Press, 1962, 2~3.

7) 김영순, 『복지국가의 위기와 재편: 영국과 스웨덴의 경험』, 서울대 출판부, 1996, 22.

8) 〈식코〉는 미국의 민간의료보험 조직인 건강관리기구HMO의 부조리와 이면을 폭로하는 마이클 무어Michael Moore 감독의 다큐멘터리로서, 수익과 이윤을 위해 환자들을 방치하여 결국 죽음으로 내모는 민간 의료시스템의 허와 실을 파헤치는 내용이다.

구자 로드스타인Bo Rothstein이 조사한 '정부의 질과 복지수준의 상관관계' 결과를 보면 스웨덴과 노르웨이, 덴마크 등 이른바 북유럽 복지국가들의 경우에 정부의 질과 복지수준이 정비례하는 것으로 나타났다.[9)]

스웨덴을 비롯한 북유럽국가들이 복지국가로 발전하게 된 것은 노동조합과 사민당의 힘이 세기도 하지만, 정부가 국민에게 신뢰받을 정도로 일을 잘하고 깨끗했기 때문이다. 기본적으로 좌파정당의 힘이 클수록 복지지출이 늘어난다. 그런데 동일한 좌파정부라도 정부의 질이 높으면 한 단계 높은 사회지출을 이루는 큰 복지국가를 형성하는 것으로 나타난다. 다시 말해 사민주의 복지국가의 정부는 공공선택론자들이 이야기하는 문제의 정부가 아닌 일 잘하는 정부의 모습을 갖추고 있다. 이런 국가에서는 시민들이 정부를 믿고 거리낌 없이 세금을 납부하고, 그것을 기반으로 복지국가가 성장한다. 복지국가의 성공요인은 믿을 수 있고 일을 잘하고 책임감 있는 정부라는 것을 강조하지 않을 수 없다.

결론적으로 신자유주의적인 공공선택론자들은 모든 관료화된 정부는 조직의 논리로 인한 실패를 불러오기 때문에 큰 정부 또한 실패할 수밖에 없다고 문제를 제기했다. 하지만 결과가 꼭 그런 것은 아니었다. 오히려 북유럽 사민주의 국가의 큰 정부들은 국민으로부터 신뢰를 받고 있다. 정부가 지속적인 개혁을 통해 정책결정의 민주화, 행정의 효율화, 재정운용의 투명성을 높여 국민의 신뢰를 획득하고, 이를 바탕으로 큰 복지국가 건설에 나선 것이다. 정부의 질이 높은 나라일수록 정당의 성향 여부 등을 떠나서 복지수준이 높게 형성되고 있다는 것은 시사하는 바가 크다. 믿을 수 있는 정부를 가지는 것이야말로 복지국가를 건설하는 데 필요한 핵심과제

9) 양재진, "복지국가는 쇠퇴하고 있는 것일까", 김연명 외, 『대한민국 복지』, 두리미디어, 2011, 110.

중 하나임을 알 수 있다.

또한 이와 관련하여 복지국가 실패론, 즉 국가의 팽창과 관료화로 인해 복지국가가 결국 경제성장을 저해하여 경제적 위기를 초래했다고 주장하는 두 가지 이유도 비판의 소지를 안고 있다. 첫 번째는 복지국가의 확대로 공공부문에서 사회복지 지출이 과도하게 증가하면, 그 사회의 경제성장을 이끌어가는 산업생산 부문에 투입할 수 있는 인력과 자본이 줄어들어 경제성장이 위축된다는 것이다. 그래서 영국의 대처 총리나 미국의 레이건과 부시 대통령, 일본의 고이즈미 수상 등의 신자유주의 정권은 기업이 복지 등에 필요한 세금을 내는 대신 투자를 한다면 고용이 증가한다는 감세논리, 이른바 '누수효과trickle down effect'를 내세웠다. 하지만 기업들은 인건비가 싼 중국이나 중남미로 공장을 옮겼다. 일본에서도 이른바 탈산업화 현상으로 제조업이 떠나는 경우가 많이 나타났다. 1990년대 후반에 일자리가 매년 1% 이상씩 줄었다. 최근 한국에서도 이명박 정부가 법인세를 인하해줬지만 기업들은 기대했던 투자는 기피하고 사내유보금만 늘리고 있어 고용을 증가시키는 누수효과는 없다는 지적도 같은 맥락이다.

이렇게 볼 때 세금을 감면해주면 일자리가 늘어날 것이라는 이야기는 하나만 알고 둘은 모르는 견해나 다름없다. 오히려 기업차원에서는 국가의 복지가 향상되면 양질의 인력을 활용하는 기회를 얻을 수 있다. 교육복지가 활성화되어 유럽처럼 대학에 무료로 진학하게 된다면, 기업은 교육비를 추가로 들이지 않고도 필요한 인력을 충원할 수 있다. 교육과 관련된 복지혜택은 당사자뿐 아니라 기업이 직접 가져가게 된다.[10)]

두 번째는 과도한 사회복지의 확대로 인해 근로동기가 약화되어 노동공급이 줄어든다는 것이다. 근로동기 약화는 두 가지 측면에서

10) 신광영, "복지국가의 큰 정부는 비효율적일까", 위의 책, 98.

발생할 수 있다. 과도한 국가복지의 확대는 과도한 세금을 부과하는 원인이 되는데. 열심히 일해서 높아진 소득의 상당부분을 모두 세금으로 빼앗긴다면 사람들은 열심히 일하지 않을 것이다. 또 다른 측면에서 과도한 복지급여도 근로동기 약화를 불러올 수 있다. 실업급여 수준이 높아서 생활에 지장이 없다면 누가 열심히 일자리를 찾으러 다니겠는가? 결국 과도한 세금, 과도한 복지급여가 근로동기를 떨어뜨릴 우려가 있고 이런 측면이 경제성장의 잠재력을 약화시킨다는 주장이다.[11)]

과연 복지국가는 도덕적 해이moral hazard를 불러올까? 도덕적 해이는 복지수혜자의 도덕성과 연결시키는 논의로서 사람들이 일을 할 수 있으면서도 복지에만 의존해서 살아가는 현상을 의미한다. 결과적으로 복지가 자립할 수 있는 사람을 의존적인 사람으로 바꾼다는 것이다. 물론 만일 일을 그만둬도 정부가 실업보험을 통해 생활을 보존하면, 개인들이 적극적으로 취업에 힘쓰지 않거나 일자리를 유지하기 위해 노력하지 않는 현상이 일어날 수 있다. 하지만 이런 예측이 얼마나 맞는지 2008년을 기준으로 한 OECD 국가들의 취업률을 OECD 통계표로 보면 복지강국인 스웨덴과 덴마크의 취업률이 OECD 평균보다 훨씬 높고 미국과 영국, 한국보다도 높다는 것을 알 수 있다. 이렇게 볼 때 복지가 발전하면 도덕적으로 해이해져 일을 하지 않을 것이라는 주장은 현실과 맞지 않는다.[12)]

이런 결과는 실업보험의 관대성의 사례에서도 그대로 나타난다. 즉 실업급여 수준이 높은 나라들에서는 사람들이 경제활동을 기피해서 실업률이 높을까? 현실은 그렇지 않다. 1974년과 1979년 두 차례에 걸친 석유파동으로 석유 가격이 4배 정도 올라서 OECD의 많은 국가들이 7%대에 달하는 실업률을 보이면서 경제위기를 맞이

11) 정원오, 『복지국가』, 책세상, 2010, 117~118.
12) 신광영, "복지국가는 도덕적 해이를 가져올까", 김연명 외, 앞의 책, 130.

하자 새로운 정치적 변화가 일어났다. 영국에서는 보수당의 대처 총리 후보가 경제위기를 빌미 삼아 복지에 의존하는 현상을 파업과 더불어 '영국병'이라고 선언하면서 영국 경제위기의 주범이라 몰아붙이면서 신자유주의를 내세웠다. 미국에서도 공화당의 레이건 대통령 후보는 복지에 기대는 사람들이 늘어나면서 실업률이 높아졌다고 공격하면서 복지축소와 세금감면을 주장하면서 신자유주의를 내세웠다. 사실 이 시기의 핵심적인 문제는 앞서 말한 대로 석유파동에 따른 불황이었다. 그런데 외부적 충격은 도외시한 채 국내정치에서 집권당을 공격하기 위해 복지축소와 감세를 주장하는 신자유주의를 내세웠다.

이 시기에 스웨덴은 상대적으로 낮은 2.3%라는 실업률을 유지했다. 신자유주의적 견해에 따르면 스웨덴의 실업률이 매우 높아야 하는데, 현실은 그렇지 않았다. 따라서 신자유주의적 정치공세는 과학적 근거에 따르기보다 경제적으로 어려운 상황에서 정치권력을 쟁취하기 위한 수단으로 등장했던 것이다. 하지만 신자유주의는 영국과 미국에서 보수세력이 선거에 승리하는 데 결정적인 기여를 했다. 많은 사람들이 당장 경제가 어려워졌으므로 집권정당의 책임을 묻는 투표가 이루어진 것이다. 그러나 1984년에서 1993년까지도 실업문제는 전반적으로 크게 해결되지 못했다. 기업이 자유롭게 노동자를 해고함에 따라 영국에서는 대처 총리의 재임기간 중에 실업률이 가장 높은 수치를 기록했다. 반면 기업의 입장에서는 노동자들을 길들이기가 수월해졌다.

만약 복지국가가 근로동기에 부정적인 영향을 준다면, 보편주의 복지를 잘 시행하고 있는 스웨덴이나 덴마크 같은 국가들이 노동시장에 참여하는 비율이나 생산성이 낮아야 한다. 그러나 OECD 자료를 보면 1980년에서 2008년 사이에 보편주의 복지국가의 노동자 1인당 생산성과 노동시장 참여율이 비보편주의 복지국가들보다 높게 나타난다. 미국, 영국, 캐나다, 오스트레일리아의 연평균 고용율은 73. 9%이다. 복지를 확대한다고 해서 일을 하지 않는다는 가정은 성립하지 않는다.

〈표1〉 복지국가의 고용율과 노동생산성 증가율(1980~2008)

		연평균고용율	연평균 노동생산성 증가율
자유주의 복지국가	미국	71.0	1.1
	영국	70.5	2.0
	캐나다	68.9	1.7
	오스트레일리아	67.4	1.5
	평 균	69.4	1.6
보편주의 복지국가	스웨덴	76.6	1.6
	덴마크	75.1	1.5
	핀란드	68.7	2.5
	노르웨이	75.1	2.1
	평 균	73.9	1.9
OECD 평균		64.7	1.7

* 자료: OECD, Consumption Tax Trends 2010: VAT/GST and Exercise Rates, Trends and Administration Issues, OECD Publishing, 2011. OECD 노동생산성 평균은 1980년부터 2009년까지의 평균이다.

이렇게 볼 때 복지정책이 일을 하지 않으려는 도덕적 해이 현상을 낳아서 경제가 나빠진다는 주장은 경험적으로 타당하지 않은 근거 없는 주장이라고 볼 수 있다. 특히 스웨덴에서 오랜 기간에 걸쳐 정립된 핵심적인 정책원리 가운데 하나는 '하고 싶은 일을 하게 하는 것'이다. 스웨덴의 노동시장정책에서는 돈을 벌기 위해 하기 싫은 일을 억지로 하지 않도록 돕는 것이 매우 중요하다. 따라서 상대적으로 다른 유럽 국가들에 비해 근속연수가 긴 편은 아니다. 먹고 살기 위해서 일하는 것이 아니라 일하는 것이 삶의 질을 높이는 길임을 알고 있기 때문이다.[13] 일에 관한 문제는 돈으로만 따져 논의할 수 있는 게 아니다. 즐겁게 일하면서 자아실현을 할 수 있는 사회에서는 대다수의 사람들이 복지에 의존해서 살아가지 않는다. 남성이나 여성 모두 적극적으로 일에 참여하고 재교육을 통해 자기가 하고 싶은 일을 찾으려 한다. 그러다 보니 자연스럽게 실업률도 낮아진다.

이상과 같은 복지국가의 비효율성과 경제에 미치는 부정적 효과에 대한 비판은 실증적 증거가 있는가의 측면에서 많은 학자들 사이에서는 논란이 되고 있으며, 그렇지 않다는 주장이 많은 것도 사실이다. 그러나 과도한 복지급여와 국가개입에서 비효율성이 발생한다는 데 논리적 근거가 부족하지 않고, 어떤 제도이든 부정적 효과가 따를 개연성은 충분히 있으므로, 복지국가 위기의 시기에 등장한 복지국가체제의 비효율성에 대한 문제제기는 새로운 복지국가 전략을 마련하는 데 고려해야 할 중요한 지적사항으로 부각되었다.[14]

2) 신마르크스주의의 복지국가 모순론

일반적으로 1960년대에 사회복지가 급증하고 복지국가가 전성기에 있었을 때 신마르크스주의자들은 복지의 본질이 사회통제의 수단이며 노동계급을 회유하는 수단이라고 비판해왔다. 신마르크스주의자들은 복지국가를 단지 보다 세련된 자본주의, 즉 복지자본주의로 보기 때문에 복지국가의 위기 또한 자본주의 자체의 근본적 모순, 즉 생산력과 생산관계의 모순으로부터 비롯된 것으로 본다. 마르크스Karl Marx는 일찍이 생산력의 발전에 따라 그 소유관계인 생산관계도 변화해야 함에도 불구하고 자본가들이 계속 사적 점유를 통해 잉여가치를 독점함으로써 계급 간의 적대적 모순관계를 형성

13) 위의 글, 137.
14) 정원오, 앞의 책, 118~119.

하게 되어 필연적으로 프롤레타리아혁명이 발생할 수밖에 없을 것이라고 주장했다. 한편으로는 사회적 노동이 생산력을 향상시키는데 반해서, 다른 한편으로는 잉여가치에 대한 사적 소유가 지속되는 생산관계가 온존하는 모순을 드러내게 된다.

이런 현상은 복지국가에서도 그대로 나타난다. 복지국가가 사회복지를 강화하고 개인의 권한을 신장시켜 주며 시장에 대한 사회적 규제를 강화하는 경향을 지니고 있는 것과, 다른 한편으로는 인간을 억압하고 통제하며 자본주의경제의 요구에 인간을 적응시키는 경향을 지니고 있는 점은 분명히 생산력과 생산관계의 모순으로부터 비롯되는 모순적 과정이다. 노동계급의 생산력을 보호해주는 국가의 복지제도와 자본계급의 지속적 이윤점유를 보장해주는 생산관계가 국가의 개입에 의해 보장된다는 것은 모순이 아닐 수 없다. 고프I. Gough가 말하는 복지국가의 첫 번째 모순이 바로 그것이다.[15)]

고프가 말하는 복지국가의 두 번째 모순은 복지국가가 지속되는 과정에서 발생한다. 계속되는 복지비용의 지출은 자본축적과 경제성장에 장애물로 작용하여 결국 복지국가의 위기를 초래한다는 것이다. 자본주의가 점점 복지국가로 변화될수록 자본주의는 복지비용을 조달하는 데 어려움을 겪게 된다. 1970년대에 들어서 세계적 경제위기가 도래했을 때 많은 국가에서 복지비용을 삭감하거나, 또는 삭감하려는 시도가 있었다는 것은 그런 모순을 드러내는 것이다.

이런 점에서 복지국가의 위기에 대한 오코너J. O'Connor의 분석은 명쾌하다. 그는 복지국가의 기본적 기능을 자본축적accumulation of capital과 정당화legitimation의 두 가지 기능으로 나누었다. 축적의 기능은 자본축적을 국가개입을 통해 보장해주는 기능을 의미하며, 정

15) I. Gough, *The Political Economy of the Welfare State*, London, Macmillan, 1979.

당화의 기능은 사회복지를 제공함으로써 사회통합을 이루어 사회체제의 정당성을 부여해주는 기능을 말한다. 그런데 축적의 기능과 정당화의 기능은 종종 반대방향에서 작용함으로써 갈등을 야기시킨다. 국가는 그런 갈등을 해결하기 위해 더 많은 개입과 재정적 부담을 지게 된다. 그러나 국가의 경비는 개인과 기업체 같은 사적 분야에서 세금을 걷어 충당할 수밖에 없다. 따라서 국가활동이 강화될수록 국가경비가 조달되는 것보다 더 급속히 국가경비의 지출이 이루어지게 되는 경향을 낳는다.[16)]

요컨대 신마르크스주의자들의 핵심적 주장은 자본주의의 모순과 갈등으로부터 복지국가의 위기가 도래한다고 보는 것이다. 생산력과 생산관계의 모순은 노동자의 생산력을 북돋우기 위한 복지의 강화와 시장에 대한 규제 등 정통성의 문제와, 이와 반대로 인간을 억압하고 통제하여 결국 자본주의의 요구를 받아들이게 하는 자본축적 사이에서 대립적 갈등상태로 나타나게 된다. 복지국가는 일면 긍정적이면서도 또 다른 일면에서는 부정적이다. 이것은 노동계급의 투쟁의 성과로서 복지정책이 확대되었다고 보면서도 근본적으로는 자본주의의 구조적 한계를 문제 삼는 상반된 입장을 나타내는 것이라고 보여진다. 이런 맥락에서 오페Claus Offe는 복지국가의 위기를 "자본주의는 복지국가와 공존하지도 못하고, 복지국가 없이 유지될 수도 없다"고 지적했다.[17)]

그러나 신마르크스주의자들의 주장은 다음과 같은 문제점을 안고 있다. 먼저 복지국가가 위기에 빠지게 된 원인에 대한 설명이다. 그들은 자본축적과 정당화의 모순이 복지국가 위기의 원인이라고 주장한다. 이런 논리는 역설적이게도 신자유주의자들의 성장과 복

---

16) J. O'Connor, *The Fiscal Crisis of the State*, New York, St. Martins Press, 1973, 1~10.

17) C. Offe, *Contradictions of the Welfare State* (ed. by J. Keane), Cambridge, MA, The MIT Press, 1984, 153.

지의 이분법적 논리와 동일한 형태를 취하고 있다. 또한 자신들의 논리를 2차 세계대전 이후의 전 기간에, 그리고 모든 복지국가에 일반화하는 점에서 양자의 주장은 유사하다. 따라서 이들의 논리로는 신자유주의자들과 마찬가지로 복지국가의 화해 불가능한 축적과 정당화의 모순이 왜 70년대 이후에야 재정위기와 계급투쟁의 격화라는 형태로 날카롭게 표출되었는지 그 필연성을 설명할 수 없는 것이다.

또 다른 문제점은 재편의 전망과 관련된 것이다. 그들은 복지국가가 노동계급의 분배상태를 개선하는 데 도움이 된다는 점을 인정하고 있다. 따라서 경제침체와 재정위기로 복지국가가 위기에 처하게 될 때 노동계급을 비롯한 피지배계급의 역량이 복지국가의 방어에 중요한 요소가 됨을 인정한다. 하지만 그들에게 복지국가의 방어 여부와 재편방향은 궁극적으로 중요한 사안은 아니다. 노동계급의 방어력에 힘입어 복지국가가 유지된다 할지라도 그것은 위기에 대한 궁극적 해결책이 될 수 없으며, 결국 화해 불가능한 축적과 정당화의 모순을 미봉하고 연장하는 것에 불과하다. 따라서 이들은 계급투쟁의 결과에 따라 복지국가의 상이한 재편이 가능하다고 보고 있지만, 이런 가능성에 대한 구체적 탐구는 공산주의로의 이행만이 복지국가의 위기에 대한 유일하고도 궁극적인 해결책이라는 전제에 가로막혀 채워지지 않는 공백으로 남아있을 뿐이다.

결국 신마르크스주의자들의 주장은 복지국가의 위기를 지나치게 추상적으로 설명하고 있을 뿐, 1970년대 이전과 이후 시기 간의 복지국가 기반의 차이와 나라별로 위기의 수준이 달라지게 하는 여러 요인들을 무시하고 있다. 자본주의의 근본모순이 복지국가 위기의 원인이라는 이들의 통찰이 기본적으로 옳다고 할지라도, 이로부터 단선적으로 복지국가 해체의 필연성을 주장한다는 점에서 그들의 주장은 많은 한계를 지니고 있다.[18)]

신마르크스주의자들의 복지국가 위기론은 실제로 적중했을까? 그렇지 않다. 자본주의를 유지하고 정당화하기 위한 수단으로서의 복지는 결국 자본주의제체를 바꾸지 않는 한 영속할 수 없다는 이들의 예측은 궤도를 벗어나고 있다. 오히려 복지국가보다 먼저 종말을 고한 것은 공산주의체제였다. 물론 신마르크스주의자들이 주장한 것과 같은 서구 복지국가의 재정적 위기가 없었던 것은 아니다. 하지만 그들의 예견은 현실로 나타나지 않았고, 오히려 현재 재정적 위기에 시달리는 나라는 복지국가로 발전하는 과정에서 뒤쳐진 나라들이라는 공통점을 보인다는 것은 매우 주목할 만하다.[19]

1980년에서 2009년까지의 OECD 국가별 정부부채의 변화 추이를 보면 상대적으로 복지수준이 떨어진다고 평가받는 일본, 이탈리아, 미국은 시간이 갈수록 정부의 부채가 높아지고 있다. 반면 스웨덴이나 덴마크 등 사민주의 복지국가는 재정적으로 안정된 모습을 보이고 있다. 한국에서는 복지가 재정위기를 불러올 것이라는 지적이 많다.[20] 하지만 OECD의 조사결과만 놓고 본다면, 복지국가의 재정위기론은 현실에 부합하지 않는다. 국가의 재정문제는 그 사회의 생산능력과 징세능력에 달려있기 때문이다. 게다가 복지지출이 모두 소비는 아니다. 오히려 스웨덴 같은 나라는 남녀노소를 막론하고 경제활동을 촉진하는 방향으로 복지제도가 만들어진 덕분에 '생산적 복지국가productive welfare state'라는 별칭을 가지고 있을 정도다. 복지제도의 설계 여하에 따라서는, 복지를 많이 시행하는 나라가 오히려 재정적으로 안정된다는 역설이 정설일 수 있다.[21] 더욱이 공산주의로의 이행이라는 대안은 현실 공산주의체제가 붕괴한

18) 김영순, 앞의 책, 28.
19) 양재진, 앞의 글, 106.
20) 〈OECD 통계표〉, 2011.
21) 양재진, 앞의 글, 107.

오늘날의 시점에서는 이미 효력을 상실하였다.

2. 세계화가 복지의 전면 축소를 초래한다

이미 지적했듯이 세계 각국은 1973년 1차 오일쇼크를 거치면서 전후 '성장의 황금기'가 서서히 마감되고 있음을 인식하고 복지정책의 개혁을 추진했다. 복지정책의 개혁은 국제질서의 변화가 본격화되었던 1980~90년대를 거치면서 복잡한 양상을 띠고 있기 때문에 일반화하기 어렵다. 그런데 1990년대 초 동구 사회주의와 소련이 붕괴된 이후 가속화된 세계화는 복지정책의 전면적 축소를 초래할 것이라는 신자유주의적인 '세계화론'이 일반적 견해처럼 등장했다. 이런 논리를 살펴보기 위해서는 그와 서로 중복되고 관련되어 있는 두 가지 변화, 즉 사회주의 대안의 붕괴와 국민국가의 상대적 쇠퇴를 아울러 언급하지 않을 수 없다. 이러한 세 가지 핵심적 변화로 인해 복지국가가 처해있던 경제적, 정치적, 이념적 맥락이 중요한 측면에서 변모했던 것이다.[22]

먼저 20세기 후반기에 일어난 사건 가운데 가장 극적인 사건은 하나의 체제로서의 공산주의가 붕괴한 것이다. 서구사회에서 사민주의가 쇠퇴한 것도 공산주의 붕괴만큼 극적이진 않지만 무시할 수 없는 현상이다. 요컨대 적어도 예견 가능한 미래에는 자본주의에 대한 체제 차원의 대안을 제시하는 실현 가능하고 진보적인 전망은 사라진 것처럼 보인다. 이런 상황은 19세기에 산업자본주의가 시작된 이래 전례가 없었던 것이다. 사실 2차 세계대전 이후 사회적 권리로서 제도화된 복지체계는 사회주의의 음덕으로 성장해왔다. 다시 말해 서구 밖에서는 공산주의 세계가, 그리고 내부에서는 노동

---

22) R. Mishra(이혁구 · 박시종 역), 『세계화와 복지국가의 위기』, 성균관대 출판부, 2002, 20.

운동에 기반한 야당이 출현함으로써 서구 자본주의 사회는 한편의 자유방임적 자본주의와 다른 한편의 공산주의 사이의 중간노선으로 복지국가를 발전시켰던 것이다. 그러나 공산주의의 붕괴와 사민주의의 쇠퇴로 사회주의적 대안이 사라지면서 오히려 서구, 특히 영어권 국가들에서 정치는 신자유주의의 등장과 함께 우회전하고 말았다.

둘째는 공산주의체제 붕괴 이후 본격화된 세계화이다. 세계화의 본질과 범위에 대해서는 아직도 논쟁과 토론의 여지가 남아있지만 여기서 세계화란 국민경제의 개방성이 점점 증대하면서 국민경제가 초국적 경제의 영향력에 더욱 종속됨으로써 국민국가의 통제로부터 점차 벗어나게 되는 과정을 일컫는다. 그 중에서도 복지국가에 가장 영향력을 미치고 있는 변화는 금융세계화, 즉 화폐와 자본이 국민국가의 경계를 넘어 자유롭게 이동할 수 있게 된 현상이다. 물론 이런 현상은 1차 세계대전 이전에도 존재했지만 당시에는 복지국가가 존재하지 않았다. 반면에 복지국가는 2차 세계대전 이후 상대적으로 폐쇄적이고 자기충족적인 경제에 구조적으로 의존하고 있었다. 따라서 1990년대에 들어 본격화된 금융세계화로 케인스주의적 수요관리는 혼란에 빠지고 신자유주의 경제학이 우위를 점하게 되었던 것이다. 화폐와 자본은 국경을 넘나들며 자유롭게 이동할 수 있게 되었고, 기업들도 범지구적 차원에서 자유롭게 투자할 수 있게 되었다. 그 결과 초국적 기업과 그들이 세계무역에서 차지하는 비중은 크게 성장했다.

이런 변화들이 국민국가에 초래한 중요한 결과의 하나는 완전고용과 경제성장을 위해 자국의 경제를 관리해 온 자율성을 크게 위축시켰다는 것이다. 리플레이션reflation 정책을 통해 고용을 창출하고 경제성장을 촉진하는 케인스주의 거시경제 관리는 각국 정부가 규제할 수 있는 상대적으로 폐쇄적인 국민경제를 전제로 한다. 경제가 개방되면 어떤 한 국가가 수요관리를 통해 완전고용을 달성하는 것은 더 이상 가능하지 않다. 또한 국민국가들이 미국과 같이 세계화를 주도하는 국가들로부터 독립적인 저금리정책과 같은 통화정책을 추진하는 것도 어려워진다. 기업의 이윤과 고소득에 대한 높은 과세율은 자본으로 하여금 좀 더 수익성이 높은 국가들을 찾아 이동하게 만들어 국내의 고용과 투자를 감소시킬 위험이 따르게 된다.

더욱이 경제가 개방되고 무역의 중요성이 증대하면서 중요한 화두로 떠오른 국제경쟁력이 신자유주의적 노선인 사회적 덤핑social dumping, 즉 임금과 노동여건이 열악하고 사회보장과 규제 및 세금도 낮은 지역으로 기업을 이동하는 것으로 이루어진다. 요컨대 세계화는 자본에게 탈출이라는 선택지를 안겨줌으로써 정부와 노동에 대한 협상력을 크게 강화시킨다. 그 결과 케인스주의와 조합주의적 수단에 의해 국민경제를 관리해 온 전후의 사민주의 전략은 뿌리에서부터 붕괴되기 시작했다. 세계화는 완전고용, 높은 수준의 공적 지출, 누진적 과세정책이라는 고전적 사민주의 전략에 사실상 조종을 울리고 있다.[23)]

셋째는 국민국가의 상대적 쇠퇴이다. 복지국가는 국민국가적인 기획으로 발전했고, 아직도 상당 부분 국민국가적인 기획으로 남아 있다. 역사적으로 볼 때 국민적 통합과 국민건설의 목표는 집합주의적 사회복지의 발전에 중요한 요인이었다. 그런데 세계화로 인해 국민국가는 쇠퇴해가고 있는 것처럼 보인다. 세계화는 점점 국민국가의 경계를 허물고 있다. 전 지구를 이동할 자본의 자유, 다국적 기업의 성장, 그리고 재화와 서비스의 초국적 생산은 경제적 조직화와 활동을 위한 공간으로서의 국민국가를 주변으로 내몰고 있다.

---

23) G. Teeple, *Globalization and the Decline of Social Reform*, Toronto, Garamond Press, 1995.

세계화가 국민국가에 대해 자본의 힘을 강화시키고 있는 것이다.

자유무역과 해외 생산입지의 자유가 증대하면서 자본은 국민국가에 대한 이해관계로부터 점점 더 벗어날 수 있게 되었다. 국내시장이나 국내 노동공급은 이제 더 이상 과거 복지국가의 전성기에 가졌던 정도의 중요성을 갖지 못한다. 유럽국가들에서 전반적으로 노사정 삼자협력주의가 약화되고 있는 현실은 세계화되는 경제에서는 자본이 더 이상 노동의 협력을 필요로 하지 않는다는 것을 보여준다. 유럽연합EU과 북미자유협정NAFTA 등과 같은 지역적 경제조직체들의 성장은 국민국가의 주권과 자율성을 약화시키는 또 다른 발전이다. 이런 경제조직체들이 세계화의 한 측면인지, 아니면 세계화에 대한 지역적 대응이거나 자율적 발전인지의 여부는 논쟁의 여지가 있지만 이들이 금융과 통화 및 사회정책과 관련하여 국가의 주권을 제약하고 있다는 사실은 의심의 여지가 없다.

요컨대 세계화와 지역경제조직체들의 성장으로 국민국가의 경제적 자주권과 자율성은 위축되고 있는 것이다. 그런데 우리는 동시에 국민정부들이 세계화를 조장하고 촉진하는 모습도 보고 있다.[24] 이런 경향은 분명 모순된 것이지만 실제적인 모순이라기보다는 외견상의 모순일 뿐이다. 세계화와 지역화는 국민국가가 이용할 수 있는 선택지의 범위를 제한하지만, 그것은 어디까지나 상대적으로만, 그것도 특정한 사회정책의 영역과 관련해서만 그럴 뿐이다. 국민국가들은 여전히 문화적, 사회적, 경제적 문제들에 대해 상당한 정도의 자율성을 견지하고 있다. 이렇게 볼 때 세계화는 초국적 신자유주의의 한 형태로 보아야 한다. 자유화와 탈규제의 의제를 실행에 옮겨야 할 주체는 바로 국민국가인 것이다. 따라서 국민국가들이 세계화를 조장하고 촉진하고 있는 것이다. 그렇다면 국가성과

---

24) P. Czerny, "Paradoxes of the Competition State: Dynamics of Political Globalization", *Government and Opposition*, 32(2), 1997.

민족주의는 쇠퇴하고 있는 것이 아니라고 할 수도 있다.

그렇지만 중요한 것은 만일 집합주의적 사회복지를 통한 국가건설의 유인동기와 전망이 오늘날의 세계에서 약화되고 있다면 그것은 주로 세계화 때문이라는 사실이다. 가령 1970년대의 일본과 1980년대의 한국은 어느 정도 서구 복지국가의 노선에 따라 좀 더 보편적이고 포괄적인 사회정책을 발전시키려 했다. 그러나 국제경쟁이 격화되고 경제가 불투명하며 서구에서 신자유주의가 득세하는 등 여러 요인으로 인해 이러한 발전은 좌절되고 말았다. 이렇듯 일반적으로 국민국가와 민주주의는 세계화가 특권화시키고 있는 경제적 추세 및 경향과는 갈등관계에 빠진다.

위에서 지적한 세 가지 상호 관련되면서 중복되는 발전들 가운데 우리가 탐구의 초점으로 삼고자 하는 것은 세계화이다. 사회주의 대안체제의 붕괴가 세계화의 한 원인이라고 한다면, 국민국가의 쇠퇴는 하나의 결과이다. 세계화는 경제현상일 뿐만 아니라 이념적 현상으로 이해되어야 하며, 이제 그것은 복지국가에 영향을 미치는 중대한 요인이 되었다. 이렇듯 세계화는 본시 정치와 이념에 의해 추진되고 있는 것이지만 여기서는 경제적 과정으로서의 그것이 복지정책에 어떠한 결과들을 초래할 것인가에 초점을 맞춘다. 이런 맥락에서 미쉬라R. Mishra는 세계화가 복지정책에 미치는 영향을 '세계화의 논리'라고 명명하면서 다음과 같이 일곱 가지 명제로 정리하고 있다.[25]

1. 세계화는 리플레이션 정책을 통해 완전고용과 경제성장이라는 목표를 추구할 수 있는 국민국가 정부들의 능력을 허물어뜨린다. '일국에서의 케인스주의'는 이제 더 이상 활용 가능한 선택이 되지 못한다.

25) R. Mishra, 앞의 책, 45~46.

2. 세계화는 노동시장의 유연성, 분절된 '포스트 포드주의적' 노동력, 그리고 단체교섭의 분권화를 통해 임금과 노동조건의 불평등을 증대시킨다. 지구적인 경쟁과 자본의 지구적인 이동은 '사회적 덤핑'과 임금 및 노동조건의 하향화, 즉 '바닥으로의 경주race to the bottom'를 초래한다.
3. 세계화는 재정적자 및 국가채무의 감축과 조세인하를 국가정책의 핵심목표로 설정하도록 함으로써 사회적 보호체계와 사회지출에 대해 하향 압력을 행사한다.
4. 세계화는 국민적 연대를 허물어뜨리고 보상의 불평등을 정당화함으로써 사회적 보호의 이념적 기둥, 특히 '국민적 최소national minimum'라는 이념적 기둥을 약화시킨다.
5. 세계화는 권력의 균형추를 노동과 국가로부터 자본으로 이전시킴으로써 사회적 협력관계social partnership와 삼자협력주의의 토대를 약화시킨다.
6. 세계화는 중도 좌파적 접근, 예컨대 '제3의 길The third way' 등을 사실상 배제시킴으로써 국민국가의 정책적 선택을 제한한다. 이런 의미에서 세계화는 복지정책에 관한 한 이데올로기의 종언을 의미한다.
7. 세계화의 논리는 국가공동체 및 민주주의 정치의 논리와 갈등을 일으킨다. 사회정책은 지구적 자본주의와 민주적 국민국가 사이의 주요 투쟁의 장으로 등장한다.

이런 주장들은 그럴듯하게 들리지만 실제 자료를 검증하면 맞지 않는다.[26] 세계화론자들이 주장하는 유력한 가설 중 하나가 '바닥으로의 경주'다. 가령 외국자본을 유치하기 위해 임금을 삭감하고 복지예산을 줄여서, 외국자본에 매력적인 투자처로 보이게 하려면 복

26) 이정우, "세계화, 불평등과 복지국가", 『사회경제평론』, 30호, 2008년 5월.

지국가는 도저히 살아남을 수 없다는 것이다. 하지만 통계적으로 검증한 결과는 세계화시대에도 복지국가는 별로 후퇴하지 않았다. 후퇴한 것은 오히려 복지가 약한 국가들이다. 또한 외국자본이 어느 나라에 투자할지를 결정할 때, 복지수준이 어느 정도인지, 법인세가 높은지 낮은지에 대해서는 크게 중요하게 생각하지 않는다.

또 다른 중요한 사실은 다국적 외국자본이 복지국가에 투자하면 복지국가처럼 행동하고 저임금 저복지 국가에 투자하면 또 그에 맞는 수준으로 행동한다는 것이다. 이와 같은 두 개의 길을 '높은 길high road'와 '낮은 길low road'이라고 부른다. 선진국인 복지국가는 높은 길로 가고, 후진국이나 복지가 덜 발달된 일부 선진국은 낮은 길로 간다. 이처럼 경제발전은 높은 길과 낮은 길로 나뉜다. 높은 길에서는 선순환이 일어나고, 낮은 길에서는 악순환이 일어난다. 높은 길은 고임금, 신뢰할 수 있는 노사관계, 고복지, 고참여라는 특징을 가진다. 낮은 길은 저임금, 나쁜 노사관계, 저복지, 저참여를 특징으로 한다.

낮은 길에 투자하면 역시 저임금으로 혹사시키고, 노조를 탄압하는 등 똑같은 행태를 보인다. 반면에 높은 길을 가는 국가, 예를 들어 유럽국가에 가면 고임금을 주고 노동자에게 참여를 허용하고 노조를 인정하고 대화하는 식으로 문제를 푼다. 따라서 세계화로 인해 자본의 이동이 활발하다고 해서 복지국가가 쇠퇴할 이유는 없다. 높은 길은 더욱 높은 길로, 낮은 길은 더욱 낮은 길로 간다. 한국은 전형적인 낮은 길을 걷고 있다.

3. 과연 복지가 성장을 저해하는가

이제까지 살펴보았듯이 복지국가 위기론을 주장하는 1970년대의 신자유주의자들과 신마르크스주의자들, 그리고 1990년대의 세계화론자들이 관점의 차이에도 불구하고 공통적으로 가지고 있는 근본 논리는 사회복지가 경제성장을 해친다는 것을 전제로 하고 있다는 점이다. 그래서 세계화된 경제에서도 복지가 국가의 경쟁력을 떨어뜨린다는 점을 문제 삼고 있는 것이다. 그렇다면 이와 관련된 두 가지 문제를 제기할 수 있다. 우선 과연 국가가 사회복지를 하게 된 근본적 취지가 경제성장을 하기 위한 것이었을까? 그래서 사회복지가 경제성장을 해치면 그만 두어야만 하는 것인가의 문제가 규범적인 차원에서 제기될 수 있다. 물론 역사적 사실에 따르면 그렇지 않다. 하지만 이런 문제는 주관적 가치판단의 성격이 강하므로 독자들의 판단에 맡기기로 하자.

두 번째는 사회복지가 경제성장을 해친다는 주장이 과연 의심의 여지없는 사실인가의 문제가 경험적인 차원에서 제기될 수 있다. 왜냐하면 이에 대해서도 상이한 주장들이 존재하고 있기 때문이다. 여기서는 사회복지가 경제성장에 미치는 영향에 대한 상이한 견해들을 살펴보기로 한다. 여기에는 복지가 경제성장을 저해한다는 성장저해론, 경제성장에 기여한다는 성장기여론, 그리고 경제성장을 저해하는 동시에 기여하기도 해서 상반된 영향이 서로 상쇄되어 결국 영향을 미치지 못하거나 양자 간에 전혀 관계가 없다는 성장중립론 등이 있다.

1) 성장저해론

사회복지 지출은 비생산적이고 낭비적이므로 경제성장을 저해한다는 주장이다. 대부분의 사회복지 제도는 재분배적 성격을 띠게 되는데 기업가에게 이런 재분배정책은 조세부담을 증가시켜 수익률을 떨어뜨리게 되고, 낮은 수익률은 투자수준을 낮추어 경제가 성장하지 못하게 하여 실업을 증가시켜 결국 사회복지제도의 실시를 위한 재원확보를 어렵게 한다. 따라서 정부는 재정적자를 겪게 되는데 이는 자본시장에서의 이자율 상승을 가져와 생산적 투자를 원하는 민간이 자본시장에서 투자를 위한 융자를 주는데 제한을 주게 된다. 결국 형평을 위한 어떤 시도도 경제성장을 희생시키지 않을 수 없다는 것이다.[27]

1880년대 독일의 비스마르크 시대 이래로 복지국가가 경제적 효율성과 성장에 장애가 된다는 생각은 존재해왔다. 자유주의적 고전경제학에 뿌리를 두고 있는 시장의 자기조절적 기제야말로 경제성장에 최선의 조건을 제공하며, 복지정책 등의 국가개입은 이를 교란시켜 성장을 저해한다는 생각은 1980년대에 대표적인 신자유주의자 프리드만을 중심으로 하는 시카고학파Chicago boys에 의해 새롭게 주창되면서 그 영향력을 확산해왔다. 그에 의하면 복지국가가 개인의 자조정신과 창의성 및 성취욕구를 마비시켜 개인의 발전을 저해하고 사회를 무기력하게 만든다는 것이다.

> 복지국가 안에서 개인은 나태해질 뿐 아니라 자기 자신조차 돌보지 않는다. 여기서는 건강한 사람이 마치 병자처럼, 어른이 마치 어린아이처럼 취급된다. 이렇게 되면 신체적으로 정상적인 사람이 심리적으로 병들게 되고, 본시 자립적이던 사람도 점차 의존적 성격을 가지게 된다. 개인적 주체의식이 파괴되며 자신감이 상실된다.[28]

조지V. George와 윌딩P. Wilding은 사회복지가 경제성장을 저해한다는 근거로서 탈산업화, 파업에 대한 국가보조, 투자저해, 근로의욕 감소 등을 들고 있다.[29] 첫째로 사회복지가 자원을 탈산업화시킨

27) M. Brown, *Remaking the Welfare State*, Philadelpia, Temple University Press, 1988, 39~42.

28) M. Friedman, *Capitalism and Freedom*, Chicago, Chicago University Press, 1962, 191~192.

29) V. George and P. Wilding(신섭중 역), 『복지국가와 사회정책』, 대학출판사. 1987, 179~277.

다. 탈산업화란 노동과 자본처럼 부를 창조하는 자원을 제조부문과 같은 시장지향적 분야에서 사회복지와 같은 비시장지향적 부문으로 이전시켜 시장지향적 분야에서의 생산성과 자본축적을 저하시키게 된다.

둘째로 파업 중인 근로자에 대한 사회복지급여의 지급은 파업의 국가보조금 역할을 함으로써 파업을 부추기고 장기화시키게 되며, 과도한 임금인상을 요구함으로써 산업생산을 마비시키고 경쟁력을 저하시켜 경제성장을 해치게 된다.

셋째로 사회복지는 투자동기를 저하시킨다. 사회복지 서비스 재원을 마련하기 위한 누진적 조세제도는 납세자의 가처분소득을 감소시키는 소득효과를 가져오게 된다. 따라서 사적 투자를 위한 자본축적의 중요한 재원이 되는 개인저축과 이윤창출 의욕을 감소시킴으로써 경제성장을 저하하게 된다.

넷째로 사회복지는 근로의욕을 저해한다. 사회복지의 혜택이 많은 사람들에게 관대하게 베풀어지면 노동에 대한 동기유발이 어렵게 된다. 근로의욕의 저하는 대규모 자발적 실업의 발생과 노동생산성의 저하를 가져와 경제성장을 해치게 된다.

특히 효율과 평등을 '거대한 상쇄관계big trade-off'로 파악하는 오쿤A. Okun의 입장은 복지국가가 경제적 효율성과 양립할 수 없다는 주장의 근거를 제공했는데, 문제의 본질은 '시장과 민주주의의 불편한 결합'에 있다는 것이다. 시장이 효율적으로 기능하기 위해서는 정치의 영역이 제한될 필요가 있지만, 반면에 민주주의가 꽃피우기 위해서는 민주주의가 시장의 영역에 침입해 들어가야 한다. 즉 시장이 효율적으로 기능하기 위해서는 불평등이 필요하며, 민주주의가 효율적으로 기능하기 위해서는 평등이 필요하다. 따라서 그는 한 사회는 결국 민주주의적 정치냐 자유주의적 시장이냐, 또는 평등이냐 효율이냐 사이에서 선택할 수밖에 없다고 주장한다.[30]

이런 오쿤의 주장은 복지국가에 대한 신자유주의적 비판의 핵심을 이루어왔으나 그 실증적 근거를 제대로 제시하지는 못했다. 실제로 오쿤은 누진세제가 고용과 투자에 거의 영향을 미치지 못한다는 점을 인정한다. 평등이 경제적 효율성을 저하시킨다는 주장에 대해서도 그는 구체적인 증거를 제시하지 못하고 오히려 평등이 효율성을 높이는 사례들을 제시하기도 한다. 특히 평등화된 고용기회에 대해서는 평등에 유용한 것이 효율성에도 유용할 수 있다는 일반적 가능성을 보여준다.

2) 성장기여론

복지는 일종의 투자이므로 경제성장에 기여한다는 입장이다. 스웨덴의 사민주의 학자 미르달G. Myrdal은 사회복지가 생산성을 향상시키고 국민의 이동을 장려하고 소비를 유지시켜주는 잠재력이 있다는 것을 오늘날 모든 자본주의 국가들이 인정하고 있다고 본다. 사회복지의 제공으로 노동력의 질이 향상되어 생산성이 향상될 수 있는 데, 특히 교육 및 의료와 관련된 복지의 경우 그런 효과가 두드러지며, 지역개발정책은 경제적으로 침체된 지역으로 기업이 이동하도록 유인하며, 노동력 이동정책은 일이 있는 곳으로 노동력이 이동하도록 유인하고 있다. 그리고 사회복지는 병약자, 실업자, 노후 은퇴자에게 현금을 지급함으로써 소비기회를 부여하고 수요를 증대시켜 주는데 도움이 되고 있다고 주장한다.[31]

미르달은 특히 스웨덴과 같이 수출의존도가 높은 개방형 소국경제에서는 인적자본human capital에 대한 집중투자로 얻어지는 양질의 노동력이 국제경쟁력 향상에 필수적이라고 보고, 이를 위해서는

---

30) A. Okun(이영선 역), 『평등과 효율』, 현상과 인식, 1983.
31) G. Myrdal, "The Place of Values in Social Policy", *Journal of Social Policy*, vol. 1, 1972, 1.

과감한 복지투자가 필요함을 역설했다.[32] 이와 관련하여 퍼니스N. Furniss와 틸톤T. Tilton은 공공선을 위해 능력을 활용할 수 없는 낙후집단의 존재는 사회정의뿐만 아니라 경제적 효율성마저 해친다고 주장한다. 즉 불평등은 인적 자원을 낭비시킨다는 것이다.[33] 더욱이 사람들은 생계걱정 없이 과감하게 위험을 감수하면서 창업에 나설 수도 있다.

스웨덴의 집권 사회민주당은 미르달의 이론을 '신경제정책'이라는 사회복지정책의 기조로 채택하고 적극 추진함으로써 경제성장과 복지증진을 동시에 달성한 바 있다. 또한 코르피W. Korpi는 1960년부터 1982년까지의 OECD 18개국의 1인당 GDP와 공공부분의 사회보장 지출 간의 관계를 비교하여 양자가 부정적 상관관계에 있지 않음을, 즉 복지국가가 경제성장에 장애가 되지 않는다는 것을 경험적으로 증명했다.[34]

영국의 베버리지와 케인스도 같은 견해를 제시하고 있다. 그들은 경제적 불황기에 사회보장급여의 지급 등 이전지출을 확대함으로써 재화와 서비스에 대한 구매력을 유지시켜 준다고 보고 있다. 복지국가는 자본주의에 대한 위협요인이 되는 것이 아니라 오히려 자본주의를 유지하고 보완시켜주며, 사회복지 서비스는 경제성장에 도움이 될 뿐 아니라 자본주의체제의 위험요소를 해소하여 그 정당성을 국민들이 받아들일 수 있게 해준다. 따라서 자본주의 국가들이 1950~60년대에 복지국가를 추구한 것은 당연하다는 것이다.

지난 25년간 경제학계에서는 분배가 성장의 발목을 잡는 것이 아

---

32) T. Tilton, "Alva and Gunnar Myrdal: Equality and efficiency", *The Political Theory of Swedish Democracy*, Clarendon Press, 1990.

33) N. Furniss and T. Tilton(김한주 · 황진수 역), 『현대복지국가론』, 고려원, 1983, 55.

34) W. Korpi, "Economic Growth and Welfare State: A Comparative Study of 18 OECD Countries", *Labour and Society*, 10(2), 1985.

니라, 오히려 분배를 개선하면 성장이 촉진된다는 결론이 더 설득력을 얻고 있다. 그 이유는 세 가지다. 첫째는 분배가 불평등할수록 국민들 사이에 소득재분배에 대한 요구가 커지므로, 세금을 많이 걷어 소득을 재분배하려면 성장이 저해된다는 것이다. 둘째로 분배가 불평등하면 정치적, 사회적으로 불안정하여 국내투자가 부진해지고 외국자본의 투자도 잘 이루어지지 않아서 성장이 힘들어진다는 것이다. 셋째는 인적 자본에 대한 투자 문제다. 분배가 불평등할수록 가난한 집안의 인재들은 공부하기가 힘들어진다. 그 결과 인적 자본에 대한 투자가 부족해져서 경제성장이 늦어진다는 것이다.[35]

린더트P. Lindert는 더 나아가서 복지국가일수록 경제성장이 더 빠르다는 역사적 증거를 제시했다.[36] 그는 산업혁명 이후 지금까지 복지에 대한 지출이 높은 나라에서 경제성장률이 높았다고 증명하면서, 복지지출은 이른바 '공짜점심free lunch'에 해당한다고 주장했다. 시카고학파의 기본교리가 '이 세상에 공짜점심은 없다'라는 명제인데, 린더트의 경제사 연구는 이것을 정면으로 반박하고 있다.

공짜점심의 비결은 무엇인가? 복지지출이 큰 나라는 미국과 같은 자유시장 경제에 비해 성장지향적인 조세정책을 취한다. 또한 복지국가에서는 청년들이 노동과 교육을 기피하려는 유인을 최소화하는 장치를 마련한다. 게다가 정부 보조정책을 통해 생산력이 떨어지는 노동자들의 조기퇴직을 유도하기 때문에 생산성이 향상되어 성장에 유리하다. 통설과는 반대로 교육뿐만 아니라 많은 분야에서 사회지출 프로그램이 마련되어 복지가 경제성장에 긍정적인 영향을 미친다. 이에 대해 린더트는 '공짜점심의 수수께끼free lunch puzzle'라고

35) 이정우, "복지국가는 성장 및 세계화와 상극일까", 김연명 외, 『대한민국 복지』, 두리미디어, 2011, 148~149.

36) P. Lindert, *Growing Public: Social Spending and Economic Growth since the Eighteenth Century*, 2 vols, Cambridge University Press, 2004.

이름 붙였다.

장하준 교수도 복지제도를 확대하는 것이 지금 우리나라 상황에서는 경제성장에도 도움이 된다고 주장한다. 단기적으로는 적절한 노동시장정책을 통해 고용안정성을 높이고 복지확대를 통해 최저생활을 보장해주면, 소득 대비 소비지출이 높은 저소득층이 안정적으로 소비를 증가시킬 수 있게 되어 내수가 진작되면서 성장에 도움이 된다. 장기적으로는 복지제도를 통해 최저생활을 보장해주고, 실업보험과 재교육 등의 확대를 통해 실패해도 재기할 수 있게 해주면, 노동자들은 더 진취적이 되어 경제성장이 촉진된다. 젊은이들은 더 이상 극단적으로 보수적인 직업선택을 하지 않아도 되고, 기존 노동자들은 목숨을 걸고 구조조정에 저항하지 않아도 된다. 이렇게 되면 신산업창출이 더 쉬워지고 구조조정이 신속해져서 성장에 도움이 된다.[37)]

3) 성장중립론

사회복지는 경제성장을 촉진하는 긍정적 영향과 경제성장을 저해하는 부정적 영향을 동시에 가지고 있다. 서로 상반된 이들 영향은 서로 상쇄되어 경제성장에는 별다른 영향을 미치지 못한다는 '상쇄론'과, 사회복지는 경제성장의 요인이 되는 자본축적, 기술진보, 천연자원 부존도, 경제제도, 정부정책, 국민의 개발의지, 사회문화 등과는 전혀 관련이 없는 별개의 영역이라는 '무관론'으로 구분될 수 있다.

카메론D. Cameron은 신자유주의자들이 주장하는 바와 같이 좌파정당의 지배와 복지지출의 증가 간에 연관성이 있음을 발견했다. 하지만 그는 동시에 신자유주의자들의 견해와는 달리 좌파의 지배와

37) 장하준, "고용안정 · 복지확대 없인 성장 없다", 〈중앙일보〉, 2014. 1. 16.

경제성장률의 저하와는 단지 약한 관련성이 있음을 발견했다.[38)]

윌렌스키H. Wilensky도 카메론과 유사한 결론에 이르렀다. "경제적 성과를 측정하는 주요 측정지표 중 어느 것을 기준으로 해도 복지수준이 높은 조합주의적 민주국가들은 2차 세계대전 종전 이후 복지후진국들과 같거나 보다 나은 성과를 보이고 있다." 즉 독일, 네델란드, 오스트리아, 노르웨이, 벨기에와 같이 복지지출과 조세수준이 높은 나라들이 미국, 캐나다, 오스트레일리아, 뉴질랜드, 영국과 같이 복지지출 수준이 낮고 조합주의적 경향이 약한 나라들보다 1950~74년 동안 경제성장율이 높았다는 것이다.[39)]

한편 폰투손J. Pontuson은 이 문제에 대해 새로운 가설을 내놓았다.[40)] 그는 복지가 성장에 미치는 영향이 항상 일정한 방향으로 나타나는 것이 아니라, 시대에 따라 달라진다는 흥미로운 가설을 제시했다. 다시 말해 서구에서는 1960년대에서 1970년대까지 복지가 경제성장에 긍정적 영향을 미쳤으나, 1980년대에서 1990년대로 들어오면서 그런 효과가 사라졌다는 것이다(그렇다고 부정적 영향은 아니다). 그 이유는 무엇인가? 이들 나라에서 고령화가 진전됨으로써 복지지출의 주요 항목이 바뀌었기 때문이다. 노령연금과 의료비지원 등이 크게 증가했는데. 이런 지출은 그 성격상 경제성장에 유리한 효과를 갖기 어렵기 때문이다.

지금까지 살펴보았듯이 사회복지에의 지출이 생산적인가 소모적인가에 관한 논의는 학자와 관점에 따라 차이가 있으므로 일률적으

38) D. Cameron, "On the Limit of the Limit of the Public Economy", *Annuals*, 459, January, 1982, 46~62.

39) H. Wilensky, "Democratic Corporatism, Consensus, and Social Policy", *The Welfare State in Crisis*, Paris, 1981, 185~195.

40) J. Pontusson, *Inequality and Prosperity: Social Europe vs. Liberal America*, A Century Foundation Book, 2005.

로 말할 수는 없을 것이나, 사회복지정책은 자본주의체제의 문제점을 해소하고, 이를 유지·발전시켜 나가는데 필수적이라는 점에는 대체로 의견의 일치를 보이고 있으며, 따라서 오늘날 거의 모든 자본주의 국가에서 사회복지정책을 추진하고 있는 것이다.

경제성장은 개인소득을 증가시켜 국민의 생활수준을 양적, 질적으로 향상시키고, 절대적 빈곤을 감소시킬 수 있다. 하지만 다른 한편으로 성장에 따른 부작용으로 사회적 긴장을 표출시켜 막대한 사회적 비용을 초래한다. 소득불평등에 따른 계급투쟁, 노사분규, 고소득자 과소비에 따른 상대적 박탈감의 증가, 저임금 노동착취, 직업병, 안전시설 미비와 산업규제 완화에 따른 산업재해 증가, 대기 및 상수원 오염에 따른 공해의 발생과 이에 따른 국민건강 저하, 배금주의와 인간경시 풍조 발생 등이 그러하다.

특히 성장의 혜택에 대한 불공평한 분배는 '풍요 속의 빈곤'이라는 모순을 낳았고, 이를 둘러싼 계급적 갈등은 사회적 불안정을 초래하는데, 이런 사회적 불안정은 얼마동안 억압과 경제력을 동원한 국가권력의 사용으로 통제될 수 있을지 모르지만, 결국 사회적 계급의 발생과 이에 바탕을 둔 시민적 저항은 경제성장을 저해하는 것은 물론 자본주의 체제마저 위협할 수도 있다.[41] 이에 대해 키르쉬Kirsh는 국가가 경제성장을 가능한 한 저해하지 않으면서 경제성장 과정에서 파생되는 사회적 비용을 최소화할 수 있는 사회복지정책을 수립해나가야 한다고 주장한다.[42]

그러나 복지국가가 언제 어디서나 명백히 경제성장의 장애물이라는 주장은 오류라 할지라도 1950~60년대와 같은 복지와 성장의 최고의 선순환이 이루어지던 시기는 지나갔다. 따라서 복지국가가 성

41) 김기원, "사회복지와 경제성장", 남세진 편, 『한국 사회복지의 선택』, 나남, 1995, 55.

42) Kirsh, "사회보장, 경제발전의 저해 없이 사회긴장을 완화시키는가?", 한국개발연구원 편, 『사회보장의 정책과제』, 1988, 28~31.

장의 최대 걸림돌이라는 신자유주의자들의 주장이 전적으로 옳지는 않더라도 경제성장이 이미 이룩한 복지국가 유지의 전제조건이 된다는 주장은 충분히 설득력이 있는 것이다. 반면에 신자유주의자들도 사회복지의 유용성을 단순히 경제성장이라는 관점에서만 판단하지 말고 사회복지가 설사 단기적으로는 경제성장을 다소 저해한다고 할지라도 그것의 본래적 존재이유, 즉 휴머니즘적 가치와 정치안정 및 사회통합을 위해 받아들일 수 있는 일정한 여유도 가지고 있어야만 할 것이다. 원래 경제성장에 기여하는가의 여부가 사회복지가 존재해야 하는 근본적 이유는 아니기 때문이다.

더욱이 본시 복지국가의 탄생은 시장실패에 대한 대응이었다는 점을 다시 환기시킬 필요가 있다. 대공황과 세계대전의 폐허 속에서 지속가능한 자본주의를 보장하기 위해 복지국가가 탄생했다는 것은 역사적 사실이다. 이것은 복지가 오히려 경제에 미치는 부정적 영향을 상쇄하면서 긍정적 영향을 주고 있음을 반증한다.[43]

Ⅲ. 복지국가의 불가역성 이론

1970년대 중반 이후 가열된 복지국가의 위기론은 80년대로 접어들어 복지국가의 재편이 가시화되면서 복지국가의 재편론으로 이어졌다. 복지국가 위기론이 경제적 위기에 초점을 맞추었던 반면, 재편론은 민주주의적 선거정치에 초점을 맞추고 있다. 그 결과 복지국가 재편론의 대세를 이루고 있는 복지국가의 불가역성irreversibility 이론에 따르면, 경제위기 이후 일련의 복지삭감과 재조정이 일어난 것은 사실이지만, 전체적으로 볼 때 삭감액은 미미한 것이었고, 이는 신자유주의적 공격에도 불구하고 복지국가는 건재하다는 것이다.

---

43) 윤홍식, "보편적 복지는 무책임한 퍼주기일까", 김연명 외, 앞의 책, 180.

예컨대 알버J. Alber는 1960~71년과 1975~81년의 OECD 주요국가들의 복지지출 증가율을 분석하여 복지국가의 건재함을 보여주었다. 그에 따르면 이들 나라의 복지지출의 성장률은 대체로 1975년 이후 급격히 둔화되었지만, 이는 같은 기간 동안의 경제성장률의 증가보다 더 높은 것이었다. 즉 경제위기에도 불구하고 복지지출의 대대적 삭감에 의한 전반적인 복지축소나 정당성의 위기는 존재하지 않는다는 것이다.[44]

또한 피븐F. Piven과 클로워드R. Cloward, 러글스P. Ruggles와 오히긴스M. O'Higgins, 클라인R. Klein 등은 복지국가에 가장 공격적인 신자유주의 정당이 집권한 나라에서조차도 복지삭감 계획은 실패했다고 주장한다. 이들에 따르면 영국의 대처 정부의 경우 초기의 정치적 수사와는 달리 실질적 복지지출은 크게 줄지 않았다. 또한 공영주택의 매각이라는 중요한 예외를 제외하면 민영화 역시 극히 제한적으로 추진되었다.[45] 레이건 정부는 대처정부보다는 성공적이었다. 그러나 미국에서도 역시 복지를 삭감하려는 신자유주의자들의 시도는 미미한 성과를 거두었을 뿐이었다. 양국의 신자유주의 정부는 국가의 복지급여를 삭감하고 민영화하려는 계획을 가지고 출범했지만 결국은 민주주의적 혼합경제에서 복지의 구조적 역할을 인정하면서 그 비용을 억제하고 효율적으로 재분배하는 쪽으로 방향을 바꾸었다.[46]

---

44) J. Alber, "There is a Crisis of the Welfare State? Cross-National Evidence from Europe, North America and Japan", *European Sociological Review*, 4, 1988.

45) R. Klein and M. O'Higgins, "Diffusing the Crisis of the Welfare State: A New Interpretation", T. Marmor and J. Mashaw, eds., *Social Security: Beyond the Rhetoric of Crisis*, Princeton, Princeton University Press, 1988.

46) P. Ruggles and M. O'Heiggins, "Retrenchment and the New Right", M. Rein and L. Rainwater, eds., *Stagnation and Renewal in Social Policy: The Rise and Fall of Policy Regimes*, Armonk, New York, M. E. Sharpe, 1987.

그렇다면 무엇이 경제위기에도 불구하고 복지국가를 건재하게 했는가? 불가역성론자들은 명시적으로든 암시적으로든 복지국가에 대한 대중의 지지와 이를 정책으로 연결시키는 대의제 민주주의의 존재를 그 원인으로 설명한다. 재분배체계인 복지프로그램은 선거에서 항상 다수의 지지를 받을 수밖에 없기 때문에 신자유주의 정부 역시 대폭적 복지삭감을 추진할 수는 없다는 것이다. 따라서 이제 복지를 유지하겠다는 약속은 사민주의 정당의 전유물이 아니라 모든 정당에서 표방하는 정책강령이 되었고, 대의제 민주주의와 노조의 파괴 및 정당체계의 근본적 변화 없이는 복지국가는 해체될 수 없다. 이런 의미에서 복지국가는 이미 선진자본주의 체제에서 되돌릴 수 없는 견고한 구조로 자리 잡았다고 할 수 있다.[47)]

복지국가의 불가역성론의 한 변종이라 할 수 있는 헤크로H. Heclo나 플로라P. Flora 등의 '복지국가의 성숙론marurity thesis'도 유사한 결론을 내리고 있다. 이들에 따르면 1970년대 이후 복지국가는 위기에 처해있는 것이 아니라 더 이상 확대되지 않고 있을 뿐이다. 또한 복지국가가 더 이상 확대되지 않는 것은 그것이 더 이상 성장할 수 없을 만큼 성숙했기 때문이다. 현재의 복지지출의 둔화는 실험기, 성숙기, 공고화기, 팽창기에 이어지는 복지국가 발전과정의 최종단계인 성숙기의 특징이며, 그것은 인구성장의 둔화경향과 마찬가지로 지극히 자연스러운 현상이라는 것이다. 효율성과 유연성을 제고하려는 최근의 변화들은 복지국가의 구조와 성격에 전혀 영향을 주지 않는 기술적 조정들에 불과한데, 그럼에도 복지국가의 위기가 운위되는 것은 더 이상 가능하지도 필요하지도 않은 1950~60년대 팽창기식의 논리로 현재 상황을 바라보기 때문이라는 것이다.[48)]

47) F. Piven and R. Cloward, *The New Class War*, New York, Pantheon Books, 1985, 157~158.

48) H. Heclo, "Toward a New Welfare State?", P. Flora and A. Heidenheimer,

또한 1990년대 이후에 등장한 세계화는 복지의 전면적 축소를 초래한다는 신자유주의적인 '세계화론'에 맞서 오히려 세계화가 복지의 유지 및 확대를 초래한다는 일명 '세계화 비판론'도 복지국가의 불가역성에 근거해서 다음과 같이 주장하고 있다. 먼저 가레트P. Garrett에 따르면 국제시장에의 노출은 국내적으로 사회정책에의 요구를 증대시키고, 선거정치와 정당정치를 매개로 시장이 창출한 위험과 부의 불평등을 줄이기 위해 정부지출을 늘린다는 것이다. 그리고 복지제도의 확대와 경제성과의 관계에 대해서도 14개의 OECD 국가들을 분석한 결과 정부가 적극적으로 사회정책을 펼치는 것이 경제적 성과를 낮추지 않는다는 결론을 얻었다. 아울러 그는 사회정책에 의해 유도된 정치사회적 안정은 해외투자 유치에 기여한다는 것이다.[49)]

한편 리이거E. Rieger 등은 세계화가 복지국가에게 제약을 가하기보다 복지국가가 세계화에 제약을 가한다는 입장을 취한다. 그에 따르면 "글로벌 경제를 향한 운동이나 글로벌 경제 내의 흐름은 국가의 사회정책구조와 그 발전을 통해 유발되고, 관여되며, 수정되고, 약화되거나 강화된다."[50)]는 것이다. 세계화에 의해 촉발되는 경제적 불안은 보호주의를 외치며 국내적 탈규제에 저항하는 새로운 이익연합의 대두를 만들어낸다. 이러한 반발을 잠재울 수 있는 힘은 효과적인 사회정책에서 나온다. 따라서 한 나라가 경제적 세계화에 의해 얻어지는 순수이득을 제대로 수확하기 위해서는 강력한

---

eds., *The Development of Welfare State in Europe and America*, New Brunawick, Transaction Books, 1984; P. Flora, "On the History and Current Problems of the Welfare State", S. Eisenstadt and O. Ahimeir, eds., *The Welfare State and Its Aftermath*, London and Sidney, Croom Helm, 1985.

49) P. Garrett, ed., *Globalization and Public Policy*, Cheltenham, Edgar Elgar, 1996.

50) E. Riegar & S. Leibfried, "Welfare State Limits to Globalization", *Politics and Society*, 26(3), 1998.

사회안전망을 갖춰야 한다는 입장이다. 따라서 이들은 건강한 사회복지체제를 발전시키는 것이 경제성장에 장애가 아니라 오히려 글로벌 경제에의 참여를 위한 전제조건이라는 것이다.

또한 최근 복지국가의 개혁실패에 주목해서 복지국가의 유지 및 부활을 주장하는 학자들 가운데 대표적인 인물인 에스핑-안데르센 Esping-Anderson과 피어슨 P. Pierson은 모두 정치경제라는 거시적 사회정책의 시각에서 복지국가들을 비교·분석했고, 같은 시기에 거의 동일한 결과를 내놓고 있다는 점에서 주목된다. 에스핑-안데르센은 글로벌 경제현실의 틀 내에서 유럽과 북미, 남미, 동아시아 복지국가들의 개혁의 한계와 정책대안을 제시해준다. 그에 의하면 유럽의 경우 신조합주의가 쇠퇴한 것이 아니라 아직도 막강한 영향력을 발휘하고 있다고 주장한다. 복지국가의 개혁이 몰고 오는 혼란보다는 기존의 체제를 점진적으로 개선하는 대안이 바람직하다는 사회적 합의가 노사와 정치인 등 이해당사자들의 지배적인 '신조합주의적 합의 형성'으로 부각되면서 복지국가는 개혁보다는 현상유지로 진행될 수밖에 없다는 것이다.[51)]

피어슨은 독일, 스웨덴, 영국 및 미국 4개국 비교연구를 통해 복지국가의 발전이 일정한 한계에 이르렀지만 개혁에 휩쓸려 쇠퇴의 길로 내달리고 있는 것은 아니라고 주장한다. 그는 특히 "많은 선진 산업사회에서 조직화된 노동과 좌파정당들이 상당히 위축되었다"는 사실에도 불구하고, '복지국가의 새로운 정치' 때문에 복지국가가 축소되지 않고 있으며, 오히려 점차 부활되고 있다는 근거를 각종 통계를 통해 확인할 수 있다고 강조한다. 그는 최근의 복지국가의 정치를 과거의 '복지국가의 확대'의 정치와 구별되는 '복지국가

51) G. Esping-Anderson, "After the Golden Age? Welfare State Dilemmas in a Economy", G. Esping-Andersen, ed., *Welfare State in Transition: National Adaptation in Global Economics*, London, Sage Publications, 1996.

의 긴축'의 정치로 규정하면서, 그 정치적 역학관계에 주목하여 설령 세계화가 복지국가의 재정위기를 악화시키고 축소의 필요성을 촉발한다고 하더라도 실제로 축소를 단행하는 것에는 정치적 비용이 따른다고 지적한다. 그가 도달한 결론은 세계화와 복지국가의 축소를 연결하는 일반론적 견해에 다음과 같이 쐐기를 박는다.

> 복지국가를 선도적으로 공격한다면 선거에서 위험부담이 커진다. 오늘날의 복지정치는 위험회피의 정치이다. 정부가 복지제도를 과감하게 축소하려 한다면 정치적 비용이 최소화되는 영역에 한정해서일 뿐이다. 그러나 그러한 정치기술을 확보하기란 불가능하다.…모든 국가에서 복지국가의 축소는 실행되기 어렵다. 복지국가는 전후 정치경제에서 가장 신축적인 영역이다.[52]

이상에서 살펴보았듯이 복지국가의 불가역성론은 경제위기나 경제구조 및 계급구조의 변화가 곧바로 복지국가의 위기를 가져오고 급격한 축소개편을 초래할 수밖에 없다는 경제결정론적 설명들의 한계를 넘어서고 있다. 즉 민주적 자본주의사회에서의 국가복지가 정치를 매개로 결정된다는 매우 중요한 사실을 포착함으로써 거시적 경제결정론의 설명들의 맹점을 피하고 있는 것이다. 그 결과 경제위기와 재정압박에도 불구하고 왜 복지국가는 급격한 해체에 직면하지 않고 강한 지속성을 보여주는지를 설명해준다.

그러나 민주적 선거정치가 존재하는 한 복지국가는 해체될 수 없다는 이들의 주장은 경제결정론과 마찬가지로 일면적이고 단선적이다. 피븐과 클로워드에 의하면 복지국가에 대한 신자유주의자들의 공격은 민주정치를 통해 표출되는 대중의 분배욕구를 억누르려는 자본의 공세라는 점에서 '민주주의에 대항하는 자본주의'의 논리이

52) P. Pierson, "The New Politics of the Welfare State", *World Politics*, 48(2), 1996.

다. 하지만 이는 복지국가를 방어하고자 하는 또 하나의 논리인 '자본주의에 대항하는 민주주의'의 반격 때문에 성공할 수 없다고 한다.[53)]

그러나 이런 가정과는 달리 현실 속의 대중들은 민주주의를 통해 동일한 분배목표를 추구하는 것은 아니다. 여러 계급과 계층으로 성층화되어 있는 복지수급자들은 세금과 복지에 대해, 그리고 복지프로그램마다 상이한 이해관계를 가지고 있기 때문에 이를 이용하여 신자유주의 정부가 '분할통치' 전략을 구사할 수도 있는 것이다. 이런 해체가 아닌 마멸전략이 장기화될 경우 기존의 복지국가를 역전시키지 않으리라는 보장은 어디에도 없는 것이다.[54)] 1979년 이래 영국의 대처정부와 미국의 레이건 정부와 같이 복지국가의 해체를 외치는 신자유주의 정권들도 민주적 선거정치의 결과로 탄생했다는 것이 단적인 증거다.

이렇게 볼 때 미쉬라의 지적처럼 불가역성의 명제는 복지국가가 발휘하는 축적과 정당화를 위한 다양한 기능들, 복지국가에 연류되어 있는 기득권들, 선거에서의 경쟁과 민주적 제도들을 고려할 때 자본주의사회에서 복지프로그램들은 '통째로, 단기간에' 폐지되지는 않을 것이라는 제한된 의미에서만 유효하다.[55)] 그러나 이로부터 복지국가가 되돌릴 수 없는 민주적 자본주의의 구성요소가 되었다는 주장으로까지 나아가는 것은 또 하나의 결정론이다. 그것은 복지분배의 정치의 복잡성과 역동성, 즉 복지국가를 둘러싼 계급과 계층 간의 상이한 이해관계와 그들 간의 갈등과 타협의 과정을 간과한 단순하고 도식적인 설명에 불과하기 때문이다.

---

53) F. Piven and R. Cloward, 앞의 책, ch. 1.

54) R.. Mishra, *The Welfare State in Capitalism Society*, Toronto, Buffalo, Toronto University Press, 1990, 32~42.

55) 위의 책, 105.

Ⅳ. 맺음말

지금까지 우리는 복지국가의 위기 논쟁을 살펴보고 위기론과 불가역성론의 각각의 의의와 한계를 비교분석하였는데, 이를 다시 두 가지 관점으로 축약할 수 있다. 첫째로 복지국가 위기론은 경제결정론적 관점으로서 신자유주의의 국가실패론과 신마르크스주의의 복지국가 모순론 그리고 세계화론은 모두 복지국가의 위기의 근원이 자본주의와 복지의 두 대립항, 즉 성장과 분배의 딜레마에 있으며, 따라서 고도성장이 끝난 시점에서 복지국가의 해체는 불가피하다는 것이다. 둘째로 복지국가의 불가역성론은 정치결정론적 관점으로서 자본주의사회의 대다수 사람들은 복지국가의 유지를 지지하기 때문에 민주적 선거정치가 존재하는 한, 경제적 위기에도 불구하고 복지국가의 기본 틀은 해체될 수 없다는 것이다.

이상의 두 관점은 거시적 수준에서 복지국가의 위기와 재편을 결정하는 두 힘으로서 각각 경제위기와 민주적 선거정치를 강조했다는 점에서는 의의가 있지만, 단일한 요인으로부터 복지국가의 해체와 유지라는 상반된 결론을 모든 복지국가에 일반화하고 있다는 문제점을 안고 있다. 그래서 복잡하고 다양한 복지국가의 재편의 원인과 역동성을 밝히기에는 한계가 있는 것이다. 즉 어떤 나라들은 급격한 복지삭감이나 복지국가의 성격 변화를 경험한 반면, 다른 나라들은 상대적으로 기존 복지국가의 유지에 성공했다는 사실을 간과하며 왜 이런 차이가 나타났는지를 해명하지 못한다.

이렇게 볼 때 우리는 이상의 두 가지 관점을 대립적이기보다는 상호보완적이라는 입장에서 통합할 수 있는 관점을 모색해야 할 것이다. 경제위기로부터 직접 복지국가의 재편을 주장하는 논리는 경제적 요인과 재편 결과 사이에 이를 매개하는 정치적 요인을 삽입하여 보완해야 한다. 또한 민주적 선거가 존재하는 한 복지국가는 유지된다는 단순한 정치논리는 복지를 둘러싸고 상이한 이해관계를 가지고 있는 노동계급과 중간계급의 복지동맹welfare coalition의 유지에 따라 민주적 선거가 각각 상이한 결과를 가져올 수 있다는 계급정치의 논리로 수정되어야 한다는 것이다.[56] 그리고 복지동맹의 유지 여부는 경제적, 정치적 요인보다 더욱 근본적으로는 평등과 연대라는 가치와 이념을 중시하는 복지문화의 성숙도에 달려있다는 점에 주목해야 한다. 그래야만 복지국가의 위기에 대처하기 위한 개혁정책들이 왜 상이한 유형으로 나타나는지를 제대로 설명할 수 있을 것이다.

먼저 미쉬라R. Mishra는 영국과 미국 그리고 스웨덴과 오스트리아의 경향을 사례로 복지국가의 위기에 대한 대응을 신자유주의적 재편과 사회조합주의적social coporatism 재편으로 대변할 수 있다고 주장한다.[57] 그에 따르면 1970년대 경제위기 이후 복지국가들은 정치이념과 수사뿐 아니라 실질적 정책과 그 결과에 있어 상반되는 두 가지 대응을 보였다. 즉 영국과 미국의 경우 신자유주의의 이념적 공세 속에서 복지국가가 현저하게 축소된 반면, 스웨덴과 오스트리아는 그것의 공고화에 성공했다는 것이다. 이런 판단의 근거는 그가 복지국가의 핵심적 구성요소로 들고 있는 완전고용과 보편적 서비스 및 극빈층을 위한 안전망으로서의 공공부조이다.

미쉬라는 영국과 미국의 경우 그 세 가지 요소 가운데 완전고용과 공공부조는 포기되거나 심각한 손상을 입었고, 이로 인해 극빈층들은 복지국가의 재편으로부터 가장 심각한 타격을 받았다고 주장한다. 따라서 총 복지지출이나 보편적 서비스의 유지만을 기준으로 이들 두 나라에서 복지국가의 건재를 주장하는 불가역성론자들의 주장은 명백한 오류다. 스웨덴과 오스트리아의 경우는 전반적

56) 김영순, 앞의 책, 316.
57) R. Mishra, 앞의 책.

지출동결의 분위기 속에서도 이 세 가지 요소 모두가 잘 방어되어 기존의 복지국가는 큰 손상을 입지 않았다.

이런 차이를 가져온 요인으로 미쉬라는 사회조합주의의 존재 여부, 보다 궁극적으로는 사회조합주의를 견고한 사회제도로 정착시킬 수 있는 노동계급의 능력 여부를 들고 있다. 즉 노동계급의 강력한 조직적, 정치적 능력에 기반한 사회조합주의가 존재했던 스웨덴과 오스트리아의 경우에는 경제정책과 복지정책 간의 긴밀한 연계와 상호의존성으로 복지국가가 그럭저럭 위기를 버텨낼 수 있었다. 반면 노동계급이 취약하고 사회조합주의가 존재하지 않았던 영국이나 미국의 경우에는 복지정책이 경제정책에 종속되어 경제위기가 도래하자 복지국가의 축소는 불가피했다는 것이다.

중간계급의 역할에 주목한 것은 르 그랜J. Le Grand과 윈터D. Winter의 연구다.[58] 이들의 논의는 복지국가가 부자로부터 빈자로의 소득이전 체계이며, 따라서 중간계급은 자신의 막대한 세금으로 유지되는 복지국가의 축소를 원하는 계급이라는 통념에 대한 도전으로 출발한다. 담세자로서의 중간계급은 분명히 복지국가에 비판적이지만 그들은 또한 복지소비자로서 그리고 복지생산자로서의 복지국가로부터 다양한 이익을 얻고 있다는 것이다. 게다가 중간계급은 선거에서의 영향력, 우수한 여론선도 능력, 정책결정자들에 대한 간접적 영향력 등 자신의 이해관계를 보다 효과적으로 관철시킬 수단들을 가지고 있기 때문에 이들의 향배는 복지국가의 재편에 있어 결정적 영향을 미친다는 것이다.

---

58) J. Le Grand and D. Winter, "The Middle Classes and the Defence of the British Welfare State", R. Goodin and J. Le Grand, eds., *Not Only the Poor-the Middle Classes and the Welfare State*, London, Allen & Unwin, 1987. 여기서 중간계급이란 노동계급과 더불어 현대 자본주의사회의 계급구성에서 높은 비중을 차지하는 신중간계급으로서 '임금을 받는 화이트칼라'라는 일반적 의미로 사용하며, 이들은 자본계급뿐만 아니라 전통적 노동계급과도 구분되는 고유한 이해관계를 가진 독자적 집단으로 간주된다.

이런 전제 하에 르 그랜과 윈터는 영국의 신자유주의적 복지재편을 분석하면서, 신자유주의자들의 공격에도 불구하고 영국의 국가복지는 크게 축소되지 않았으며, 그것은 정치가들이나 관료들이 결코 무시할 수 없었던 복지국가에 대한 중간계급의 이해관계와 그것의 관철능력 때문이라고 주장했다. 신자유주의자들의 복지삭감 기도는 중간계급의 반대에 부딪혀 좌절되었으며 그 결과 영국의 복지국가는 크게 손상되지 않았다는 것이다. 이런 주장은 복지국가를 노동계급으로의 소득재분배 수단으로서만 인식해왔던 대부분의 논의와 달리 중간계급이 복지국가에 다양한 이해관계를 가지고 적극적으로 행동하는 주체임을 보여주었다는 점에서 그 의의가 크다.

하지만 노동계급과 중간계급의 복지동맹의 유지 여부에 주목하여 계급정치론을 진일보시킨 것은 김영순의 연구다. 이에 따르면 복지국가의 황금기 동안 노동계급과 중간계급은 모두 복지국가로부터 이익을 얻었기 때문에 복지국가를 지지했다. 두 계급은 연대해서 복지국가를 지지하는 복지동맹을 형성했던 것이다. 그렇다면 복지동맹은 성장과 복지의 상충성이 심화된 1970년대 이후 변화했는가? 변화했다면 어떻게 변화했는가? 이것이야말로 복지국가의 재편방향을 결정하는 관건이라는 것이다. 경제적 위기로 인해 복지국가의 재편이 불가피해졌다 할지라도 양자의 이해가 일치하여 복지동맹이 유지된다면 그것은 복지정당인 사민주의 정당의 집권을 가져와 최대한 기존의 복지국가를 방어하는 재편을 초래할 것이고, 양자의 이해관계가 분리되어 복지동맹이 붕괴한다면 그것은 반복지정당인 신자유주의 정당의 집권을 가져와 복지국가의 해체를 초래할 것이기 때문이다.[59]

그렇다면 복지국가를 방어하는 데 관건이 되는 복지동맹의 유지 여부는 무엇에 의해 결정되는가?[60] 첫째는 노동계급이 얼마나 잘

59) 김영순, 앞의 책, 316.

조직화되었는가에 의해서다. 노동계급은 재분배체계인 복지국가로부터 물질적 이익을 얻는다. 그러나 노동시장 내에서의 지위 등 내부의 분파적 이해관계에 따라 이들이 복지국가에 대해 상이한 태도를 취할 가능성은 얼마든지 존재한다. 특히 경제적 위기로 인해 복지 분배의 갈등이 심화되면 더욱 그렇다. 예컨대 노동계급의 상층은 세금과 복지의 상쇄관계에 대해 부정적 태도를 취할 수 있으며, 비노동인구나 노동계급의 최하층이 수급자가 되는 선별적 프로그램들에 대해 비판적 태도를 취할 수도 있는 것이다. 따라서 이들이 분파적 이해관계로 분열되지 않고 정치적으로 잘 조직화되어 하나의 계급으로서 복지국가의 유지를 지지하는가는 복지동맹의 견고성을 결정하는 데 중요한 영향을 주게 된다.

다른 하나는 중간계급의 향배이다. 중간계급의 향배는 복지국가에 대한 이들의 이해관계가 어느 쪽으로 기우는가에 의해 결정된다. 이들은 노동계급과 달리 내부의 복합성과 이질성으로 인해 처음부터 강력한 조직적 응집력을 갖는 집단은 아니며, 하나의 계급으로서 복지국가를 강력히 필요로 하는 집단도 아니다. 그래서 이들의 복지국가에 대한 지지 여부는 노동계급보다 훨씬 가변적이고 조건적이며, 그것을 결정하는 것은 이익의 조직화라기보다는 해당 시점에서의 복지국가에 대한 이해관계 그 자체, 즉 복지소비자, 복지생산자, 그리고 담세자로서의 손익균형이다. 이 손익균형이 부정적인 쪽으로 기울면 중간계급은 언제든지 복지국가에 대한 지지를 철회할 수 있다. 따라서 위기 이후 복지국가에 대한 중간계급의 이해관계가 어떻게 변했는가는 복지동맹의 유지 여부를 가르는 또 다른 중요한 변수가 된다. 노동계급이 정치적으로 잘 조직화되어 하나의 계급으로서 복지국가를 지지하는 경우에도 중간계급이 자신의

60) 위의 책, 66~67.

이해관계에 따라 이로부터 이반한다면 복지동맹은 와해될 것이기 때문이다.

이런 가설은 영국과 스웨덴의 복지재편의 경험에서 확인된다. 1970년대 이후 유사한 요인들로 인한 경제위기를 겪었음에도 불구하고 양국의 복지재편의 결과는 크게 달랐다. 그 가장 중요한 요인은 영국에서는 노동계급과 중간계급의 복지동맹이 와해된 반면, 스웨덴에서는 복지동맹이 유지되었고, 이것이 각각 신자유주의 정당과 사민주의 정당의 집권을 가져왔기 때문이다. 반복지정당인 보수당이 집권했던 영국에서는 복지국가의 역할이 축소되고 분배불평등이 심화된 반면, 복지정당인 사민당이 집권했던 스웨덴에서는 복지국가가 여전히 평등과 연대의 핵심적 기제로 남아있다. 영국에서는 노동계급의 분열과 중간계급의 이반이 복지동맹을 와해시켰고, 스웨덴에서는 노동계급의 연대와 중간계급의 지지가 복지동맹을 유지시켰다는 것이다.[61]

이런 연구결과가 시사하는 이론적 함의는 다음과 같다. 경제위기로부터 직접 복지국가의 재편을 주장하는 논리는 경제적 요인과 재편 결과 사이에 이를 매개하는 정치적 요인을 삽입하여 보완해야 한다. 또한 민주적 선거가 존재하는 한 복지국가는 유지된다는 단순한 정치논리는 복지를 둘러싸고 상이한 이해관계를 가지고 있는 노동계급과 중간계급의 복지동맹의 유지에 따라 민주적 선거가 각각 상이한 결과를 가져올 수 있다는 계급정치의 논리로 수정되어야 한다는 것이다. 이상의 두 가지 관점을 상호보완적으로 통합한 이론적 관점이 '계급정치에 따른 재편론'이다.

계급정치에 따른 재편론은 1970년대 이후의 경제위기로 서구 자본주의의 축적구조와 계급구조가 크게 변함으로써 복지국가의 물질

61) 위의 책, 322~323.

적 기반이 약화되는 와중에서도, 그 재편의 방향은 복지를 둘러싼 노동계급과 중간계급의 경제적 이해관계에 따른 복지동맹의 유지 여부에 따라 크게 달라질 수 있다는 통합적 입장에 섬으로써 단선적 수렴론의 한계를 넘어서고 있다. 즉 경제위기와 민주적 선거정치 사이에 행위주체로서의 계급을 상정함으로써 나라별로 상이한 복지국가의 위기와 심도와 재편의 방향을 통합적으로 이해할 수 있는 실마리를 제공하고 있는 것이다.[62]

그런데 계급정치론에 따른 재편론이 강조하는 노동계급과 중간계급의 경제적 이해관계에 따른 복지동맹의 유지 여부는 주로 나라별로 시행하는 복지제도가 두 계급 모두 혜택을 받는 보편적 복지인가, 아니면 노동계급만 혜택 받고 중산층은 세금만 내야 하는 선별적 복지인가에 달려있다. 이것이 복지국가의 지속가능성을 담보하는 복지동맹이 영국에서는 깨어지고 스웨덴에서는 유지됐던 이유이며, 그런 제도상의 차이는 경제적, 정치적 요인보다 더욱 근본적으로 평등과 연대의 가치와 이념을 중시하는 복지문화의 성숙도에 의해 결정되는 것이다. 이런 점에서 복지는 제도라기보다 문화다.

일찍이 영국과 스웨덴에서 복지국가는 상당히 다른 정치사회적 환경 속에서 형성됐으며, 추구하는 궁극적 목표도 달랐다. 영국의 경우 사민주의를 추구하는 노동당은 보수당과 힘겨운 경쟁관계에 있었기에 복지체제는 양당 간의 타협의 산물일 수밖에 없었다. 그래서 노동당 중심의 복지국가를 실현했다기보다는 노동당이 보수당과 함께 복지국가를 만들었다고 표현하는 것이 적절해 보인다. 어느 한 쪽의 이념적 가치가 일방적으로 반영되기 어려웠고, 대부분의 서구국가들에서도 마찬가지였다. 그런데 스웨덴의 경우 1930년대 이후 사민당은 정치적 기반이 매우 견고해서 아주 오랫동안 집

62) 위의 책, 316.

권할 수 있었다. 이런 정치적 기반은 사민당이 주도해나가는 강력한 복지국가체제를 형성할 수 있게 해주었다. 그 결과 영국 복지국가가 추구하는 목표는 빈곤 없는 사회로서 모든 국민의 최소생활수준을 보장하는 것이었던 반면, 스웨덴 복지국가가 추구하는 목표는 빈곤의 해소에 머물지 않고, 지나친 불평등이 없는 사회, 즉 불평등의 완화를 목표로 하는 것이었다.

또한 영국은 베버리지 보고서를 토대로 복지국가를 건설할 당시 무료의료 서비스NHS, 아동수당과 같은 보편적 복지제도를 만들었으나, 이후 노동당이 보수당과 타협하는 과정에서 선별적 복지제도의 비중을 증대시킬 수밖에 없었다. 보편적인 사회보험에서도 보험료 납부능력에 따른 복지급여의 비중이 상대적으로 높아졌기 때문에 재분배효과도 처음과 달리 낮아져갔다. 노동시장에 대한 국가의 개입도 약화되어 스웨덴과 달리 임금격차를 줄이는 정책을 실현하기 어려웠다. 스웨덴과 가장 큰 차이점은 앞에서도 언급했듯이 복지국가의 목표가 불평등 완화가 아니라 빈곤퇴치라는 점이었다. 그 결과 오늘날 영국은 미국과 상당히 다름에도 불구하고 1980년대 이후 미국과 유사한 신자유주의적 개혁을 채택한 탓에 자유주의 복지국가로 분류되기도 한다.

영국과는 달리 스웨덴은 복지국가의 목표를 단순한 빈곤퇴치가 아니라 국가 전체의 불평등 완화에 두었다. 그래서 빈곤층만을 대상으로 하는 선별적 복지제도가 사회복지체계에서 차지하는 비중이 상대적으로 낮고, 국민 전체를 포괄하는 보편적 제도가 지배적인 복지체계를 구축하게 된다. 그래서 스웨덴에서는 권리성이 높은 사회보험과 사회수당이 중요한 복지제도로 구축되고, 사회보험의 경우에도 보험료 납부실적에 의거하기 보다는 재분배효과가 높은 방식으로 제도가 구성되었다.

그런데 스웨덴의 발테르 코르피 교수는 서구 복지국가들을 비교분석한 결과, 빈곤층을 대상으로 한 선별적 복지가 모든 사람을 대상으로 한 보편적 복지보다 재분배효과가 떨어진다는 이른바 '재분배의 역설' 현상을 주장했다. 그에 의하면 "빈곤층을 대상으로 한 선별적 복지가 투자예산 단위당 재분배효과는 높을 수 있다. 그러나 복지정책과 관련한 계층 간 연합이나 분배예산 규모 등 다른 요인들 때문에 결국은 보편적 복지의 재분배 효과가 높게 된다. 선별적 복지는 고소득층과 중산층을 복지혜택에서 배제하기 때문에 이들이 복지정책과 관련해 빈곤층을 제외한 계층연합을 형성하게 된다. 이것은 세금과 복지국가 거부로 나타난다. 반면 보편적 복지를 하면 대부분 계층이 혜택을 입기 때문에 저소득층과 중산층이 모두 복지정책을 지지하게 된다. 이런 계층연합은 정치적 차원에서 복지예산 규모 자체를 키우게 된다."[63]

이와 같은 맥락에서 장하준 교수도 "선별적 복지는 정치적 지속성이 없다. 미국은 내는 사람은 내기만 하고 받는 사람은 받기만 해서 불만이 많지만, 유럽은 누구다 다 받기 때문에 불만이 덜하다면서, 지속가능한 복지국가를 위해서는 기본적 틀을 보편적 복지국가로 잡아야 한다."고 강조했다. 또한 보편적 복지국가를 위해서는 부자와 가난한 사람들 모두가 세금을 내야하지만, 미국식의 선별적 복지는 혜택은 받지 못하고 세금만 내야하는 중산층의 반발로 보수화를 초래한다는 것이다.[64] 이렇게 볼 때 지속가능한 복지국가는 노동계급과 중산계급의 경제적 이해관계에 따른 복지동맹의 유지 여부에 달려있는데, 그런 동맹을 유지시켜주는 보편적 복지제도의 지속가능성은 결국 평등과 연대의 가치와 이념을 중시하는 복지문화의 성숙 여부에 달려있다고 할 수 있다.

---

63) 〈한겨레신문〉, 2011. 5. 19.
64) 〈네이버뉴스〉, 2012. 9. 24.

welfare
state

5장 복지정책의 개혁유형

5장 복지정책의 개혁유형

Ⅰ. 세계 각국의 복지개혁

복지국가의 개혁기는 1970년대로 접어들면서 서구국가들의 자본주의경제가 저성장기로 전환됨에 따라 복지성장에 제동이 걸리면서 현재에 이르기까지 사회보장체제의 재편이 이루어지고 있는 시기이다. 1973년에 무려 5배의 유가상승을 가져온 오일쇼크는 2차 세계대전 이후 지속되어왔던 자본주의의 안정적 축적체제를 근원적으로 붕괴시키는 계기가 되었다. 이런 경제적 위기는 지난 30여 년간 큰 변화 없이 유지되어 온 국가-자본-노동 간의 화해적 정치구조에 치명적인 균열을 가져왔다.

서구국가들에서 공통적으로 나타난 이런 균열은 많은 복지비 지출과 함께 엄청난 국방비를 지출하는 영국과 미국에서부터 표출되기 시작했다. 영국에서는 1979년 노동당 정부가 실각하고 대처M. Thatcher의 보수당 정부가 들어섰으며, 미국에서는 1980년에 민주당 정부가 실각하고 레이건R. Reagan의 공화당 정부가 수립되었다. 그러나 경제성장의 둔화, 상승하는 인플레와 실업률이라는 경제적 악조건이 초래한 정치적 균열은 이들 나라에만 국한된 것은 아니었다. 1980년대에 들어서는 사민당이 확고한 정치적 헤게모니를 행사하던 서구 여러 나라들에서도 보수회귀의 물결이 봇물처럼 터져 나왔다.

1970년대 말부터 본격적으로 등장하기 시작한 보수정권들이 내세운 신자유주의neo-liberalism는 1973년 오일쇼크 이후의 경제위기가 오직 유가상승이라는 외부적 요인에 의해서만 아니라, 근본적으로는 자유시장기제의 작동을 왜곡하는 국가의 경제개입과 복지개입이라는 내적 요인으로부터 비롯됐다고 주장한다. 따라서 이들은 경쟁력을 강화하고 경제성장을 이루기 위해 국가의 경제개입을 축소하는 것은 물론, 생산비의 상승을 가져오는 복지지출은 감축 또는 제거하여 복지국가를 해체해야 한다고 주장했다.[1)]

서구국가들의 보수정당이 1970년대 말부터 정권을 장악하기 시작한 후 어떤 일을 시도할 것인가는 명백했다. 먼저 영국의 대처정부는 1980년 이후 주택, 교육, 의료, 실업수당, 공공부조, 연금, 기타 이전지출에 대한 대대적인 삭감을 단행했다. 이런 복지삭감은 이어 미국, 덴마크, 노르웨이, 독일, 오스트리아, 스웨덴으로까지 확산됐다. 그렇지 않았더라면 당시 대부분의 서구국가들이 복지국가를 유지하기 위해 이미 오랫동안 적자재정을 꾸려왔기 왔기 때문에 재정적 위기가 초래됐을 가능성이 매우 높았기 때문이다.

서구국가들에 들어선 신자유주의 정권들은 경제적 위기로 말미암아 기하급수적으로 증가했을 복지비의 증가율을 둔화시키는 데는 상당한 정도로 성공했지만 복지국가를 해체하는 데는 실패했다. 선거경쟁을 통해 정권을 창출해야 하는 정당의 입장에서는 복지삭감을 지나치게 추진하는 경우 매우 심각한 위험을 수반할 수밖에 없기 때문이다. 이 과정에서 사민당이 다시 정권을 잡기도 하지만 이런 반응도 복지국가의 해체에 반대하는 것이지, 복지국가의 축소를 통한 재편의 필요성마저 부정하는 것은 아니다. 따라서 민주주의라는 정치제도가 존재하는 한 이미 구축된 복지국가의 기본 틀은 근본적으로 해체되기 어려울 것이므로 오랫동안 지속될 것이라고 전망해 볼 수 있다. 결국 복지국가는 재편될 뿐, 해체되지는 않는다

---

1) R, Mishra, *The Welfare State in Capitalist Society*, New York, Harvester Wheatsheaf, 1990, 18~20.

는 것이다.

상반된 전망도 없지 않다. 유럽의 경우 유럽연합EU이 공식적으로 출범했고, 미주에서는 북미자유무역지대NAFTA가 창설됨으로써 전통적으로 일정 영토를 중심으로 강력한 통치력을 행사해왔던 국민국가의 힘은 상대적으로 약화되고 초국가기구의 힘은 상대적으로 강화되고 있다. 또한 경제활동의 블록화뿐 아니라 세계화가 급속히 진행됨에 따라 과거보다 훨씬 더 높은 유동성을 확보하게 된 자본계급은 자신에게 많은 복지부담을 요구하는 국민국가에서는 투자를 중단하고 자신에게 보다 많은 보호와 지원을 제공하는 타지역으로 투자를 자유롭게 선택할 수 있게 되었다. 그러면 최악의 경우 노동계급에 대한 사회보장이 잘 이루어진 나라에서 자본의 이탈이 가속화되고, 사회보장이 약한 다른 나라로부터 불안정한 취업자나 빈민이 몰려들어 결국에는 복지재정의 파탄으로 복지국가는 해체되고 말 것이라는 전망이다.

이런 상반된 전망을 우리는 대립적이기보다는 상호 보완적으로 통합해야 할 것 같다. 지금까지 1970년대 이래 경제위기에 이어 1990년대 이후 세계화가 가속화됨에 따라 지속적으로 제기된 '복지국가의 위기 논쟁'에서 살펴보았듯이 이제 경제와 복지를 동시에 발전시킬 능력은 이전보다 약해진 것 같다. 예컨대 실업률과 빈곤의 정도는 높은 수준이고 사회적 예산적자는 증가하고 있다. 경제위기와 세계화는 사회를 시장지향적 사회모델로의 수렴을 지향하도록 강요하고 있으며, 대부분의 국가들에서 존재하는 사회적 상황들을 보면 문제들이 수렴되고 있는 것 같다. 그러나 이들 국가들은 증대하는 사회적 위기에 대응하는 방식에서 일정한 수렴현상을 보이고 있음에도 불구하고 현재 복지정책 개혁의 진행방향은 상이한 모델이 가능함을 보여준다.

예컨대 1980년대 미국의 레이거노믹스Reaganomics와 영국의 대처리즘Thatcherism이 복지의 전면적 축소를 통해 경제성장을 이룩한 전형적 사례였고, 호주, 뉴질랜드, 캐나다 등이 뒤를 따랐다. 이러한 신자유주의적 정책기조는 외채와 만성적자에 허덕이던 라틴아메리카에 도입되어 유례없는 긴축정책과 구조조정의 이론적 기반이 되어 복지의 전면적 축소를 초래했다.

그러나 세계적인 복지제도를 구축했던 스칸디나비아 국가들(스웨덴, 노르웨이, 덴마크, 핀란드)과 독일은 복지제도의 부분적 축소에도 불구하고 대체로 기존제도를 유지하고 있다. 이 국가들은 재정위기와 누적된 비효율성 때문에 복지제도를 축소해야 하는 절박한 상황에 처한 것이 사실이지만, 복지혜택의 수준과 제도적 골격은 그대로 유지한 채 비효율성의 원천을 제거하고 제도 간 상호 조응과 일관성을 높이는데 주력하여 세계화의 압력을 벗어나려 한다.

더욱이 복지의 축소가 일반화되는 가운데서도 오히려 복지정책의 확대발전을 경험한 국가들도 발견된다. 한국을 비롯하여 라틴유럽의 스페인, 포르투칼, 그리스 등의 개도국들이 그런 예인데, 그 이유는 이 국가들이 세계화와 민주화를 동시에 거치면서 시민사회의 요구, 특히 임금 생활자들의 보호정책을 추진하지 않을 수 없었던 특수한 사정과 밀접하게 연관된다. 하지만 라틴아메리카 역시 민주화와 세계화를 동시에 겪은 개도국들인데 오히려 사회복지의 전면적 축소를 단행한 것을 보면, 세계화의 영향력을 수용하는 방법은 각국마다 다르다는 것을 알 수 있다.

이렇게 볼 때 복지국가의 개혁은 경제적 위기와 민주적 선거정치 사이에 행위주체로서의 계급을 상정함으로써 나라별로 상이한 위기의 심도와 개혁방향을 총체적으로 이해할 수 있는 것이다. 복지국가의 개혁방향은 복지비용의 분담과 복지혜택의 배분을 둘러싸고 전개되는 이해당사자 및 사회계급 간의 치열한 정치적 갈등과 투쟁의 결과에 달려있다고 하겠다. 결국 복지국가의 장래는 그것을 유지하려는 세력과 와해시키려는 세력 간의 갈등과 투쟁에 의해 결정되는 것이다. 이런 관점에 입각해서 각국의 복지정책 개혁의 수렴현상과 더불어 상이한 유형들을 살펴보자.

Ⅱ. 선진국의 복지개혁

1. 수렴현상

세계화가 진행됨에 따라 선진국가들이 추진하고 있는 복지정책의 개혁에는 공통적으로 나타나는 수렴현상을 발견할 수 있는데, 그 대표적인 것으로 급여수준의 축소, 배제의 법적 생산, 근로연계복지로의 전환, 중앙정부와 지방정부 간의 갈등 등을 들 수 있다.

1) 급여수준의 축소

모든 선진국들은 사회적 급여수준을 축소하려는 공통된 경향을 보이고 있다. 퇴직연금의 경우 일반적인 경향은 연금법 개정(법적 퇴직연령의 상승, 연금계산에서 고려하는 기간의 상향조정, 산정방식의 변경)을 통해 연금 총액을 줄이려는 것이다. 유럽연합의 많은 국가들(독일, 스웨덴)은 실업의 경우 급여률을 낮췄다.

유럽의 많은 나라들은 이러한 긴축조치 이상으로 사회보호체계의 재편을 추구한다. 스칸디나비아 국가들은 봉급생활자들이 자신들의 행동에 더 많은 책임을 지고(결근이나 병가 줄이기 등) 더 많이 연류되도록 기여금 부과항목을 증가시킨다. 안정적인 봉급생활자들은 실업보험 및 이전의 임금과 연계되는 연금을 받고 있다. 국가가 아니라 노동조합과 기업주에 의한 관리가 하나의 모델이 되는 것이다. 그리고 유럽대륙의 국가들에서처럼 주변적인 집단들, 자격증이 없거나 안정적 고용이 이루어지지 않고 있는 노동자들, 가정주부들은 사회부조와 매우 적은 액수의 국가연금을 받는다. 이런 국가들에서조차 시민사회단체 영역은 재정이 본질적으로 공적인 것이었을지라도 과거보다 훨씬 중요한 역할을 하며, 순수하게 사적인 부문이 발전되기 시작한다.

유럽대륙의 국가들은 반대로 노동 밖의 영역(보건, 가족, 최저소득, 적극적 고용정책 등)에서 나타나는 사회적 욕구에 부응하기 위해 부분적이나마 국가적 연대, 즉 조세제도의 역할 증대라 불리는 체제를 발전시키고자 한다.

2) 배제의 법적 생산

복지국가의 개혁정책들은 경제적, 재정적 조정을 통해 결국 배제현상을 증가시키고 있다. 많은 나라에서 실업보험의 권리를 갖기 위해 갖춰야 하는 기준들은 매우 까다롭다(이전의 고용기간, 고용 중단기간 등). 많은 사람들은 그 후 공공부조의 수혜자로 전락했는데, 프랑스의 경우가 특히 그렇다. 1995년 구직자의 약 40%(140만 명)가 실업보험 및 실업부조에 의한 급여의 수혜권리를 갖고 있지 못했으며, 그들 가운데 36%가 장기실업자(1995년 초 125만 명)였다.

장기실업이 늘어날 뿐만 아니라 일자리의 70% 이상이 불안정고용이다. 그런데도 경제활동에 투입되지 못하는 어려움에 관련된 비고용기간이 실업보험에서 고려되지 않고 있으며, 실업부조는 매우 엄격한 조건에 좌우되고 있다(최근 10년 동안 5년간 실업보험에 가입 의무). 또한 1992년 7월의 개혁으로 프랑스에서는 급여지급 보상기간에 따른 급여수준의 하락을 제도화했다. 최저생활제도인 RMI 수혜자 수가 1993년 이후 급속히 증가한 것은 대체로 실업부조제도의 수정을 거치지 않은 상태에서 실업보험 급여 수혜조건이 까다로워졌기 때문이다. 독일과 그 밖의 많은 나라에서도 이와 똑같은 현상이 나타나고 있다.

3) 근로연계복지로의 전환

대부분의 국가에서 복지제도는 공공부조, 사회보험, 취업관련제도로 구성되어 있다. 공공부조는 질병, 노령, 의료, 실업보험으로 구성되고 여기에 국가에 따라 소득보존 정책이 부가된다. 취업관련제도는 노동시장정책으로서 직업훈련, 재적응, 취업알선 등의 제반 정책적 수단을 포함한다. 대부분의 국가에서 사회보장은 복지제도의 핵심이기 때문에 사회지출비의 비중이 가장 높으며, 공적 부조와 취업관련 제도의 순으로 예산이 배정되었다. 그러나 최근에는 근로연계복지, 즉 일하는 복지workfare의 중요성이 부상됨에 따라 공적 부조가 줄고 취업관련 제도의 비중이 점차 높아지는 양상을 띠게 되었다.

세계화의 조류는 노동시장에서 수혜대상자를 제도적으로 분리시켜 혜택을 제공하던 과거의 복지원칙을 일과 연계시켜 노동시장 내부로 끌어들이는 것으로 바뀌고 있다. 복지는 생산력 증대와 국가경쟁력 배양에 공헌해야 한다는 효율성 논리에 입각하여 근로연계복지로 전환하고 있는 것이다. 전환의 정도와 속도는 물론 국가마다 다르지만, 근로연계복지는 모든 국가에서 일반적으로 나타나는 현상이라고 할 수 있으며, 한국의 생산적 복지도 이 범주에 속한다.

4) 중앙정부와 지방정부 간의 갈등

빈곤과의 투쟁과 사회적 불확실성은 복지국가의 형태를 크게 변화시켰다. 가장 뚜렷한 진전은 지역수준의 상승이다. 그러나 '지방복지국가'는 중앙정부의 입장에서 때때로 재정적 부담을 덜어주는 방법일 뿐이다. 프랑스에서는 지방자치단체가 국가의 결정사항에 대한 부담을 크게 지고 있다. 예컨대 프랑스의 RMI의 경우 국가부담 경비의 20% 수준을 지방정부가 부담한다. 게다가 지방정부는 무상 의료부조 부문을 떠맡고 있다. 게다가 RMI 부양금 상승에 직면한 국가는 그 일부를 지방정부가 책임지게 하는 계획을 추진하고 있다.

덴마크에서 국가는 총괄적인 보조금을 사회적 지출의 증대 부분을 떠맡아야 하는 지방정부에 지급한다. 퇴직과 조기퇴직연금(관련 재원의 거의 전부를 국가가 부담한다), 질병을 위한 부양금(국가가 75%를 부담한다), 사회보장(국가가 50% 부담), 주택수당과 사회부조(국가가 50% 부담)를 부담했던 지방정부는 사회부조의 수혜자들을 국가가 100% 재정적으로 부담하는 조기퇴직체제에 넘겼다. 독일에서도 주와 기초자치단체에 책임이 있는 부조경비가 증가하고 있다. 관련수요에 대처하기 위해 지방정부들은 부조액을 축소해야만 했다.

2. 상이한 유형들

그러나 이러한 수렴현상이 일반화되고 있는 추세 속에서도 세계 각국의 복지정책 개혁은 각국의 고유한 정치·사회적 상황에 따라 상이한 전략을 추진하고 있다. 1980년대 이래 선진 자본주의 국가들의 복지정책의 두 가지 목표, 즉 완전고용과 소득평등이 상충되는 목표로 등장하게 된 것은 경제적 세계화와 고용구조의 변화라는 두 가지의 주요한 사회·경제적 변화 때문이다.

첫째로 2차 세계대전 이후 세계경제를 규정했던 브레튼우즈체제 Bretton woods system는 국제무역에 대해서는 자유화를 추구한 반면, 자본이동에 대해서는 개별국가의 자율성을 인정했다. 이로 인해 개별국가는 완전고용과 소득평등을 위해 거시경제정책을 이용할 수 있었다. 그러나 1970년대 이후 미국의 금태환 금지와 변동환율제로의 이행 등 브레튼우즈체제가 붕괴되는 조짐이 보이자 개별국가들은 적극적으로 금융시장의 자유화를 추구했다. 이 과정에서 건전재정을 유지하는 것이 새로운 목표로 추가되었는데, 문제는 건전재정을 유지하면서 완전고용과 소득평등을 동시에 추구하는 것이 매우 어렵다는 점이다.

둘째로 고용구조의 변화 역시 완전고용과 소득평등을 동시에 추구하는 것을 어렵게 만들었는데, 왜냐하면 서비스 부문의 고용증가에 따라 비용악화의 문제가 심각해졌기 때문이다. 2차 세계대전 이후 1960년대까지 고용의 가장 큰 원천은 제조업이었다. 당시까지 고용증가와 임금인상은 동시에 가능했는데, 왜냐하면 제조업의 경우 생산성 증가가 임금인상으로 고스란히 반영되지 않는 한 상품가격을 낮출 수 있었기 때문이다. 낮은 상품가격은 상품에 대한 수요를 크게 증가시켰고 이는 다시 고용증가로 이어질 수 있었다. 그러나 1960년대 말부터 생활수준의 향상에 따른 삶의 질에 대한 관심 증가, 그리고 기존 제조업 상품의 수요 포화 등으로 제조업의 생산성 증가는 수요의 증가로 연결되지 못하는 결과가 나타났다. 이로 인해 제조업부문의 고용이 정체 또는 후퇴하는 한편 서비스업이 고용의 주요한 원천으로 등장했다.

서비스 부문에 대한 수요 증가는 삶의 질에 대한 관심이 증가했다는 점에 기인하는 것이지만 여성들의 노동시장 참여가 크게 증가했다는 점에 기인하는 것이기도 했다. 그러나 서비스 부문은 고용과 관련해 어려운 문제를 발생시키는데, 보몰W. Baumol이 주장한 바 있는 비용악화의 문제가 그것이다. 그에 의하면 서비스 부문은 제조업 부문과는 달리 생산성이 크게 증가하지 않는다는 단점이 있다. 따라서 이 부분에서 제조업과 동일한 임금인상이 이루어질 경우 조만간 비용이 가격을 능가하는 상황에 직면하게 된다는 것이다. 그 결과 비용악화의 문제로 서비스 부문은 시장에서 소멸될 가능성이 있다.[2] 따라서 서비스 부문이 유지되기 위해선 임금을 전적으로 시장이 결정해야 하는데, 이는 서비스 부문과 제조업 부문의 임금격차를 증가시켜 소득불평등을 증가시키는 결과를 초래하게 된다. 즉 생산성이 상대적으로 낮은 서비스업이 고용을 증가시키는 대안으로 부각되자 소득평등과 완전고용이 상충되는 문제로 등장하게 된 것이다.

1) 세 가지 유형: 자유주의, 조합주의, 사민주의

이렇듯 소득평등과 완전고용, 그리고 건전재정이 서로 대립하는 상황에 직면하여 선진 자본주의국가는 개별국가가 처한 고유한 정치·사회적 상황에 따라 상이한 전략을 추진하고 있는데, 에스핑-안데르센은 그 전략을 크게 세 가지로 분류했다.[3]

첫 번째 전략은 완전고용과 건전재정을 유지하기 위해 노동시장을 유연화하고 사회복지제도를 축소시키는 것이다. 에스핑-안데르센은 이 전략을 자유주의 전략이라고 명명한다. 우선 노동시장의 유연화는 저임금을 가능케 하는데, 이로 인해 고용은 증가하게 된다. 다음으로 사회복지제도의 후퇴 역시 고용의 증가에 기여하게 되는데, 왜냐하면 사회보장세 등의 축소를 통해 생산비용을 절감할 수 있기 때문이다. 즉 임금이나 생산비용의 감소는 노동력의 공급과 수요 두 측면에서 고용증가에 유리한 조건을 만든다.

우선 공급의 측면에서 보면 저임금으로 인해 1인 소득원으로는 생활이 어려운 계층이 확대되기 때문에 여성 등 이전까지 경제활동에 참여하지 않던 집단들의 경제활동 참여가 증가한다. 수요의 측

---

2) W. Baumol, "Macroeconomics of Unbalanced Growth: The Anatomy of Urban Crisis", *American Economic Review*, 57(3), 1967, 418.

3) G. Esping-Andersen, "After the Golden Age? Welfare State Dilemmas in a Economy", G. Esping-Andersen, ed., *Welfare State in Transition: National Adaptation in Global Economics*, London, Sage Publications, 1996, 10-20.

면에서도 역시 낮은 임금과 낮은 생산비용은 생산성이 낮은 산업이나 기업을 시장에 잔존시킴으로써 노동력에 대한 수요를 증가시키는 효과를 갖는다. 그러나 이 전략은 저임금 노동자를 양산한다는 점에서 소득 불평등을 확대하는 결과를 낳는다. 물론 소득불평등은 공공부분의 고용이 증가하는 경우 축소될 수도 있지만, 공공부문의 고용증가는 건전재정에 대한 강조로 인해 증가하기 어렵다.

이 전략은 영국과 미국, 뉴질랜드 등 영·미권 국가들에서 발견할 수 있는데, 이들 국가들은 노동자들의 권력자원이 비교적 적었다는 점, 그리고 사민주의 정당을 중심으로 한 좌파가 정권을 담당한 기간이 전무하거나 짧다는 특징을 가지고 있다. 따라서 신자유주의neo-liberalism를 내세우는 정당들이 선거를 통해 집권했는데, 과거의 진보적 자유주의와 결별하고 작은 정부와 사회복지 축소를 주장했다. 복지국가의 성장기에는 보수정당조차도 사회복지 확대를 공약하는 진보적인 새로운 자유주의new liberalism로 변신했었다. 하지만 이를 다시 부정하며 등장한 오늘날의 신자유주의는 복지국가 위기를 극복하기 위해서는 고전적 자유주의로 돌아가야 한다고 주장했다. 현재의 경제위기는 복지국가의 비효율성에서 비롯된 것이므로 경제에 대한 과도한 국가개입을 철회하고 국가복지를 축소함으로써 시장경제의 효율성을 높여 경제불황을 극복해야 한다는 것이다.

1979년의 영국 대처정부와 1980년의 미국 레이건정부의 출범은 신자유주의 정권의 출현을 대표하는 것이었다. 1940년대에 복지국가가 탄생한 후 약 40년 만의 선거에서 복지축소를 주장하는 정당이 등장했고, 그 정당이 다수당으로 집권했다는 점에서 복지국가 역사에서 획을 긋는 사건이라고 할 수 있다. 더 많은 복지, 더 많은 재분배, 더 많은 권리라는 복지국가의 방향에 제동이 걸리는 순간이었다.[4] 그 결과 이들 국가들에서 복지제도는 그 수혜수준이나 범위를 최소화하는 방향으로 축소되었다. 구체적으로 보편주의적 제도에 최소한의 급여가 결합(영국)되어 있거나 자산조사제도에 최소한의 급여가 결합(미국)되어 있는 경우가 그것이다. 이런 잔여적 제도로 인해 복지국가는 중산계급과 노동계급 상층으로부터 외면당하게 되는데, 이는 경제위기 시 복지국가의 후퇴나 노동시장의 유연성 강화를 가능케 하는 정치적 환경을 제공한다.

이런 자유주의 전략이 경제회복의 효과를 얻기까지는 상당한 시간이 걸렸다. 영국의 경우 1980년대 내내 경제는 회복되지 않았고 고실업이 계속되었다. 그러다가 1990년대에 접어들면서 경제회생 기조가 나타나기 시작했고, 낮은 수준이지만 경제성장률이 마이너스에서 플러스로 돌아섰으며, 실업률도 점차 줄어들었다. 이런 성과로 영국 보수당은 전후 가장 장기간 집권당의 지위를 유지했다. 보수당은 1979년 집권해서 1997년 노동당에 패할 때까지 약 18년간 정권을 유지했다.

그런데 그런 경제적 성과가 모든 국민에게 돌아간 것은 아니었다. 실업률은 줄었고, 경제는 잘 돌아갔지만, 서민들의 생활형편은 좋아지지 않았다. 새롭게 생긴 일자리는 안정된 정규직이 아니라 고용기간이 불안정하고 임금수준이 낮은 비정규직이 대부분이어서 저소득층의 소득수준은 나아지지 않았다. 그 결과 고소득층과 저소득층 간이 소득격차가 점차 커지는 양극화 현상의 문제와, 일을 하는데도 빈곤에서 벗어나지 못하는 새로운 빈곤문제, 즉 근로빈곤의 문제가 심각하게 제기되었다.

두 번째 전략은 건전재정과 소득평등을 유지하기 위해 완전고용을 포기하는 것이다. 에스핑-안데르센은 이를 조합주의 또는 보수주의 전략으로 명명한다. 자유주의 복지국가에 비해 노동조합의 힘이 강하고 노조 조직률도 높은 이들 국가들은 노동공급자를 감소시

4) 정원오, 『복지국가』, 책세상, 2010, 122.

키는 접근법을 사용했다. 높은 실업률은 일자리에 비해 일자리를 찾는 사람들이 많은 상태이므로 일자리를 찾는 사람들, 즉 노동공급자를 줄여 일자리 부족을 완화하자는 전략이다. 어떤 사람들을 줄일 수 있는가? 핵심적으로 일할 수 있는 남성 노동자들을 제외한 여성과 중·고령자가 그런 대상자들이다. 이들이 가급적 가사활동으로 돌아가거나 조기퇴직하게 만들어 일자리를 놓고 경쟁하는 사람의 수를 줄이는 것이다.[5)]

남성가장의 취업을 유리하게 하고 맞벌이 부부에게 중과세함으로써 주 소득자 이외의 가족원들이 노동시장에 참여하는 것을 억제한다. 그리고 조기퇴직을 장려해 사회보험에서 지급되는 퇴직연금이 조기에 지급되도록 한다. 이런 전략은 노동조합의 입장을 대변하는 것이며, 여성들의 취업을 보완하는 각종 사회복지 서비스가 발달하지 못한 나라에서 채택하기에 적절하다. 이는 노조의 주요 구성원인 남성 노동자에게 유리한 전략이며, 보육 등의 서비스가 사회적으로 제공되지 않을 때 이런 전략을 취하면 여성은 취업보다는 가사노동에 종사하는 것이 더 유리하다고 판단하게 된다.

이 전략에서 노동시장의 유연화와 사회복지제도의 후퇴는 최소화된다. 이 전략은 노동시장의 유연화를 최대한 자제하기 때문에 직종이나 산업과 무관하게 비교적 높은 임금이 유지될 수 있다. 즉 노동시장에 대한 규제가 임금에 대한 시장의 영향력을 제한하기 때문에 생산성과 임금 사이의 연관성은 축소된다. 이로 인해 저숙련·저생산성 부문의 임금을 상대적으로 높게 유지할 수 있고 소득불평등의 증가를 방지할 수 있다. 사회복지제도 역시 소득평등을 유지하는데 기여하게 되는데, 즉 비교적 긴 수혜기간과 높은 수혜수준은 실업자들이나 은퇴자들의 소득이 일정수준 이하로 하락하는 것

5) 위의 책, 123.

을 방지한다.

그러나 노동시장이 경직되어 있는 점은 고용증가를 어렵게 하는 요인이 되고 있다. 왜냐하면 경직된 노동시장은 해고비용을 증가시키고 이로 인해 기업은 신규고용에 대해 보다 신중해지기 때문이다. 즉 높은 해고비용으로 인해 향후 경기변동에 따라 고용을 조정해야만 하는 기업들은 신규고용을 최적수준에 비해 축소하게 된다. 또한 노동시장의 경직성은 외부 노동시장에 대한 의존을 낮춤으로써 균형 실업률을 증가시키는 경향을 갖는다. 즉 노동시장의 경직성으로 인해 정규 고용된 내부자는 일종의 지대rent를 갖게 되는데, 이로 인해 이들은 시장임금에 비해 보다 높은 임금을 요구할 수 있으며 결과적으로 실업이 증가된다는 것이다.

특히 노동시장의 경직성은 저숙련 노동자들의 실업을 크게 증가시키며, 이들을 장기실업자로 만들 가능성이 큰데, 왜냐하면 경기침체 시 기업은 저숙련 노동자들에 대한 해고에 집중하는 반면 경기상승기에는 이들의 고용을 최대한 억제하기 때문이다. 이를 보완하기 위해 이 유형의 국가들은 임시직을 중심으로 노동시장을 유연화하는데, 이를 통해 저숙련 노동자들의 일부는 임시직이나 파트타이머 등으로 흡수된다.

이 전략은 독일과 프랑스, 오스트리아 등 유럽 대륙에서 발견할 수 있는데, 이들 국가들은 노동계급의 권력자원이 비교적 높은 편이지만 사민당 등 좌파의 집권이 비교적 뒤늦게 이루어졌기 때문에 복지제도의 발전이 보수주의적 정당의 주도로 이루어졌다는 특징을 갖는다. 보수주의 정당은 두 가지 목표를 달성하기 위해 복지국가를 이용했는데, 첫째로 복지제도를 통해 기존 질서에 대한 시장으로부터의 위험을 제거하는 것이며, 둘째로 사회주의 지향의 노동운동을 약화하는 것이다. 두 가지 목표를 달성하기 위해 복지제도는 직업집단별로 분권화되었으며, 비교적 높은 수혜수준을 보장하게 되었다.

이런 복지제도는 비교적 지지도가 높다는 점에서 후퇴시키기 어려운 한편, 바로 그 구조로 인해 노동력의 자유로운 이동을 제약하는 효과를 낳는다. 결과적으로 복지국가의 구조는 부문이나 직종 간 노동력의 이동을 제약하는 보수주의 전략과 친화성을 갖게 된다. 하지만 중·고령 노동자들을 줄이는 전략은 경제위기를 극복하는 근본적인 대책이 아닐 뿐만 아니라, 대량의 조기퇴직을 발생시킴으로써 사회보험 제도의 재정부담을 가중시켜 재정위기를 촉발한다는 데 문제가 있다.

세 번째 전략은 완전고용과 소득평등을 유지하는 것이다. 이 전략은 노동시장을 유연화하는 반면 복지제도의 후퇴를 최소화한다. 에스핑-안데르센은 이 전략을 사민주의 전략이라 부른다. 이 전략에서 완전고용은 두 가지 수단을 통해 이뤄지는데, 우선 노동시장을 유연화하여 민간부문에서의 고용을 극대화한다. 다음으로 민간부문에서 고용될 수 없는 상황에 처한 집단들을 위해 공공부문의 고용을 증가시킨다. 공공이 제공하는 사회복지 서비스를 확대함으로써 이 서비스를 담당하는 사람들의 일자리를 늘리는 방식이다. 이렇듯 공공부문의 고용은 주로 사회복지 서비스에 집중되는데, 왜냐하면 민간부문에서 고용되기 어려운 저숙련 노동자의 다수가 여성이기 때문이다. 즉 민간부문은 주로 남성고용력을 고용하는 반면 여성 노동력의 경우는 공공부문의 사회복지 서비스 부문으로 흡수되는 것이다. 국민에게 제공하는 사회복지 서비스를 늘리면서 동시에 공공의 일자리 창출을 달성하는 일석이조의 방안이라고 할 수 있다.[6]

다른 한편으로 소득평등은 관대한 사회복지제도와 공공부문의 고용증가를 통해 보장되는데, 전자는 소득을 상실한 실업자들에게 비

---

6) 위의 책, 124.

교적 높은 수혜를 보장함으로써, 그리고 후자는 임금격차를 축소시킴으로써 소득불평등의 증가를 억제한다. 그러나 이 전략은 공공부문의 저숙련 노동자들에게 시장가격 이상의 임금을 지급한다는 점, 그리고 사회복지제도가 관대하다는 점 때문에 재정적자에 직면할 가능성이 크다. 특히 외적 상황의 변화 등으로 경제상황이 좋아지지 않는 경우 재정적자가 급속하게 증가한다는 약점을 갖는다.

이 전략은 스웨덴, 덴마크, 핀란드 등을 비롯한 북유럽 스칸디나비아 반도 부근에 위치한 국가들에서 발견할 수 있는데, 이들 국가들은 정치적으로 노동자의 권력자원이 매우 높다는 점, 그리고 사민주의 정당을 중심으로 좌파정당의 집권기간이 길다는 공통점을 갖고 있다. 결국 비교적 일찍부터 집권한 사민당은 2차 세계대전 이후 보편적이며 관대한 복지국가를 건설함으로써 복지국가에 대한 새로운 지지기반을 확대할 수 있었는데, 복지국가의 새로운 지지집단으로는 노인, 여성, 그리고 공공부문을 들 수 있다. 새로운 지지집단을 포섭하는데 성공했다는 점에서 이들 국가에서 좌든 우든 복지제도를 후퇴시키는 것은 매우 어려운 과제일 수밖에 없다.

이상에서 살펴본 1980년대 이래 선진 자본주의 국가들의 복지정책 개혁의 방향과 내용들을 정리하면 〈표1〉과 같다.

〈표1〉 완전고용·소득평등·건전재정 사이의 선택

구분	국가정책 목표	복지에 대한 국가의 역할	복지국가의 변 화	노동시장의 유연화	문제점
북유럽형 (사민주의)	완전고용/ 소득평등	소득보장/ 사회복지서비스	현상유지	유연화	재정적자의 증가
대륙유럽형 (보수주의)	건전재정/ 소득평등	소득보장	현상유지	부분적 유연화	고용불안정 집단 증가
영·미형 (자유주의)	완전고용/ 건전재정	잔여적	축소	유연화	소득불평등 심화

* 출처: 송호근 편, 『세계화와 복지국가: 사회정책의 대전환』, 나남, 2001, 337.

2) 두 가지 유형으로의 이동: 자유주의와 조합주의

그런데 이런 복지정책 개혁의 세 가지 유형이 세계화가 가속화됨에 따라 점점 더 억압적이고 잔여적인 자유주의 모델과, 사회민주주의와 보수주의의 두 요소를 통합한 새로운 유럽대륙 모델로 양분되는 경향을 보이고 있다고 메렝F. Merrien은 지적한다.[7] 시장이데올로기를 신봉하는 자유주의 국가들은 가능하면 모든 복지조치들이 기능하지 못하도록 감축시키려 하는 한편, 유럽대륙의 국가들은 스스로 희생자라고 생각하는 사람들의 운명에 대한 개선을 목표로 한다.[8] 억압적이고 잔여적인 자유주의 모델은 미국과 뉴질랜드, 오스트레일리아, 그리고 부분적으로는 영국에서 채택한 입장으로 이들의 시도는 더욱 억압적이고 잔여적인 자유주의 모델을 수립하려는 것이다. 예전에 복지국가로 발전된 모습을 보였던 뉴질랜드도 1980년대에 시장모델로 전환하면서 이에 합류했다.

억압적이고 잔여적인 자유주의 모델을 지향하는 모든 나라들에 있어 배제와의 투쟁을 위한 가장 좋은 방법은 약한 사람들을 돕는 특별한 정책에 있는 것이 아니라 전반적인 탈규제정책에 있다. 임금하락을 위한 최대의 유연성이야말로 생산성이 최저임금보다 낮은 사람들로 정의되는 계층들에게 일자리를 줄 수 있는 최선의 방법이라는 것이다. 이런 관점에서 볼 때 최저소득과 최저임금은 시민의 사회적 권리의 보호정책이 아니라 '배제 촉진기제'가 된다. 영국에서와 마찬가지로 미국과 뉴질랜드에서도 새로운 신자유주의 정책은 극빈층 대상 사회부조제도에 대한 새로운 문제제기와 완전고용정책을 포기하고 있다. 이런 정책이 가장 체계적으로 시행된 곳이 미국이다.

---

7) F. Merrien(심창학 · 강봉화 역), 『복지국가』, 한길사, 2000, 168.
8) 위의 책, 174.

레이건 정부는 이전의 복지정책의 확대추세에 제동을 거는 입장을 취했다. 보수진영에서 볼 때 복지정책들은 빈곤퇴치에 기여하지 못하고 오히려 근로의욕을 떨어뜨리고 결혼제도, 나아가 노동윤리와 사회에 대한 책임의식을 침식하는 것이었기 때문이다. 그래서 빈곤층 대상 부조의 모든 공적 복지는 큰 타격을 입었다. 보조금이 감축되고, 할당조건이 제한되었으며, 노동연계복지가 의무적으로 됨으로써 교육과 가족을 연계시키는 방향을 지향하게 되었다(예컨대 가족수당도 아이가 학교에 결석하면 축소될 수 있다).[9)]

영국과 뉴질랜드는 사회보장수당 범위의 축소를 목적으로 하는 조치들과 자산조사의 조건하에서의 사회적 조치들을 도입함으로써 자유주의 모델로 전환하고 있다. 영국은 주택수당과 가족신용 분야에서 재산과 욕구의 통제와 마찬가지로 보험의 수급권을 제한하는 기준을 도입했다. 영국에서 보수당의 개혁은 가장 명백한 기본적인 욕구를 보장하는 데 그쳐야 한다는 개념을 지향하고 있다. 기여금과 급여의 연계원칙은 매우 낮은 수준의 기여금과 그 결과 매우 적은 수준의 수당을 받게 된다. 따라서 일자리가 없는 빈곤층의 상황이 매우 악화되었을 뿐만 아니라, 자격증이 없는 노동자들이 이른바 '일하는 빈자working poor'가 되어 생존을 위해 직장을 여러 개 가져야 한다.

이렇듯 신자유주의적 영감을 받은 정책은 어느 정도 성공을 거두었으나 그 결과는 불공평했다. 각국 정부는 빈곤층을 겨냥한 복지 프로그램을 축소하는 데는 비교적 성공을 거두었으나 일반국민을 대상으로 하는 사회보험 프로그램을 축소하는 데는 성공하지 못했다.[10)] 영국에서 대처정부가 건강서비스를 근본적으로 축소하려는

---

9) 위의 책, 177.

10) P. Pierson, *Dismantling the Welfare State? Reagan, Thatcher and the Politics of Retrenchment*, Cambridge University Press, 1994.

시도는 실패했다. 미국에서 레이건 정부가 복지 프로그램, 특히 퇴직연금을 축소하려는 시도들도 완전히 실패했다. 보험원칙에 기초한 사회보험은 국민들의 높은 지지를 받고 있으며, 보험가입자들은 급여를 일종의 권리로 생각하기 때문이다. 이와는 반대로 빈곤층에 대한 복지를 축소하기는 쉽다. 인종갈등과 도시폭력 등의 상황은 직접적으로 빈곤층에 대한 복지를 거부하게 만들었다. 너무 관대한 복지정책이 사람들을 노동보다는 원조를 선호하게 만들고, 수당과 마약거래가 빈곤층에게는 소득의 정상적인 원천이 된다는 비판은 체제가 매우 이원화되어 있는 만큼, 다시 말해 구조적으로 재원 부담자와 수혜자 사이의 분리에 기초하고 있는 만큼 더 설득력이 있다.[11]

한편 보수주의 모델과 사민주의 모델의 요소를 융합하는 새로운 유럽대륙 모델로의 수렴 가능성에 대해 말해보자. 물론 유럽국가들 사이에도 큰 차이가 존재한다. 〈표2〉와 같이 실업, 빈곤, 불확실성의 수준이 다르고, 사회보호 수준과 동시에 복지국가 형태도 다르다. 그런데도 최근 단지 권고수준에 머무르는 유럽연합 규정의 결과보다는 모방과 상호 영향에 의해 유럽의 복지국가들은 영국을 제외하고는 상당한 규모의 개혁에 착수했다. 그 결과 보편주의 모델과 보수주의 모델의 요소를 융합하는 하나의 대륙모델로의 수렴 가능성이 나타나고 있다는 것이다. 이 수렴은 부정적 측면, 특히 사회적 급여수준을 낮추고 수혜조건을 제한하는 경향과 최저임금 설정 및 적극적인 고용정책발전 등의 긍정적 측면을 포함한다.[12]

---

11) F. Merrien(심창학 · 강봉화 역), 앞의 책, 179.
12) 위의 책, 181.

〈표2〉 유럽국가들의 사회보호 수입과 지출의 비중

국가	건강	노인	생존	가족	실업/고용	주택	기타	총계
독일	10.4	7.8	3.1	2.1	1.6	0.2	0.8	26.1
프랑스	9.2	9.8	3.0	2.7	1.8	0.8	0.3	26.5
영국	7.2	9.3	0.0	2.3	1.3	1.3	0.3	22.0
네덜란드	13.6	9.8	1.7	1.8	2.6	0.3	1.0	30.8
덴마크	8.4	10.6	0.0	3.5	4.4	0.7	1.3	28.9
스위스	8.4	9.2	0.3	1.1	0.2	0.1	1.3	20.7

* 출처: Eurostat, 1991; Galliand, Le budget social de la Suisse, ed., Réalités sociales, Lausanne, 1995.

첫 번째 진전은 근본적인 개혁보다는 특정 시기의 상황에 대한 적응에 더 많이 부응한다는 것이다. 게다가 모든 국가들은 현재 최저임금제도를 실시하거나 남유럽에서처럼 공적 의제에 바탕을 둔 계획을 가지고 있다. 그러나 대부분의 국가에서 볼 수 있는 대개혁은 단지 부양금 지급 등 적극적인 사회정책(예컨대 직업적, 사회적 동화를 촉진하는)의 실시 등을 그 주요대상으로 하고 있다. 사실 적극적인 사회정책은 과거에는 북유럽국가들에서만 볼 수 있었다. 프랑스의 RMI제도는 또한 동화유도 조치를 포함한다. 스웨덴에서는 활발한 고용정책(직업훈련, 수요와 공급 간의 균형을 돕는 조치, 수습제도, 많은 수단을 가지고 있는 지방고용기관의 재정부담에 의한 공공사업)에 역점이 주어진다. 결국 스웨덴은 1994년 국가예산의 11%를 고용정책에 투자했다. 두 국가는 또 청년을 채용하는 기업에 대한 지원정책(사회적 기여금의 면제, 채용에 대한 보조금)을 채택했다.

두 번째 진전은 모든 국가들이 또한 빈곤의 함정, 다시 말해 공공부조제도에 오랫동안 가두는 상황을 피하기 위해 많은 노력을 기울이고 있다는 점이다. 덴마크와 노르웨이에서 소득유지급여(청년실업자 대상)를 계속 받기 위해서는 직업훈련 프로그램에 참가해야만 한다. 프랑스에서는 RMI 관련 급여를 취득하기 위해 사회적·직업적 참여 계약에 서명해야만 한다.

적극적인 고용정책(훈련, 수요균형 유지 조치, 실습, 많은 수단을 갖고 있는 지방고용기관의 재정지원 하의 공공사업)이 가장 발전된 곳은 스칸디나비아 국가들이다. 덴마크에서는 1995년 실업자들이 실업보험 급여로서 이전 봉급의 최대 90%(상한선 존재)를 7년 동안 받아왔다. 정부가 직업유무에 관계없이 모든 사람을 대상으로 육아휴가의 경우(봉급의 70%), 공부를 다시 시작하는 경우(봉급의 100%), 휴식이나 여행의 경우 이들의 봉급을 재정 지원한 것이다. 단 여기에는 적용대상자의 전체 급여액이 12,000쿠론으로 제한되어 있다. 그 수혜자는 1995년 85,000명이었는데, 이 중 반은 임금생활자, 반은 비임금 생활자였으며, 네 경우 중 세 번 정도는 기존의 임금생활자가 새로운 임금생활자들에 의해 교체되었다. 스칸디나비아 국가들은 여전히 관대한 급여지급과 사회통합을 조장하기 위한 중요한 국민적 노력을 기울이고 있으며, 다른 유럽국가들도 이런 방향으로 나아가고 있다.

모든 국가들에서 공적 영역, 시민사회단체 영역, 그리고 민간영역 간의 파트너쉽이 발전되면서 이른바 복지혼합welfare mix라고 불리는 것이 나타나고 있다. 하지만 이런 제도적 혁명보다는 점진적 개혁이 더 중요한 문제다. 유럽연합은 오늘날 사회적 영역에서 아이디어의 광범위한 무대가 되면서 새로운 형태의 보호국가를 탄생시키기 위해 노력하고 있다.

이렇게 세계화시대의 복지개혁 유형이 두 가지로 양분되는 추세와 같은 맥락에서 보울즈P. Bowles와 와그먼B. Wagman는 세계화와 복지국가에 대한 몇 가지 가설을 검증했다.[13] 이들에 따르면 세계

13) P. Bowles and B. Wagman, "Globalization and the Welfare State: Four Hypotheses and Some Empirical Evidence", *Eastern Economic Journal*, 23(3),

화가 복지국가에 대해 압박을 가하는 수단은 두 가지다. 하나는 자본의 이동성을 강화하는 방법이고, 다른 하나는 국제무역의 개방성을 증대시키는 방법이다. 즉 소득보호나 사회보험은 노동시장을 운영하는 데 경직성을 증가시키며, 복지프로그램은 정부의 규모를 확대하여 비효율성을 높이고 재정적자를 누적시킬 위험이 크다는 식이다. 따라서 이런 문제를 예방하고 노동시장의 동맥경화 현상을 피하려면, 복지국가는 지금보다 더 유연하고 덜 보편적이며 좀 더 적은 비용으로 운영되어야만 한다고 세계화론자들은 주장한다.

복지국가가 노동시장의 경직성을 가져온다고 보는 견해에 따르면, 국제 자본시장은 지금까지 각국 정부가 만들려고 했으나 실패해온 '규율장치disciplining device'로 작용하게 된다. 그러나 앞에서 이미 살펴보았듯이 '바닥으로서의 경주' 가설은 실증적 근거가 약하다. 오히려 그와는 반대로 국제경쟁이 치열해질수록 국내를 보호하고 복지국가로 성장해야 할 필요성이 증가한다고 한다고 보는 관점이 '상향수렴' 가설이다.

로드릭D. Rodrik의 가설에 따르면, 국제분업이 발전하고 경쟁이 치열해질수록 국내에서 증가하는 사회적 긴장을 해소하고 세계적 규모로 진행되는 자본주의적 축적의 정당성을 확보하기 위해서는 좀 더 강력한 복지국가가 출현해야 한다. 그의 말을 빌리자면 "사회는 좀 더 큰 외부위험을 수용하는 대가로 정부의 공공부문이 좀 더 커질 것을 요구하는 경향이 있고", 따라서 "세계화는 작은 정부가 아니라 큰 정부를 필요로 한다"는 것이다.[14] 이렇게 볼 때 한국과 같은 수출주도형 경제구조는 반드시 사회안전망을 갖추어야 하며, 복지국가로 나아가는 것이 필수적이다. 그런데도 한국은 극심한 형태

Summer 1997.

14) 이정우, "복지국가는 성장 및 세계화와 상극일까", 김연명 외, 『대한민국 복지』, 두리미디어, 2011, 163에서 재인용.

의 수출주도형 경제로 오면서 다른 한편으로는 복지국가를 포기하고 오히려 그런 주장 자체를 억누르는 정책을 써왔다.

이상의 두 가지 가설은 선진 복지국가가 세계화 과정에서 아래로든 위로든 동일한 방향으로 움직일 것으로 예측한다. 이에 반해 세계화 과정에서 복지국가의 반응은 각국의 자본주의 유형에 따라 달라진다는 관점이 '수렴클럽' 이다. 상충하는 사회집단의 이익을 대변하고 정치적 합의에 도달하는 방법은 나라마다 상당한 차이가 있는데, 크게 보면 유럽식 조합주의와 미국식 자유시장주의 두 가지 유형의 클럽으로 나눌 수 있다.

조합주의와 자유시장주의는 1970년대 석유파동 때도 서로 대응하는 방법이 달랐는데, 대체로 전자가 후자보다 더 우수한 성과를 거둔 것으로 평가받고 있다. 수렴클럽 가설에서는 지금 진행되고 있는 세계화에 대해서도 조합주의적 대응이 자유시장주의적 대응보다 우월할 것으로 본다. 조합주의 국가는 세계화의 압력 속에서도 자유시장주의 국가와는 달리 대체로 복지지출을 높게 유지하면서 좀 더 사회적으로 조정하는 방식으로 대처한다는 것이다.

보울즈와 와그먼은 몇 가지 가설을 검토한 뒤 수렴클럽 가설이 옳다는 결론을 내린다. 〈표3〉에서 보듯이 복지국가가 변화하는 방향은 유럽식 조합주의와 영미식 자유시장주의에서 서로 판이하게 나타나며, 전 세계적으로 복지지출이 상승하거나 하락으로 향하는 일의적 움직임은 없다. 이 표에서는 1980년대로 오면서 복지지출이 약간 하락하는 경향이 있는데, 상승이 일어난 1970년대와 뚜렷한 대조를 보이고 있다. 따라서 분명히 세계화가 큰 충격을 주었음을 확인할 수 있다.

그러나 동시에 주목할 만한 현상은 평균치뿐만 아니라 표준편차가 변화한 데서 알 수 있듯이, 1980년대에 조합주의 국가는 뚜렷한 수렴현상을 보이는 데 비해, 자유시장주의 국가에서는 확산현상이 나타난다는 점이다. 단일국가의 힘을 넘어서는 외부충격에 대해 각국이 취하는 대응은 그 나라가 가진 정치·경제모델의 제도적 구조와 정책결정에 따라 달라짐을 알 수 있다.

〈표3〉 조합주의/자유시장주의 국가의 GDP 대비 복지지출 비중(%)

조합주의 국가	1960	1970	1980
오스트리아	22.3	27. 1	28.8
덴마크	27.4	33.3	32.8
독일	26.3	30.5	28.3
노르웨이	27.1	27.2	28.1
평균	25.8	29.5	29.5
표준편차	0.020	0.025	0.019
자유시장주의 국가	1960	1970	1980
오스트레일리아	13.1	18.2	15.3
캐나다	19.7	20.3	23.4
영국	19.4	21.3	20.8
미국	16.9	18.6	16.9
평균	17.3	19.6	19.1
표준편차	0.027	0.013	0.032

* 출처: P. Bowles and B. Wagman, "Globalization and the Welfare State: Four Hypotheses and Some Empirical Evidence", *Eastern Economic Journal*, 23(3), Summer 1997. 331.

북유럽국가는 강한 복지국가를 유지하는 데 반해, 원래 복지가 약한 영미형 국가는 복지가 더 약해지는 쪽으로 수렴된다. 결국 어느 클럽에 속하는지가 중요하다. 그 클럽 중에서 복지국가는 세계화의 영향을 별로 안 받는다.[15] 최근 일부 국내언론에서 서구 복지국가가 복지개혁을 통해 연금을 수급하는 연령이 높아지고 실제 급여가 감소하고 있는 현실을 근거로 보편주의 복지국가에서 선별주의 복지국가로 변화하고 있다는 소식도 들려온다. 하지만 이런 현상은 급여수준과 자격조건에서의 부분적인 조정일 뿐, 시민권에 근거하는 보편주의적 복지가 해체되었다고 볼 수 없다. 물론 사회서

15) 위의 글, 165.

비스의 경우 노인 돌봄 서비스나 교육부문에서 부분적으로 보편적 복지에서 자산조사 결과에 따라 저소득층에게만 제공하는 선별적 복지로 전환된 경우도 없지는 않다. 하지만 일부 국내언론이 주장하는 것처럼 현재까지 서구 복지국가가 보편주의에서 선별주의로 변했다고 말할 수 있는 객관적인 근거는 없다.[16]

또한 최근에는 세계화가 가속화되면서 국가, 기업, 가족과 개인들을 새로운 환경으로 이끌고 있다. 상대적으로 독립성을 유지하던 경제체제들이 하나의 거대한 시장으로 통합되면서, 자본과 노동 및 상품의 이동이 전보다 훨씬 빠르게 이루어지고 있다. 세계화 시대에 맞춰 선진국들의 복지제도도 변화를 보이고 있다. 환경이 변함에 따라 노동시장의 열악한 조건과 재정적인 제약이 새로운 사회위험으로 대두되면서, 복지국가의 제도적 변화가 나타났다. 이런 변화는 〈표4〉에 요약되어 있다.[17]

〈표4〉 사회체제 유형화

		복지	
		보편적 복지	잔여적 복지
노동시장	그렇다	A	B
고용보호	아니다	C	D

*출처: 신광영, "어떤 복지국가로 갈 것인가", 김연명 외, 『대한민국 복지』, 두리미디어, 2011, 216.

A는 전형적인 사회민주주의 체제를 대표한다. 복지는 모든 국민의 권리로 인식되고, 노동시장에서의 고용 안정성이 크게 강조된다. 고용 및 임금은 주로 단체교섭을 통해 결정된다. B는 1980년대 이전까지 영국과 미국에서 나타난 자유주의 사회체제로서, 복지가 빈곤층이나 실업자에 한해 제공되고 노동시장에서의 고용보호는 노조

16) 윤홍식, "보편적 복지는 무책임한 퍼주기일까", 김연명 외. 앞의 책, 178.
17) 신광영, "어떤 복지국가로 갈 것인가", 위의 책, 215.

가 형성된 부문에 한해 부분적으로 이루어진다.

또한 세계화로 인해 노동시장의 유연화가 이루어지면서 고용보호 수준이 낮아지거나 사라지는 형태로 여러 국가에서 변화가 나타났다. C와 D는 이런 변화를 보여준다. C는 덴마크와 네델란드로 대표되는 유연안정성 모델flexicurity model이다. 이 국가들에서는 노동시장에서 고용의 유연성을 극대화하는 대신, 필연적으로 발생하는 실업자에 대해서는 정부가 포괄적인 복지혜택을 제공하여 그들의 삶을 책임진다. 그리고 정부는 적극적 노동시장정책을 통해서 실업자들에게 일자리 알선, 직업 재교육 등을 실시한다. 즉, 기업하기 좋은 나라와 직장인들의 만족감이 높은 나라, 이 두 가지를 동시에 충족시킬 수 있다는 것이다.

유연성flexibility과 안정성security를 결합한 용어인 유연안정성은 두 마리 토끼를 모두 잡는데 성공한 덴마크 사람들이 만들어낸 신조어다. 노·사·정 간의 신뢰와 타협의 산물로 2005년부터 본격적으로 시작됐고, 2008년 경제위기 전후로 그 효용성이 세계적으로 인정받아 유럽연합EU이 공식적으로 "덴마크의 유연안정성 시스템을 본받자"고 나섰다. 유연안정성 모델은 효율성 대 평등성 논쟁을 넘어 그 두 가지를 모두 결합하려는 '또 다른 길'이 있음을 보여준다. 반면에 D는 영국과 미국에서 등장한 신자유주의의 전형적인 사례라고 할 수 있다. 여기서는 복지를 가급적 축소하고 노동시장의 유연성을 강화함으로써 개인들이 노동을 통해 스스로 생활을 책임지게 하는 근로복지제도가 등장했다.

이렇게 볼 때 A와 D는 각각 양극단을 대표한다. 그런데 C는 A유형의 복지국가가 처하고 있는 어려움을 해결하기 위한 새로운 대안으로 등장했다. 그런 점에서 C는 새로운 모형으로서 앞서 말한대로 덴마크나 네델란드 같은 일부 국가에서 실험되고 있다. 이렇듯 각기 다른 복지제도는 또다시 각기 다른 결과를 낳고 있는데, 여러 가지 객관적인 기준으로 볼 때 A나 C가 바람직한 사회체제라고 할 수 있다.[18] A나 C에서는 세금을 거둬서 복지재정을 마련하고 모든 사람들에게 복지혜택을 돌려주기 때문에, 담세율이 높아도 세금에 대한 저항이 없다. 그리고 삶의 질은 세계 최고수준을 보여준다.

반면에 B와 D에서 나타나는 결과는 대단히 부정적이다. 불평등과 빈곤층 비율이 대단히 높고, 복지에 반대하는 의견이 사회적으로 높게 나타난다. 이것은 부자의 주머니에서 가난한 사람의 주머니로 돈이 옮겨가는 방식으로 복지국가가 설계되어 있기 때문이다. 현재 미국이 이런 경우로서 부의 불평등이 경제위기의 핵심적인 원인이 되면서 깊은 수렁에서 헤어나지 못하고 있다.

Ⅲ. 개도국의 복지개혁

위에서 살펴본 선진 자본주의 국가들에서 복지의 축소가 일반화되고 있는 가운데서도 개도국들 중에서는 복지정책을 확대발전시킨 사례도 발견된다. 남부유럽의 스페인, 포르투칼, 그리스 등이 그러한 예인데, 그 이유는 이 국가들이 세계화와 민주화를 거치면서 시민사회의 요구, 특히 임금생활자들의 보호정책을 추진하지 않을 수 없었던 특수한 사정과 밀접하게 연관된다. 세계화와 민주화를 동시에 추진했던 한국도 이러한 예에 속한다. 하지만 라틴아메리카 역시 민주화와 세계화를 동시에 겪은 국가들인데 오히려 사회복지의 전면적 축소와 철폐를 단행한 것을 보면, 세계화의 영향력을 수용하는 방법은 국가마다의 독자적인 전략선택에 의해 좌우되고 있음을 알 수 있다.[19]

18) 위의 글, 217.
19) 송호근 편, 『세계화와 복지국가: 사회정책의 대전환』, 나남, 2001, 21.

1980년대를 거치면서 남미에서는 복지지출의 정체 혹은 축소현상이 나타났던 반면, 한국을 비롯한 동아시아에서는 반대로 복지지출의 급속한 증가현상이 나타났다. 이는 1980년대 두 지역에서 공통적으로 진행되었던 민주화가 가져다주었던 상이한 영향에서 비롯되었다. 먼저 남미는 민주화 이전 소수에게 혜택이 집중된 복지구조를 가지고 있었기에 그것이 민주주의 체제로의 전환 이후 유지되기가 쉽지 않았다. 복지는 특권으로 인식되었고 민주화는 이런 특권의 해체에 대한 요구를 강화시켰던 것이다. 뿐만 아니라 남미의 민주화는 1980년대 초반의 외채위기 속에서 진행되었기 때문에 민주화 국면에서 대부분의 유권자들은 복지 '특권'의 축소를 통해 재정압박을 해결하고자 했고, 기득권층은 기존의 복지체제를 유지하고자 하는 모습을 보였다.[20)]

이와 달리 민주화 이전의 동아시아에서는 복지수준 자체가 워낙에 미미했기 때문에 복지와 관련된 기득권 세력 자체가 거의 부재했고, 민주화 이후 복지확충에 반대하는 목소리는 거의 존재하지 않았다. 따라서 민주화 이후 보수정당을 포함한 모든 정당들이 복지정책을 기반으로 유권자들을 유인하려는 경향이 나타났다. 또한 기존의 복지가 최소한의 수준이었기에 복시의 실질적인 확장 또한 가능했다.[21)]

이런 경향은 1990년대 후반의 경제위기 시에도 마찬가지였다. 일반적으로 경제위기 아래에서 정부는 구조조정과 같은 개혁의 요구에 노출되고 그 결과 복지혜택을 축소시키는 선택을 하는 경향이 있다. 그러나 동아시아 국가들의 경우에는 위기에도 불구하고 경제

---

20) 임현진. "한국 복지국가의 미래", 이정우 · 이창곤 외, 『불평등 한국, 복지국가를 꿈꾸다』, 후마니타스, 2015, 372.

21) S. Haggard and R. Kaufman, *Development, Democracy and Welfare States: Latin America, East, and Eastern Europe*, Princeton University Press, 1998,

구조가 상대적으로 건전했기 때문에 물가상승 폭이 적었고, 정부 채무구조 또한 상대적으로 건전해 복지지출에 대한 재정적 압박이 심하지 않았다.[22] 특히 한국의 경우 경제위기 직후 보수주의 정부에서 진보주의 정부로의 정권교체는 구조조정의 효과를 최소화하기 위한 복지정책의 확대를 가능케 했고, 그에 대한 사회적 합의 또한 이끌어낼 수 있었다.[23]

한국은 1997년 미증유의 경제위기 이래 IMF 처방 아래서 급속도로 세계화되었다. 해외투자를 유인하고 외채상환을 앞당기기 위해 수출을 늘려야 하는 절박한 필요에서 한국정부는 경제의 자유화를 가속화하고, 국가경쟁력을 제고하기 위해 많은 노력을 해왔다. 신자유주의적 주류학파의 시각에 따르면 이런 상황적 절박성으로 인해 한국정부는 복지확충 노력을 크게 줄이거나 포기했어야 마땅하다.

그러나 한국은 오히려 비판론자가 논의하는 경로를 따랐다. 정부는 비록 경제영역에서는 신자유주의 정책을 강력하게 추진했지만, 사회복지영역에서는 고용보험과 산재보험의 전 직장으로의 확대, 의료보험 통합, 국민연금의 전 국민 확대, 국민기초생활보장법의 제정, 복지 사각지대(5인 미만 고용업소 종사자 및 일용직, 일시 노동자, 영세자영업자)의 대폭적 축소 등 사회보장제도의 제도화에 박차를 가했다. 그 요인으로는 IMF 이후 복지에 대한 사회적 요구의 급증과 함께 새로운 정치적 리더십, 노동과 시민사회의 성장, 조합주의의 실험, 비교적 높은 국가의 정치집행력 등을 들 수 있을 것이다.[24]

---

22) 노정호, “동아시아 복지국가의 발전과 저발전: 제도와 행위자, 그리고 사회경제적 변화”, 『한국정치학회보』, 48-5호, 2014.

23) 임현진, 앞의 글, 373.

24) 안병영, “21세기 국가역할응이 변화와 국정관리”, 『계간사상』, 2000 봄, 18~19.

Ⅳ. 요약 및 결론

지금까지 고찰했듯이 세계 각국은 1970년대 이후 경제적 위기와 세계화가 촉진하는 급격한 환경변화에 적응하기 위해 구조조정을 서두르는 한편, 재정적자의 축소와 정책효율성 증대를 위해 긴축재정을 실행했다. 이는 국가경쟁력 배양이라는 목표를 위한 것이지만 그 대가로 실업, 고용불안정, 소득불평등, 신기술 적응이라는 긴장을 임금생활자에게 전가한다. 그리하여 각국 정부는 임금생활자를 보호하는 각종 복지제도를 축소해야 하는 상황에 직면한다. 그러나 이것은 일반론일 뿐 경험적으로 나타나는 현상은 각국마다 많은 차이를 드러낸다. 복지국가의 축소가 진행되고 있다는 일반론과는 달리, 실제로는 각국이 처한 국내외적 환경과 조건에 따라 복지제도의 축소, 유지 및 수정, 확대발전이라는 세 가지 형태의 개혁이 진행되고 있는 것이다.[25)]

이와 관련하여 세계화가 복지제도에 미치는 영향에 관한 여러 가지 이론을 네 가지 가설로 묶어 각 가설의 경험적 적합성을 검토하고 있는 한 연구는 매우 흥미로운 결과를 제시한다.[26)] 그 네 가지 가설을 먼저 살펴보면 다음과 같다.

1) 하향평준화 가설: 세계화는 국가의 경제정책의 자율성을 위축시키기 때문에 복지지출비를 감축함과 동시에 복지제도를 축소할 수밖에 없다.

2) 상향 수렴가설: 세계화에 따른 시장개방은 경쟁국들에게 기술발전의 기회를 제공하고 선진문물을 수용할 수 있는 창구를 마련해 준다. 각 국가들은 국제적 노동분업에 의해 발생하는 사회적 긴장

---

25) 송호근 편, 앞의 책, 36~37.

26) P. Bowles & B. Wagman, "Globalization and the Welfare State: Four Hypotheses and Some Empirical Evidence", MacLean's Economic Policy Page, http://www.geocities. com/ Wallstreet/8691/ plainglb, 1997.

을 완화해줄 필요성에 직면하게 되는데, 이것이 복지제도의 발전과 복지지출비의 증액으로 나타난다. 그 결과 복지제도의 수준은 상향 조정된다.

3) 특성집단별 수렴가설: 세계화에 대한 국가의 대응은 정치체제의 특성과 경제의 발전수준에 따라 달라진다. 조합주의적 국가군과 자유주의적 국가군을 나누어 고찰해야 일관성 있는 인과관계를 도출할 수 있다. 예컨대 유럽연합EU은 복지국가를 유지 존속시키려는 노력이 두드러진데 반해, 북미자유협정NAFTA의 국가들은 축소현상이 일반화되어 있다.

4) 무관련성 가설: 세계화가 사회정책과 복지국가의 재편에 중대한 영향을 미치고 있다고 보는 것은 이론적 오류일 가능성이 많으며, 아무런 관련이 없을 수도 있다. 경제적 상호관련성과 상호의존성은 분명히 증가일로에 있지만, 대부분의 경제활동이 국가 내부에서 이루어지고 있음을 생각하면 양자 간에 어떤 인과관계를 설정하는 것은 잘못된 것이다.

연구자들은 교육, 의료, 사회보장비의 변동추세와 GDP 대비 정부의 복지지출비 추이를 기초로 네 가지 가설을 검증했는데, 그 결과는 '특성집단별 수렴가설'이 가장 경험적 현실을 잘 반영하고 있는 것으로 나타났다. 비교적 높은 동질성을 보이고 있는 OECD 국가군에서도 세계화와 복지국가의 재편 간에는 다양한 경로와 인과관계가 발견된다는 것이다.

이런 발견으로부터 연구자들이 도출한 결론은 다음과 같다. "1980년대에 세계화는 복지국가에 대한 심각한 위협으로 작용했다. 그러나 그 위협에 대한 대응은 상당히 달랐다. 그럼에도 조합주의 국가들이 그런대로 유사한 대응전략을 구사한 것을 보면 관리능력을 벗어나는 외적 경제적 조건 변화에 대응하는 방식을 결정하는데 있어 제도적 구조가 얼마나 중요한 것인가를 알 수 있다."[27] 세계화에 대한 대응의 패턴이 달라지는 것은 복지정치의 구조와 여건이 각국마다 다르기 때문이다.

세계 각국의 복지정책 개혁이 어떤 원리에 역점에 두고 있는가를 유형화하면 재편양상이 보다 분명해진다. 여기에는 대체로 세 가지 핵심원리가 존재한다. 재상품화recommodification, 비용억제cost-containment, 재조정recalibration이 그것이다.[28)]

첫째로 에스핑-앤더슨의 탈상품화 개념은 임금생활자의 실질생활이 노동력 가격에 완전히 의존하게 되는 자본주의적 시장경쟁 법칙을 복지제도를 통해 완화해주는 정도를 의미한다. 그에 따르면 노동시장에서 결정되는 자신의 노동력 가격에 의존하지 않고 인간다운 생활을 누릴 수 있게 하는 것이 바로 복지제도이며, 보호의 정도에 따라 복지체제는 영·미형 자유주의, 대륙유럽형 조합주의, 북유럽형 사민주의의 세 가지 유형으로 구분된다. 그런데 재상품화는 바로 탈상품화의 역과정이다. 노동자에게 제공되는 사회적 임금을 삭감하거나 수혜자격을 강화하여 노동력 가격에의 의존성을 높이는 것이 바로 재상품화의 기본원리다. 근로연계복지를 실행한 미국과 영국이 그런 사례이며, 심각한 재정위기와 경제침체에 처한 중남미는 재상품회의 정도가 더욱 심하다. 유럽은 노동시장정책에서 부분적으로 이러한 정책기조를 채택했다.

둘째로 비용억제란 세계의 주요 국가들이 복지정책의 개혁을 추진한 것은 국가의 재정적자를 줄이기 위한 것이라는 점이다. 국가의 재정위기는 곧 국가경쟁력의 악화를 낳고, 이는 다시 경제위기와 실업률 상승, 물가인상, 실질소득 하락이라는 악순환으로 이어진다. 그러므로 시장경쟁이 격화된 세계화의 추세 속에 각국은 국가재정을 압박하는 가장 중대한 요인인 사회지출비를 축소하기 위한

---

27) 위의 글, 15.
28) 송호근 편, 앞의 책, 382~384.

전쟁을 수행하고 있다. 유럽국가들이 유럽통화EMU에 서둘러 가입한 것도 재정적자를 줄이려는 것이 가장 중요한 목적이었으며, 남미국가들이 긴축정책을 통해 사회지출비를 줄인 것, 미국이 공공부조의 근간이었던 아동부양가족부조AFDC를 빈곤가정일시부조TANF로 바꿔 자격요건을 제한하고 수혜기간을 축소한 것도 재정적자의 문제였다. 일본의 개호보험과 독일의 조세개혁이 제정적자를 줄이려는 의도에서 추진되었음은 두말할 나위도 없다. 사회지출비의 억제야말로 복지정책 개혁의 가장 중요한 이유이다. 비용억제 시도는 사회지출비의 비중이 높은 국가일수록 강하게 나타난다. 그렇다고 대폭적 삭감조치를 취하는 것은 아니고, 사회지출비의 인상률을 가능한 한 억제하거나 소폭 축소하는 형태로 추진되었다.

셋째로 재조정이란 상황과 환경변화에 맞추어 복지제도의 내부기제와 제도적 설계를 새롭게 하는 것을 의미한다. 여기에는 두 가지 유형이 존재한다. 하나는 '합리화rationalization'로서 기존 복지제도의 본래 취지와 목적을 달성하기 위해 새로운 아이디어로 내부수정을 기하는 것이다. 또 하나는 '최신화updating'로서 가족구조, 생애주기, 노동시장 구조, 인구구조의 변화에 맞추어 새로운 복지수요를 수용하고 사회의 전반적 변화에 부응하려는 것이다.

이런 세 가지 패턴으로 각국의 개혁양상을 유형화할 수 있다. '비용억제'는 모든 국가들이 가장 높은 비중을 두고 있는 핵심항목이다. '재상품화'는 미국과 중남미 그리고 부분적으로 영국 등 신자유주의적 정책기조를 채택하고 있는 국가에서, '재조정'은 복지전통이 오래된 유럽국가들이 추진하는 개혁원리이다. 재조정을 다시 두 가지 유형으로 구분하면 '합리화'는 주로 복지제도의 효율성을 높이려는데 역점을 두고 있는 스웨덴을 위시한 사민주의 국가, '최신화'는 새로운 복지수요를 수용하고 공공복지의 내실을 기하려는 독일을 포함한 중부유럽의 개혁원리에 각각 부합한다.

이러한 유형화를 복지제도의 축소, 유지 및 수정, 확대라는 세 유형과 결합하면 〈표5〉과 같다. 이렇게 볼 때 한국은 '확대' 유형에 속하며, 비용억제라는 제약 속에서도 새로운 복지수요를 충족시키기 위한 '최신화'를 시도하고 있으며, 복지수준에 있어 점진적 조정 · 확대가 두드러진다. 그러나 복지동맹이 약하고 다만 집권자의 정치적 의지에 기대고 있다는 점이 복지제도 발전의 걸림돌이다.

〈표5〉 복지정책의 개혁유형: 축소, 유지·수정, 확대

재편유형	국가	기본원리	복지동맹	비고
축소	미국, 영국*, 중남미 국가	비용억제 재상품화	약함	집권당·집권자의 의지로 추진
유지·수정	스웨덴, 덴마크 등의 북유럽국가	비용억제 합리화 점진적 조정	매우 강함	중앙집권적 개혁
	독일, 프랑스 등의 중부유럽국가	비용억제 최신화	강함	노사정합의
확대	한국, 남유럽국가	비용억제 최신화 점진적 조정	약함	집권자의 의지로 추진

*영국은 유지·수정과 축소의 혼합형에 해당

** 출처: 송호근 편, 『세계화와 복지국가: 사회정책의 대전환』, 나남, 2001, 384 참조.

welfare
state

6장 복지국가의 현재와 전망

6장 복지국가의 현재와 전망

Ⅰ. 복지국가의 현재

복지국가는 변화하고 있다. 그런데 그 변화가 근본적인 것이어서 앞으로 복지국가는 사라지게 될 것인가, 아니면 근본적인 것은 아니어서 복지국가의 기본 틀은 여전히 지속가능할 것인가? 이런 질문들은 복지국가의 현재와 전망을 논의하는 데 핵심적인 것들이다. 먼저 변화가 근본적이어서 복지국가는 이미 복지국가가 아니라고 주장하는 학자들은 새로운 명칭을 부여한다. 근로촉진국가나 경쟁국가 등이 그런 예이다.

> 기존의 복지국가는 시장의 위험으로부터 노동을 보호하기 위해 하나의 사회권으로 누구에게나 보편적으로 급여하는 정책을 강조했다. 하지만 오늘날의 복지국가는 개인의 책임을 강조하고, 노동시장에의 참여를 촉진하기 위해 선별적으로 급여하는 정책을 강조하는 것으로 바뀌었다.[1)]

이런 국가에게 길버트N. Gilbert는 복지국가라는 명칭 대신 '근로촉진국가enabling state'라는 명칭을 부여했다. 근로촉진국가와 전통적인 복지국가의 차이는 네 가지로 요약된다. 첫째로 근로촉진국가는 공공부문에서 제공하던 사회복지 재화나 서비스를 민간부문에서 제공하는데, 이것이 더 효율적이고 또 소비자들의 선택에 더 적절

---

1) 김태성 · 류진석 · 안상훈, 『현대 복지국가의 변화와 대응』, 나남, 2005, 13; N. Gilbert, *Transformation of the welfare State*, New York, Oxford University Press, 2002.

히 대응할 수 있다는 점에서 바람직하다. 둘째로 근로촉진국가는 조건 없이 제공하는 복지급여보다는 근로연계복지, 즉 일하는 복지를 요구한다. 셋째로 복지국가에서 시행해왔던 보편적 복지가 근로촉진국가에서는 선별적 복지로 바뀐다. 넷째로 근로촉진국가에서는 민영화, 개인의 책임, 근로를 강조함으로써 전체 국민의 연대감은 약화되고, 그 대신에 민간조직이나 가족, 이웃, 지역공동체 내의 연대감이 강화된다.

그러나 근로촉진국가가 복지국가를 대체했다거나, 혹은 복지국가가 근로촉진국가로 전환되었다는 주장은 설득력이 약하다. '복지' 패러다임의 변화되었다는 주장에는 동의할 수 있으나, '복지국가 패러다임'이 변화했다는 주장에는 동의하기 어렵다. 왜냐하면 앞에서 제시한 근로촉진국가의 네 가지 특성은 영미권의 자유주의적 복지국가 유형에서만 나타나는 것이기 때문이다. 다른 유형의 복지국가에서는 이런 특성이 나타나지 않거나 매우 미약하게 나타난다.[2)]

예컨대 조합주의나 사민주의 복지국가, 또는 이 두 가지가 수렴되고 있는 새로운 유럽대륙 모델의 복지국가들에서는 사회복지 공급의 민영화 현상이 나타나긴 하지만 매우 미약하고, 여전히 공공이 공급하는 복지 서비스가 압도적으로 많다. 또 근로연계복지를 강조하더라도 미국처럼 급여를 박탈하고 근로를 강제하는 방식이 아니라, 기본적인 소득보장 프로그램을 유지하면서 근로활동을 지원하는 직업 훈련과 교육 프로그램을 강조하는 방식을 취한다. 복지급여가 선별적인 방식으로 바뀌었다고 하지만, 여전히 보편주의적 복지제도가 압도적이다. 그러므로 근로촉진국가라고 부르는 현상은 복지국가 내에서의 복지 패러다임의 변화 정도로 해석해야 할 것이다.[3)]

2) 정원오, 『복지국가』, 책세상, 2010, 132~133.
3) 위의 책, 134

복지국가는 여전히 현재진행형이다. 무엇이 이렇게 복지국가의 기본 틀을 유지하게 하는가? 혹은 복지국가의 기본구조는 왜 바뀌지 않는가? 첫 번째 이유는 선거정치에서의 복지동맹welfare coalition에 있다. 서구 복지국가에서 여론조사를 실시해보면 투표자들이 여전히 복지국가에 대한 폭넓은 지지를 보인다. 복지국가가 여러 가지 어려움을 겪고 있고, 변화의 압력에 직면해있지만 여전히 복지국가에 대한 지지도가 높은 것이다. 게다가 사회복지제도가 발달한 국가일수록 복지관련 당사자의 비율이 증가해서 강력한 복지국가 지지자가 된다고 한다. 스웨덴의 경우 1950년에는 총 투표자의 약 18%가 사회복지 수급자나 사회복지 종사자였지만, 1980년에는 그 비율이 40%로 증가했고, 1995년에는 57%에 이르렀다. 독일은 그 비율이 51%에 달하고, 미국은 33%로 파악된다.[4]

하지만 선거정치만으로는 복지국가를 지키기 어렵다. 왜냐하면 영미권에서 신자유주의 정권의 탄생한 것도 선거정치의 결과였기 때문이다. 중요한 것은 선거정치에서 노동계급과 중간계급 간의 복지동맹이 유지되는가의 문제다. 이에 대해서는 이미 앞 장의 '계급정치에 따른 재편론'에서 강조된 바 있다. 이에 따르면 복지국가의 황금기 동안 노동계급과 중간계급은 모두 복지국가로부터 이익을 얻었기 때문에 복지국가를 지지했다. 두 계급은 연대해서 복지국가를 지지하는 복지동맹을 형성했던 것이다. 그렇다면 복지동맹은 성장과 복지의 상충성이 심화된 1970년대 이후 변화했는가? 변화했다면 어떻게 변화했는가? 이것이야말로 복지국가의 재편방향을 결정하는 관건이라는 것이다.

경제적 위기로 인해 복지국가의 재편이 불가피해졌다 할지라도 복지동맹이 유지된다면 그것은 복지정당인 사민주의 정당의 집권을

---

4) 위의 책, 135.

가져와 최대한 기존의 복지국가를 방어하는 재편을 초래할 것이고, 복지동맹이 붕괴한다면 그것은 반복지정당인 신자유주의 정당의 집권을 가져와 복지국가의 해체를 초래할 것이기 때문이다. 그런데 이런 복지동맹의 유지 여부가 근본적으로는 복지문화의 성숙도에 의해 지대한 영향을 받는다는 것은 이미 지적한 바 있다.

이런 가설은 영국과 스웨덴의 복지재편의 경험에서 확인된다. 1970년대 이후 유사한 요인들로 인한 경제위기를 겪었음에도 불구하고 양국의 복지재편의 결과는 달랐다. 가장 중요한 요인은 영국에서는 노동계급과 중간계급의 복지동맹이 와해된 반면, 스웨덴에서는 복지동맹이 유지되었고, 이것이 각각 신자유주의 정당과 사민주의 정당의 집권을 가져왔기 때문이다. 반복지정당인 보수당이 집권했던 영국에서는 복지국가의 역할이 축소되고 분배불평등이 심화된 반면, 복지정당인 사민당이 집권했던 스웨덴에서는 복지국가가 여전히 평등과 연대의 핵심적 기제로 남아있다.[5)]

두 번째 이유는 제도의 '고착성'이다. 고착성이란 변화의 압력에도 불구하고 기존제도를 고수하려는 관성을 말한다. 고착성이 나타나는 요인은 두 가지로 설명되는데 하나는 공식적, 비공식적인 제도적 '기부지점veto point'이 존재한다는 점과 다른 하나는 '경로의존성path dependency'이 존재한다는 점이다.[6)] 일반적으로 민주주의 정치제도에서는 어떤 정책이 단순히 과반수가 넘는다고 해서 채택되거나 부결되는 것이 아니다. 비록 소수이지만 어떤 정책의 변화에 강력하게 반대하는 집단이 존재한다면 정책변화는 어렵게 된다. 소위 거부지점을 넘어서는 변화의 요소가 존재해야 제도는 변화하는 것이다.

---

5) 김영순, 『복지국가의 위기와 재편: 영국과 스웨덴의 경험』, 서울대학교 출판부, 1996, 322~323.

6) 정원오, 앞의 책, 135.

또한 정책이나 제도는 한번 만들어지고 일정한 기간이 지나면 되돌리기 어려운 경향이 있다. 왜냐하면 기존제도가 마련한 경로에 적응한 사람들이나 조직들 때문에 기존제도를 바꾸는 데 많은 비용이 들기 때문이다. 이를 경로의존성이라고 한다. 주요한 정책은 일단 만들어지면 커다란 사회적 영향력을 발휘한다. 많은 사람들이 그 정책에 영향을 받고 의존하게 되는데 이것을 바꾸면 혼란은 매우 커진다. 그래서 정책 변화는 대개 점증적일 수밖에 없는 것이다.

이와 같은 두 가지 제도의 고착요인 때문에 복지국가가 근본적으로 변화하기 어려운데다가 복지국가에 대한 정치적 지지도가 떨어지지 않기 때문에 복지국가의 기본 틀이 바뀌기는 어렵다고 생각된다. 복지국가는 점진적으로 변화의 조건에 적응해나갈 것으로 보인다.

Ⅱ. 복지정책의 개혁요인

복지국가는 현재 진행형이며, 앞으로도 지속될 것이다. 그러나 복지정책은 현재도 변화하고 있다. 무엇이 변화를 추동하는가? 우리는 이미 앞에서 1970년대의 석유파동과 1990년대의 세계화와 같은 역사적 사건들이 복지국가의 위기논쟁과 개혁을 촉발시킨 대외적 요인이었음을 살펴보았다. 앞으로도 더욱 가속화되는 세계화는 복지국가의 개혁을 요구하는 지속적인 압력으로 작용할 수 있을 것으로 보인다. 하지만 이것이 복지국가 개혁의 근본요인이 될 것이라고 보기는 어렵다.

복지국가의 개혁요인은 좀 더 근본적인 복지국가 내부의 구조적인 요인에서 찾아야 할 것이다. 우선 오늘날 복지국가들은 고도로 발전된 후기산업사회로 전진하고 있다. 산업구조의 변화는 복지국가가 적응해야 할 중요한 압박요인이다. 둘째로 복지국가의 확장과 성숙에 따라 복지확장이 한계점에 도달했다는 것이다. 셋째로 인구학적인 것으로서 인구고령화와 가족구조의 변화이다.[7)]

1. 산업구조의 변화와 생산성의 둔화

복지국가가 유지되기 위해서는 최소한의 경제성장이 이루어져야 하고, 경제성장이 이루어지지 위해서는 생산성이 높아져야 한다. 오늘날 복지국가들이 어려움에 처한 여러 원인 중에는 생산성의 저하와 경제성장률의 둔화가 자리 잡고 있다. 생산성이 둔화되는 중요한 원인은 산업구조의 변화이다. 복지국가들은 생산성이 높은 제조업의 비중이 줄어들고, 생산성이 낮은 서비스 산업의 비중이 늘어나는 후기산업사회로 들어섰다.

고용의 가장 큰 원천이었던 제조업은 생활수준의 향상에 따른 삶의 질에 대한 관심 증가, 그리고 기존 제조업 상품의 수요 포화 등으로 수요의 증가로 연결되지 못하는 결과가 나타났다. 이로 인해 제조업부문의 고용이 정체 또는 후퇴하는 한편 서비스업이 고용의 주요한 원천으로 등장했다. 그러나 서비스 부분은 고용과 관련해 어려운 문제를 발생시키는데, 보몰W. Baumol이 주장한 바 있는 비용악화의 문제가 그것이다. 그에 의하면 서비스 부문은 제조업 부문과는 달리 생산성이 크게 증가하지 않아 낮은 임금을 받을 수 밖에 없다는 단점이 있다는 것이다.

낮은 생산성은 임금상승을 막고, 이는 복지국가의 주요재원인 사회보장세의 상승을 막아 복지국가의 재원마련에 어려움을 준다. 이런 압박요인은 인구구조의 변화, 특히 저출산 고령화 현상과 맞물려 어려움을 가중시킨다. 고령화는 공적 연금 재정구조에 지속적인

---

7) 위의 책, 137~144.

부담으로 작용하는데, 노인 인구의 증가와 수명연장으로 연금급여 대상자가 꾸준히 증가하기 때문이다. 하지만 저출산으로 생산인구는 감소하는 반면 부양인구는 증가하므로 생산성 향상을 통해 세원을 증가시켜야 하는데 생산성이 둔화되고 있는 것이다.

복지국가는 둔화되는 생산성을 어떻게 반전시킬 것인가라는 과제에 직면해있다. 제조업과 서비스 산업의 비중을 재조정하기 어렵다면, 제조업의 생산성을 더욱 고도화라는 전략을 마련해야 한다. 혹은 저생산성의 서비스 산업 중에서 고생산성의 서비스 산업분야를 개발해야 할 것이다. 이런 과제에 대한 대응능력이 복지국가의 지속가능성을 좌우하게 될 것이다.

2. 복지국가의 성숙

복지국가를 어렵게 만들고 위기를 촉발한 구조적 요인 중에 하나는 복지국가 자체가 너무 성숙했다는 것이다.[8] 서구 복지국가들은 2차 세계대전 이후 1970년대 중반까지 실질 경제성장률보다 더 높은 비율로 사회복지 지출을 확대했다. 1970년대 중반 이후 사회복지제도의 확대는 둔화되었으나 사회복지 지출은 계속 증가했다. 수급자의 수가 늘어나고, 높아진 생활수준에 맞추어 급여액도 증가했기 때문이다. 사회복지 프로그램 가운데 특히 공적 연금과 의료서비스 분야의 확대는 매우 두드러져 사회복지 지출의 약 2/3를 차지하는 것으로 나타났다.

연금과 의료서비스의 확대가 이렇게 급격하게 늘어난 것은 특별한 정책적 변화 때문이 아니라, 복지국가의 자연스러운 성숙 때문이라는 점이 중요하다. 새롭게 제도를 만들고 급여체제를 개편해

---

8) 위의 책, 139~141.

그렇게 된 것이 아니라, 의료지식과 기술이 발달함에 따라 질병 치료방법이 확장되고 더 어려운 치료 등이 적용되면서 과거에는 치료하지 못하던 질병에 대한 의료서비스가 가능해졌기 때문인 것이다. 즉 제도의 변화가 없음에도 불구하고 의료서비스 자체의 변화로 복지급여가 확대된 것이다. 또한 의학지식의 발달로 인간의 수명이 연장되었다. 노인인구가 증가하고 평균수명이 늘어남에 따라 공적연금 수급자가 증가하고 수급기간도 늘어났다. 이런 요소 또한 제도 변화와 상관없이 연금재정을 급속하게 팽창시키는 요인이다.

복지국가는 더 이상 정책의 변화가 없음에도 불구하고 자체의 성숙요인으로 확대팽창하고 있다. 이런 복지국가의 성숙이 일정수준 이상에 도달하면 그 자체가 복지국가체제를 변화시키는 압박요인으로 작용하게 된다. 1980년대를 지나면 대부분의 복지국가들의 재정에서 복지지출이 차지하는 비율이 40~50% 수준에 도달해, GDP의 20~30%에 이르게 된 것이다. 비만이 만병의 근원이듯 과도한 복지는 국가활동에 여러 가지 문제들을 불러일으키게 된다. 더 이상의 복지지출의 확대를 어렵게 할 뿐만 아니라 비효율성에 대한 여론의 우려를 증폭시키게 된다.

3. 저출산 고령화의 인구문제

앞에서 언급했듯이 인구의 고령화는 연금급여와 의료서비스 재원 지출을 급속히 팽창시키는 원인이 되고 있다. 더욱 심각한 것은 앞으로도 노인인구의 비율이 계속 증가할 것으로 예상된다는 점이다. 2035년에 노인인구의 비율은 23% 수준으로 증가할 것으로 예상된다. 반면 출산율은 감소하여 생산활동에 종사하는 젊은 층이 감소해왔다. OECD 국가들의 경우 65세 이상 노인 1명 대비 근로가능인구 비율이 1960년에는 7.5명이었는데, 1990년에는 5.0명으로 떨어졌다. 이런 경향은 더욱 악화되어 2040년경에는 2.5명으로 떨어질 것으로 예상되는데, 이는 노인 1명을 부양하기 위해 일할 수 있는 인구가 2.5명에 불과하다는 의미다. 이런 인구구조의 변화는 복지국가의 복지체제에 과거와는 다른 방식의 변화를 주문하는 구조적 요인이 되고 있다. 복지체제가 더욱 효율적인 방식으로 변화하지 않으면 폭발적 재정지출 증가에 대응하기 어렵게 될 것이다.

특히 한국은 세계에서 가장 빠르게 진행되는 저출산 고령화사회이다. UN보고서에 의하면 한국은 2050년이면 노인인구 비율이 38.2%로 세계에서 가장 높게 되며, 생산 가능 인구 1.4명이 노인 1명을 부양해야 한다. 전체인구는 약 650만 명이 줄어들 것이며, 잠재성장률은 2040년에 0.74%로 추락하여 경제의 활력을 잃을 것으로 전망되고 있다. 한 국가의 인구가 유지되기 위해서는 합계출산율이 2.1명은 되어야 하나, 2013년 한국은 1.19명에 불과했다. 세계에서 유래가 없는 저출산 고령화 속도에 대한민국호가 서서히 침몰하고 있다고 해도 과언이 아니다.

이미 우리나라에서도 청년층이 떠안아야 할 노령층 복지비용과 청년실업 문제 등으로 야기되고 있는 '세대갈등'이 심각한 수준인 것으로 확인되었다. 중·고·대학생(500명)과 자녀를 둔 일반인(500명) 1,000명을 대상으로 설문조사한 결과 절반 이상의 학생(52.0%)이 청년 일자리가 부족하고, 청년들이 삶이 어려운 이유에 대해 '기존 세대들이 일자리를 독점하고 노령층의 복지비용을 청년들이 부담하기 때문'이라고 답했다. 그래서 '나는 부모보다 높은 복지혜택을 누릴 것'이라고 답한 비율은 절반에 못 미친 43.8%였고, 그 이유로는 정부정책 실패(47.3%)를 가장 많이 꼽았다.[9)]

9) 〈동아일보〉, 2014. 9. 13.

4. 가족구조의 변화

가족구조의 변화는 인구구조 변화와도 관련되어 있지만, 여성들의 경제활동 참여 경향과 밀접하게 관련되어 있다. 양성평등주의의 강화와 어려운 경제사정으로 인해 여성의 노동시장 참여율이 지속적으로 증가해왔다. 또한 여성의 노동시장 참여율의 증가는 출산율 감소, 이혼증가, 한 부모 가정의 증가 등 일련의 가족구조 변화와 연결되어 있다. 뿐만 아니라 최근에는 독신자와 독거노인의 증가 등으로 홀로 살아가는 독립가구가 증가하고 있다. 우리나라의 경우에도 최근 2년간 '부부와 자녀'로 구성된 4~5인 가족이 줄고, 1~2인 가족이 큰 폭으로 증가하는 등 가족구조가 급변하여 2020년에는 1~2인 가족이 전체의 29%를 차지해 가장 보편적인 가구형태가 될 것이며,[10] 이는 개인주의화 및 저출산, 만혼 및 이혼율 증가 등의 복합적 영향 탓이라고 한다.

이런 가족구조의 변화는 복지국가에 다양한 대응을 요구하는 요인이 되고 있다. 앞에 지적했듯이 출산율의 감소는 노인부양 인구의 감소와 연결되어 복지국가 재정에 압박요인이 되고 있다. 한 부모 가정의 증가는 빈곤율 증가와 밀접하게 연관되어 있다. 여성 가구주의 경우 노동시장에서 낮은 임금을 받을 확률이 높을 뿐만 아니라, 혼자 자녀를 양육해야 하는 동시에 일을 해야 하는 이중고를 겪게 된다. 아동양육에 대한 지원 등 복지국가의 대응을 필요로 하는 상황에 처하는 것이다.

독립가구의 증가도 가족 간의 복지제공 기능을 떨어뜨려 국가의 복지활동을 팽창시키는 요인이 된다. 대가족처럼 가족 수가 많으면 복지에 대한 필요를 대부분 자체적으로 해결할 수 있어 국가에 의

10) 〈통계청 전망〉, 2014. 9. 22.

한 사회복지 서비스가 상대적으로 적어도 된다. 반면 혼자 사는 가구에서 문제가 발생하면 해결책을 국가에 의존할 가능성이 높다.[11)]

Ⅲ. 사회투자 복지국가로의 이행

1. '제3의 길'과 사회투자 복지국가

서구에서는 제2차 세계대전 이후 30년 동안의 복지국가 성립기와 성장기 동안에 대체로 사민주의 계열의 진보정당이 집권했고, 설사 보수정당이 집권한 경우에도 새로운 자유주의new liberalism로 변신하여 복지국가를 지지해왔다. 그런데 석유파동과 경제위기를 계기로 1979년 이후 영국과 미국의 경우와 마찬가지로 복지국가를 비판하는 새로운 자유주의neo-liberalism를 내세우는 보수정당이 집권하여 복지국가의 대폭축소를 추진해왔다. 반면에 1990년대 중반에 유럽에서는 다시 보수정당에서 진보정당으로의 정권교체가 일어난다. 이런 변화는 이전까지 집권당이던 보수당 정부가 추진한 복지의 과도한 축소가 불러온 불만의 표출이었다. 경제는 좋아졌지만 그 결실은 소수의 고소득자에게만 돌아갔고, 빈부격차가 심화되는 양극화 현상이 나타났던 것이다.

하지만 역사상 처음으로 18년 동안이나 집권하지 못했던 영국 노동당에게 국민들은 변화를 원했고, 노동당은 집권을 위해서는 변화해야한다는 점을 깨닫기 시작했다. 무엇보다 복지국가는 새로운 전략을 원했던 것이다. 1997년 선거에서 새로운 방향으로 '제3의 길The Third Way'을 제시한 신노동당은 영국 복지국가를 책임질 정당으로 선택된다. 기든스Anthony Giddens가 이론적 기초를 제공한 사민

11) 정원오, 앞의 책, 144.

주의의 혁신노선을[12] 제창하여 집권에 성공한 블레어Tony Blair의 '제3의 길'은 '요람에서 무덤까지'의 베버리지의 복지국가를 지향했던 전통적 사민주의(제1의 길)와 하이에크Hayek가 주창했던 대처식의 신자유주의(제2의 길) 모두를 부정하고, 양자의 역사적 실험결과를 창조적으로 절충한 '중도좌파'를 표방함으로써 세계의 관심을 집중시켰다.

신노동당은 과거의 정강을 버리고 새로운 정강을 채택했다. 노동당은 과거와 같이 더 많은 세금, 더 많은 국가개입을 공약하지 않았다. 그렇다고 보수당과 마찬가지로 작은 정부와 세금축소, 그리고 복지축소를 공약하지도 않았다. 신노동당은 세금의 효율적 사용, 국가개입의 효율화를 통해 보수당 정부 시절 증가한 불평등과 빈곤을 해소하는 적극적인 복지정책을 공약했다. 기존의 재원을 효율적으로 활용하고 불필요한 영역의 지출을 억제함으로써 빈곤층을 위한 복지재원을 마련할 수 있으며, 또한 복지 프로그램의 효율성을 증가시켜 새로운 빈곤문제와 빈부격차의 양극화 현상을 극복할 수 있다는 비전을 제시했다.

제3의 길에서 제안한 '적극적 복지positive welfare'와 '사회투자국가social investment state'는 기존의 사민주의 복지국가에 대한 문제점을 지적하면서 나온 개념이다. 먼저 적극적 복지는 복지급여 확대에만 의존하지 않고 근로활동 장려와 일자리 연결을 통해 복지의존을 줄이고 근로를 통한 복지를 달성하자는 것이다. 이전의 복지가 사후적 복지로서 생계가 어려워진 사람들에게 직접적으로 복지급여를 제공하는 것이라면, 적극적 복지는 예방적 복지로서 누구에게나 근로능력을 키울 수 있도록 기회를 제공해주는 것이다. 즉 물고기를 잡아서 먹여주는 것이 아니라 물고기 잡는 법을 가르쳐 자립할 수

---

12) Anthony Giddens, *The Third Way: The Renewal of Social Gemocracy*, Cambridge, Polity, 1998. 한상진 · 박찬욱 역, 『제3의 길』, 생각의 나무, 1998.

있게 해주는 것이다. 신노동당은 사회복지 급여를 통한 복지는 소극적 복지이며, 근로연계복지welfare to work 즉 일하는 복지workfare가 적극적 복지라는 점을 명확하게 천명했다.

이런 역할을 하는 것이 사회투자국가이다. 국가는 기업활동을 장려하고 인적자본human capital에 대한 사회적 투자를 강조해야 한다. 사회투자국가는 민간기구와 기업 등과 적극 협력해서 적극적 복지를 실현해야 한다. 이런 적극적 복지사회에서는 국가가 과거처럼 무조건 소득을 재분배하는 데 노력하기보다는 노동자 스스로 일자리를 찾아 나서야 한다는 점을 강조한다. 이는 권리를 주장하려면 책임이 따라야 한다는 제3의 길의 기본가치와도 부합된다. 이와 함께 국가는 소기업 창업이나 기술혁신을 촉진시키기 위해 기업에 대한 지원을 늘린다. 공공프로젝트도 기업과 함께 한다. 기업에 대한 지원을 늘려 일자리를 만들고, 실업자는 복지혜택 받기를 포기하는 대신 책임감을 갖고 일자리 찾기에 나서며, 국가는 그런 노동자를 위해 인적자본에 대한 투자를 실시한다는 것이다. 이와 같은 노동당의 변화는 복지국가의 생존을 위해 지속가능한 복지국가체제를 고민한 데 따른 결과였다. 이후에 집권한 사민당 진영의 정부는 대부분 이런 경향을 띠고 있었다.

1990년대 후반 영국의 토니 블레어 신노동당 정부가 '사회투자'를 제안했을 때, 에스핑-안데르센은 그것이 노르딕Nordic 사민주의를 영국이 뒤늦게 발견한 것에 불과하다고 논평했다. 사회투자라는 개념은 1930년대 스웨덴에서 대공황과 심각한 출산율 위기를 배경으로 사민주의 학자 뮈르달G. Myrdal이 보수주의자들을 침묵시키기 위해 개발한 개념이다. 사회정책을 비용이 아니라 투자라고 보는 새로운 시각이었다. 그는 저출산은 사회경제적 어려움 때문이고, 가족에게 경제적 지원을 하는 것이 출산율을 높이는 방법이며, 인구의 양보다 중요한 것은 인구의 질인데 인구의 질은 생물학적으로 결정되는 것이 아니라 보육, 교육, 건강보호, 가족에 대한 경제적 지원, 여성의 노동력 참여 지원 등 광범위한 인적자본 투자정책에 달려있다고 주장했다.

뮈르달의 메시지는 건강하고 교육받은 인구가 스스로 재생산되지 않으면 경제의 생산성을 유지할 수 없다는 것이다. 그의 사회투자 개념은 인적 자본의 형성뿐 아니라 보존의 중요성도 포괄한다. 특히 소득보장은 변화에 대한 근로자의 두려움, 경제적 재구조화에 대한 두려움을 극복하는 데 반드시 필요한 요소로 간주되었다. 그에게 사회정책은 개인의 생활보장과 재분배의 수단일 뿐 아니라 국가의 생산성을 높이고 유지하는 수단이다. 사회정책에 대한 이런 새로운 이해는 뮈르달의 '생산적 사회정책'이라는 용어에 포함되어 있다. '사회적 투자'와 '생산적 사회정책'은 평등과 효율이라는 이중의 목표를 조화시키는 개념이다.[13)]

경제정책과 사회정책, 평등과 효율의 상호 강화적인 성격에 대한 신념을 공유한다는 점에서 뮈르달의 사회투자와 생산적 복지의 개념은 케인스주의의 사회정책에 대한 이해와 일치한다. 중요한 두 가지 차이는 첫째, 뮈르달의 사회정책은 여성의 노동시장 참여와 양성평등를 강조하고 아동의 복리와 사회적 촉진을 강조한 데 반해, 케인스주의 사회정책은 전통적인 가족과 남성부양자 모델을 강조하여, 여성과 아동은 남성 부양자의 피부양자로서 사회적 급여권을 인정했다는 점이다. 둘째는 시간 프레임의 차이다. 케인스주의적 사회정책은 수요를 강화함으로써 당장 현재에 이익을 산출하려는 것이고, 뮈르달의 생산적 복지는 교육, 건강, 인적자본 투자를 통해 미래에 이익을 창출하려는 것이다. 케인스주의적 복지국가가 현재의 불평등에 도전하며 현금급여 형태의 수동적인 사회정책을

13) 이혜경, "사회투자 복지국가로의 새로운 항로", 이정우·이창곤, 『불평등 한국, 복지국가를 꿈꾸다』, 후마니타스, 2015. 390.

발전시킨 데 비해, 뮈르달의 사회투자는 인적자본 형성과 보존을 통해 미래에 생산되는 혜택을 중시했다.[14]

21세기 사회투자 개념은 전통적인 케인스주의적 복지국가나 신자유주의 개혁이 급진적으로 변화하고 있는 경제사회 질서와 인구구조 변화, 증가하는 빈곤, 양극화, 여성의 사회참여 증가, 사회적 배제에 대응하는 데 적절하지 못하다는 비판을 받아들이고, 직업을 창출하지 못하고 미래세대의 복지를 담보하지 못한다는 비판을 수용한다. 노동시장의 유연성과 개인의 고용 가능성을 중시하고, 국민으로 하여금 변화하는 고용조건과 가족구조의 변화에 대비하게 하며 빈곤의 세습을 예방하도록 준비시켜야 한다는 것이다. 그렇게 하려면 수동적인 소득보장으로부터 개인과 가족이 시장참여를 통해 스스로 복리를 책임질 수 있도록 하는 인적자본 투자와 적극적인 활성화activation 정책이 중요해진다.[15]

사회투자적 접근은 개인과 가족의 책임을 강조한다는 점에서는 신자유주의와 유사하지만, 신자유주의가 사회지출을 억제하는 것과는 달리 사회투자 접근은 사회투자를 위한 적극적이고 긍정적인 역할을 강조한다. 사회투자 시각은 효율과 형평, 성장과 복지의 조화가 가능하다고 보고, 사회정책이 경제성장의 전제조건이라고 본다는 점에서 케인스주의적 복지국가의 재생이라 할 수 있다. 또한 사회적 투자가 '경쟁력과 성장, 고용과 일자리의 질 향상'을 목표로 한다는 점에서 뮈르달의 생산적 복지 개념의 재생이다.

그러나 현재 결과의 평등보다 불평등과 빈곤의 세습 감소로 미래에 혜택을 생산하려 한다는 점은 케인스주의와 다른 점이다. 복지급여를 시민의 권리로 접근하는 복지주의welfare와 달리, 근로를 통한 복지를 강조한다는 점에서 근로주의workfare라 할 수 있으나 급

14) 위의 글, 390~391.
15) 위의 글, 391.

여수급의 조건으로 근로를 요구하는 신자유주의적 근로주의와는 구별한다. 이렇게 볼 때 사회투자 접근은 세계화와 탈산업화 시대에 케인스주의적 복지국가와 신자유주의의 대안적 사회정책 패러다임으로 광범위하게 공유되고 있고, 새로운 사회정책 패러다임으로서 광범위하게 확산되고 있다. 한국이 이를 전격적으로 도입한 것은 2000년대 초 생산적 복지의 계승발전을 약속한 노무현 정부에 의해서였다.16)

이렇게 볼 때 서구의 역사를 보면 절대주의적 중상주의 국가로부터 야경국가의 시대로, 야경국가에서 복지국가의 시대로, 복지국가에서 신자유주의 복지개혁의 시대를 거쳐 다시 복지국가의 사회투자적 재생과 근로주의적 재편의 시대로 전환해왔음을 알 수 있다. 그러나 후발 한국의 경우는 중상주의적 특징이 강한 권위주의적 발전국가로부터 중간단계들을 생략하고, 마지막 사회투자적 복지국가 재편의 단계로 진입하는 셈이다. 세계화와 탈산업화라는 세계사적 전환이 케인스주의적 복지국가의 현실 정합성을 크게 약화시켰다는 데 이론의 여지가 없고, 새로운 정치경제 사회적 환경에서 발생하는 새로운 사회적 위험에 대응하기 위한 복지국가 재편의 새로운 패러다임으로서 '사회적 투자' 개념이 세계사적으로 재조명되고 있음도 움직일 수 없는 사실이다.17)

이전의 신자유주의 전략은 복지 축소와 작은 정부를 모토로 했다. 이는 궁극적으로는 복지국가의 해체를 지향하는 것이었다. 그러나 복지의 부분적인 감축은 가능했지만 복지국가의 축소 및 해체

16) 위의 글, 391~392.

17) 위의 글, 386~387; J. Jenson, "Diffusing ideas for after-neoliberalism: The social investment perspective in Europe and Latin America", *Global Social Policy* 10(1), 2010; N. Morel, B. Palier, & J. Palme, eds., *Towards a Social Investment Welfare State?: Ideas, Policies, and Challenges*, Policy Press, 2012 참조.

는 불가능했다. 복지 프로그램들의 자체적 성숙으로 인해 복지정책은 축소되었지만 복지지출은 증가하는 현상이 나타났다. 복지급여를 매우 엄격하게 축소했지만 실업자와 빈곤의 증가로 공공부조 대상자가 늘어나고, 노인 인구의 증가로 연금급여가 증가함에 따라 최종적으로 복지재정 지출은 감소하지 않거나 오히려 증가했다.

2. 사회투자 복지국가의 개혁방향

신자유주의 전략이 복지국가 해체에는 실패했지만, 그것이 추구한 몇 가지 변화의 요소들은 복지국가의 효율성과 생산성의 측면에서 의미를 지니는 것이었다. 국가의 과도한 역할에 대한 비판, 이에 대한 대응으로서 민간복지의 활성화 촉구, 과도한 복지의존성에 대한 비판, 이에 대한 대응으로서의 복지와 노동의 연계 등이 그러하다. 이런 변화의 방향은 1990년대에 사민주의 진영의 복지국가 재편방향으로 수렴된다. 즉 양진영이 추구하는 궁극적인 목적은 다를 수 있지만, 양진영의 변화의 방향과 방법론은 수렴되는 양상이 나타나고 있는 것이다. 그 결과 현재 제3의 길이 지향하는 사회투자 복지국가의 개혁방향은 다음과 같은 네 가지, 즉 복지공급체계의 다원화 혹은 복지 다원주의화, 근로와 복지의 연계, 권리와 의무의 균형, 경제정책과 사회정책의 통합 등으로 수렴되고 있다.[18)]

1) 복지공급체계의 다원화

첫째로 복지공급체계가 다원화되는 양상이다. 이는 복지다원주의 welfare pluralism 혹은 복지혼합welfare mix이라고 표현되는 현상으로서 국가, 시장, 가족, 소규모 공동체, 비영리 조직 등이 상호 연대

18) 정원오, 앞의 책, 148~154.

해 하나의 복지체제를 형성해가는 것을 의미한다. 국가는 체계적이고 지속적이고 보편적인 복지체제를 만들 수 있어 평등의 가치를 실현할 수 있는 반면, 권위적이고 획일적인 서비스에 빠지기 쉽다. 시장은 효율적이고 선택 가능성을 넓히는 반면, 영리 지향으로 인해 불평등을 확대한다. 가족과 소규모 공동체는 친밀한 서비스 제공이 가능하나, 서비스 제공 대상을 배타적으로 한정하는 경향이 있다. 비영리 조직은 경직되지 않은 유연한 활동이 가능하고 서비스 수급자의 참여가 활성화되는 경향이 있으나, 비전문적이거나 아마추어리즘에서 벗어나지 못하는 측면이 있다. 각각의 공급체계는 저마다 장단점을 지니고 있는데, 다양한 공급주체가 적절히 혼합됨으로써 상호 단점을 보완하고 장점을 극대화하는 방향으로 전환하는 것, 이것이 복지 다원주의가 추구하는 바이다.

과거의 국가독점 방식의 복지공급체계가 지니는 비효율성을 극복하고, 신자유주의의 일방적 민영화 방식의 복지공급체계가 가져온 불평등의 심화현상을 넘어서는 대안으로서의 복지 다원주의는 변화하는 환경 속에서 복지국가가 생존하고 발전하는 데 유력한 전략 중의 하나로 모색되고 있다.[19]

2) 근로와 복지의 연계

둘째로 근로와 복지의 연계가 강화되는 양상이다. 이를 가리켜 근로연계복지라고 하기도 하고, 기존이 복지체제와 구분하는 말로서 welfare와 대비시켜 'workfare'라는 신조어가 만들어지기도 했다. 근로연계복지는 사회복지의 민영화[20]와 더불어 신자유주의 복지개

---

19) 위의 책, 150.

20) 1980년대 이후 신자유주의의 영향으로 사회보장제도의 운영권이 국가에서 민간기구 혹은 영리조직으로 넘어가는 사회복지의 민영화 현상이 폭넓게 나타났다. 공영주택의 소유권을 민간조합이나 개인에게 넘기는 영국의 주택 민영화 현상이 대표적 사례이며, 남미에서는 노령연금제도를 민간 상업보험 회사

혁의 대표 브랜드였다. 사회복지지출을 축소하고 복지의존성을 줄이기 위해 신자유주의 복지전략에서는 복지수급권을 노동시장 참여 조건과 연계했다. 이전에는 실업자에게 제공되는 실업급여가 불가침의 권리로 인정되었지만, 근로연계 복지체계로 전환되면서 적극적으로 구직활동을 해야 한다는 조건을 충족하지 못하는 경우 실업급여의 권리는 언제든지 제한될 수 있도록 바뀌었다.

이런 근로연계복지는 복지수급권을 제한한다는 의미에서 더 이상 복지가 아니라는 비판이 있었지만, 1990년대에 들어오면서 대부분의 복지국가에서 복지정책의 중요한 원리로 정착되고 있다. 사민주의 진영에서도 근로는 복지의 중요한 요소로 강조되고 있다. 스웨덴은 전통적으로 완전고용을 위한 적극적 노동시장정책을 채택하고 있었고, 영국의 노동당은 제3의 길에서 급여를 통한 소극적 복지보다는 일을 통한 적극적 복지가 더 중요함을 천명했다. 또한 유럽 각국이 현재 진행 중인 복지개혁의 골자들은 구직활동을 적극적으로 펼치지 않을 경우 불이익을 주거나(스웨덴), 실업급여 기간을 1/3수준으로 대폭 감축(독일)하는 등 재정부담을 줄여가면서 복지수혜자들에 대한 압박을 강화하는 방향으로 크게 선회했다.[21)]

3) 권리와 의무의 균형

셋째, 권리와 의무가 균형을 이루는 양상이다. 복지급여의 권리에 대한 반작용으로 복지수급자의 의무를 강조하는 것은 신자유주의적 복지개혁 전략에서 매우 중요한 요소였다. 그런데 이것은 오늘날 사민주의 진영과 영국의 제3의 길에서도 예외 없이 강조되고

들이 참여할 수 있도록 민영화한 나라도 등장했다. 하지만 민영화로 인한 문제점이 부각되면서 최근에는 민영화보다는 사회복지의 다원주의라는 방식과 용어를 더 일반적으로 사용한다.

21) 〈네이버뉴스〉, 2012. 3. 19.

있다. 복지수급은 단순한 권리로서 제공되는 것이 아니라 사회적 책임과 의무를 다하는 경우에만 제공될 수 있다는, 국가의 책임과 개인의 책임이 동시에 강조되는 상호 책임성의 논리가 복지개혁의 중요한 원칙으로 자리 잡아가고 있다.

그렇다면 실업문제는 어떻게 해결해야 할까? 우선 확실한 것은 국가가 과거처럼 무조건 소득을 재분배하려고 노력하기 보다는 노동자가 스스로 일자리를 찾아 나서야 한다는 점을 강조한다. 이는 권리를 위해서는 책임이 따라야 한다는 제3의 길의 원칙과도 부합한다. 실제로 영국의 복지 프로그램은 실업자가 된지 6개월이 지난 모든 청년 실업자에게 취업, 전일제 교육 및 직업훈련, 자원봉사기구에서 일하기, 정부의 포르젝트인 빈민 지구환경 특별업무팀에서 일하기의 4가지 대안 중에 하나를 선택하게 하고, 정부는 정당한 사유 없이 이를 모두 거부할 경우 실업급여 전부를 박탈할 수 있도록 했다.

4) 경제정책과 사회정책의 통합

마지막으로 경제정책과 사회복지정책이 밀접하게 연계되는 양상이다. 그렇다고 해서 과거의 복지국가에서 경제정책이 무시되거나 복지정책과 무관했다는 의미는 아니다. 복지국가의 중요한 이론적 기반 중의 하나가 케인스주의 경제정책이었듯이, 경제정책과 복지정책의 연계가 중요하다는 점은 많은 복지국가에서 공통적으로 인정하고 있으나, 그 연계의 정도와 양상은 다양하게 나타난다. 복지정책은 성장의 과실을 잘 분배하면 된다는 경제정책과 복지정책의 역할 분담론적 유형도 있고, 다른 한편으로는 복지정책이 경제정책에 부정적 영향을 미치지 않도록 두 정책을 연계시키는 유형도 있다.

복지국가가 어려움에 봉착하고, 그 어려움이 단순한 정책적 실패보다는 후기산업사회로의 전환 등 구조적 변화에 기인한다는 점을 인식하면서, 이런 변화된 환경에서 복지국가가 지속가능하기 위해서는 경제정책과 복지정책이 하나로 융합되어야 한다는 점이 더욱 강조되고 있다. 스웨덴을 중심으로 한 사민주의 복지모델을 연구하고 강조하는 것은 이런 융합이 비교적 잘 이루어지고 있기 때문이다.[22]

이와 관련해서 미쉬라R. Mishra는 사회복지정책과 경제정책이 유기적으로 연계되어 있는가를 기준으로 복지국가의 유형을 '다원적plural 또는 분화된differentiated' 복지국가와 '조합주의적corporate 또는 통합된integrated' 복지국가로 구별한다.[23] 분화된(혹은 다원적) 복지국가에서 사회복지는 경제와 구분되고 대립한다. 복지정책은 경제에 나쁜 영향을 주는 것으로 간주되어 최소한으로 억제된다. 복지제도가 경제에 미치는 나쁜 영향이란 과도한 복지급여가 노동의욕을 떨어뜨린다거나, 복지에 의존함으로써 노력하지 않도록 한다거나, 미래를 대비하는 저축성향을 낮춘다거나 하는 것을 말한다. 따라서 복지정책이 부작용을 내지 않도록 그 대상을 일부 국민으로만 선별적으로 제한하고 급여의 수준과 기간을 최소한으로 규제한다. 따라서 복지정책들이 통합성을 갖지 못하고 단편화되고 다원화된다. 이런 유형에 속하는 국가들로는 자유주의적 성향이 강한 영어권 국가들인 미국, 영국, 캐나다 등이 있다.

반면에 통합적(혹은 조합적) 복지국가에서 사회복지와 경제는 분리되어 있지 않고 유기적으로 통합되어 있다. 사회복지정책이 경제정책과 연계되어 있고 경제정책은 사회복지정책과 밀접하게 연계되어 있어 복지정책이 경제에 부정적 영향을 미치는 것이 아니라 상

22) 정원오, 앞의 책, 152~153.

23) R. Mishra, *The Welfare State in Crisis: Social Thought and Social Change*, UK, Wheatsheaf Books, 1984.

호 상승작용을 하는 것으로 간주된다. 예컨대 노동시장정책은 한편으로는 복지정책의 의미를 갖고 다른 한편으로는 경제정책의 의미를 갖는다. 이런 복지정책은 경제집단들 또는 계급 간의 상호협력 속에서 추진된다. 사회복지정책은 경제정책을 보완하고 경제정책은 사회복지정책의 기능을 보완하는 것이다. 또한 사회복지는 일시적이고 선별적으로 작동하는 것이 아니라 지속적이고 보편적으로 작동하여 파편화되지 않고 통합적으로 구조화된다. 이런 유형의 복지국가로는 주로 평등주의가 강조되는 사민주의 국가들, 대표적으로는 스웨덴, 오스트리아 등이 있다.

이런 맥락에서 서상목은 지속가능한 복지국가의 패러다임으로 복지와 경제의 융합인 '웰페어노믹스welfarenomics'를 제시하면서 이것이 한국이 나아가야 할 방향이라고 주장한다. 외환위기 수습과정에서 신자유주의 정책이 추진되었으나 양극화가 심화되는 결과를 가져왔고, 전통적인 서구식 복지국가 모델 역시 세계화가 급진전되고 대내외 경제상황이 악화되는 상황에서는 실현 불가능한 정책목표이기 때문에 신자유주의 경제정책과 전통적 복지국가 모델을 복지와 경제를 융합하는 방향으로, 즉 '복지적 경제'와 '경제적 복지'로 수정해서 한국 자본주의의 새로운 패러다임으로 만들어보자는 것이다.[24)]

Ⅳ. 복지국가의 미래: 역사적 실험들

최근 세계 주요 국가들에서 한편에서는 최저임금 인상의 열풍이 불고 있는 반면, 다른 한편에서는 기본소득basic income 도입이 논의되는 역사적 실험이 이루어지고 있어 복지국가의 미래와 관련하

---

24) 서상목, 『웰페어노믹스』, 북코리아. 2013, 8~9.

여 비상한 관심을 끌고 있다. 전후 유럽 선진 자본주의 국가들을 특징지었던 것은 복지국가 모델이었다. 그러나 이런 모델은 1970년대 이후 세계경제의 침체와 함께 위기국면으로 접어들었다. 왜냐하면 공공부조와 사회보험을 기반으로 한 복지국가 모델은 몇 가지 조건을 전제로 성립된 것인데, 그런 조건 자체가 변화했기 때문이다. 전후 복지국가의 황금시대의 가장 큰 특징은 바로 대량생산-대량소비의 포디즘적 축적체제와 이를 토대로 한 전례 없는 호황이었다.[25)]

당시에는 이런 체제를 근간으로 완전고용이 추구될 수 있었으며, 탈빈곤 프로그램 또한 작동할 수 있었다. 그래서 이런 포디즘적 축적체제가 위기를 맞은 상황에서 그 바탕 위에서만 작동할 수 있었던 복지국가 모델이 위기를 맞이하게 된 것은 당연했다. 그리하여 복지국가는 차츰 잔여화residualized 되었고, 시민의 보편적 권리는 수혜요건을 갖춘 가난한 이들을 위한 것으로 바뀌었다.[26)] 복지국가 연구의 권위자인 에스핑-안데르센 또한 1980년대 이후 실업과 불평등 해소에 가까이 다가섰던 스웨덴 모델뿐만 아니라 독일 모델조차 약화되거나 위기에 처했다고 진단하면서 "1979년 이후에는 기존의 어떤 제도적 모델도 완전고용과 균형성장을 동시에 이룩할 수 없게 되었다"고 보았다.[27)]

이렇듯 공공부조와 사회보장 중심의 복지국가가 오늘날 경제적, 사회적 한계에 다다르자 이런 복지국가의 위기에 대응하여 다양한 대안적 소득보장논의가 활성화되었는데,[28)] 크게 두 가지 방향의 대

25) Andrew Glyn, *Capitalism Unleashed: Finance, Globalization and Welfare*, Oxford University Press, 2006. 김수행·정상진 역, 『고삐 풀린 자본주의』, 필맥, 2008, 17.

26) Colin Crouch, *Post-Democracy*, Polity Press, 2004. 이한 역, 『포스트민주주의』, 미지북스, 2008.

27) 정이환, 『현대노동시장의 정치사회학』 후마니타스, 2006, 61.

28) 물론 복지국가의 위기 이전에도 대안적 소득보장 논의가 없었던 것은 아니다. 대표적으로는 미국의 자유주의 경제학자 로버트 테오발드Robert Theobald가 주장한 연간소득annual income 보장이 있는데, 이와 관련하여 그는 그 이

응방식이 나타났다. 하나는 노동과 복지를 연계하는 노동연계복지 workfare의 흐름이고, 다른 하나는 이런 연계 자체를 거부하고 비판하는 흐름이다. 그런데 최근 전자의 흐름과 관련해서는 최저임금의 인상, 후자와 관련해서는 기본소득의 도입이라는 역사적 실험이 세계의 주요 국가들에서 진행되고 있는 것이다.

1. 최저임금의 인상

노동연계복지는 복지와 생산, 그리고 노동을 연계하려는 사고방식으로 일정 수준의 사회보장을 통해 노동시장 속에서 시장의 규율을 회복하려는 시도라고 할 수 있다. 이는 일면 복지영역의 확장으로 볼 수도 있지만, 노동이라는 조건을 부과한다는 점에서 전통적인 복지의 의미를 퇴색시키는 측면도 존재한다. 그런데 최근 노동연계복지와 관련해서 미국, 영국, 러시아 등 세계 각국에서 최저임금을 대폭 올리려는 움직임이 일면서 논란이 거세지고 있다. 한쪽에서는 세계경기 전망에 그늘이 드리운 가운데 최저임금 인상은 국민의 생활수준을 올리고, 내수를 활성화해 경제를 선순환시킬 수 있다고 주장한다. 반면 오히려 기업 투자를 위축시킬 것이라는 부

유를 다음과 같이 제시했다. "자동화가 계속해서 생산성을 향상시키고 노동력 대체를 가져오기 때문에 소득과 노동 간의 전통적인 연계를 파괴할 필요가 있다. 기계가 더욱 더 많은 노동력을 대체함에 따라 사람들은 공식 경제에서 취업과는 별도로 소득을 보장받을 필요가 있다. 그래야 사람들의 생존이 보장되고 경제는 생산된 서비스의 소비에 필요한 구매력을 갖게 된다." 이에 대해서는 Jeremy Rifkin, *The End of Work: The Decline of the Global Labor Force and the Dawn of the Post-Market Era*, Putnam Publishing Group, 1995. 이영호 역, 『노동의 종말』, 민음사, 1996 재인용; 한편 김진구는 복지국가 위기 이후의 대안적 소득보장 논의를 로버트 해브만Robert Haveman의 분류를 기초로 CIT(credit Income tax), NIT(negative income tax), EITC(earned income tax credit), BIG(basic income guarantee) 등 네 가지로 나누어 비교·소개하고 있다.

정적 전망도 나온다.[29)]

제니 브라운 미국 캘리포니아 주지사는 2016년 3월 28일 시간당 최저임금을 현재 10달러(1만 1700원)에서 2017년에 시간당 10.50달러로 오른 후 2018년 11달러. 2019년에 12달러 등 1년에 1달러씩 올라 2022년에 15달러(1만 7500원)로 점차 인상하는 방안을 공식발표했다. 이는 연방정부가 정한 최저임금(7.25달러)의 두 배가 넘은 액수다.

미국에서 최저임금 인상 운동은 이른바 '15달러를 위한 투쟁fight for 15$'이라는 이름으로 몇 해 전부터 진행됐다. 2012년 맥도날드 등 패스트푸드 업계 노동자들이 시간당 임금 15달러를 요구한 것이 계기였다. 이후 줄기차게 사회적 관심을 끌어온 결과, 지난해 뉴욕주에서 패스트푸드 식당 종업원과 공무원의 최저임금을 시간당 15달러로 인상했다.

또한 지난 달에는 로스앤젤레스의 패서디나시도 2020년까지 최저임금을 15달러로 인상하기로 했다. 특히 캘리포니아는 미국에서 인구 및 경제규모가 가장 큰 주로 다른 주에 영향을 미칠 수 있는 만큼 '최대 전과'로 평가된다. 바람이 거세지자 대선 주자들도 이들의 요구를 수용하고 나섰다. 민주당 대선 후보인 힐러리 클린턴 전 국무장관과 버니 샌더스 상원의원은 각각 연방 최저임금을 12달러와 15달러로 올리겠다는 공약을 내건 상태다.

영국 역시 '생활임금National Living Wage'이라는 새로운 이름을 붙여 최저임금 현실화에 나섰다. 생활임금은 물가를 반영해 근로자와 그 가족이 기본적인 생활을 영위할 수 있는 수준의 임금 개념으로 주요 선진국 가운데 처음으로 도입되는 것이다. 실제생활에 필요한 최소한의 임금과 법정 최저임금 간의 괴리를 해소하기 위해 도입한

---

29) 〈헤럴드경제〉, 2016. 4. 1.

이 제도에 따라 2016년 4월 1일부터 25세 이상 근로자의 생활임금을 현재 시간당 6.70파운드(1만 1100원)인 최저임금에서 7.2파운드(1만 2000원)로 올린 뒤, 2020년까지 9파운드(1만 5000원)로 올리겠다는 것이다. 연평균 인상률은 6.25%로 기존 최저임금 인상 속도(2.1%)의 세 배다.

생활임금은 1994년 미국 볼티모어시가 관련 조례를 만들면서 지자체 단위에서 처음 도입했다. 한국에서도 서울 노원구가 2013년부터 공공기관 관련 근로자에게 최저임금보다 높은 급여(올해 시간당 7370원)를 제공하는 등 전국 50여개 지자체가 생활임금제를 시행하고 있다.

그런데 영국 정부의 이번 결정은 '저복지 고임금'으로 소득불평등을 완화하고 경제를 활성화하겠다는 구상에 따른 것이다. 작년 7월 조지 오스본 영국 재무장관은 2020년까지 복지지출을 120억 파운드 삭감하고, 법인세율을 현행 20%에서 17%로 낮추는 대신 저소득층의 임금수준을 올리겠다고 발표했다. 그는 이번 결정은 "서구 정부 역사상 최대수준의 최저임금 인상이 될 것"이라며 "세금감면이 축소되지만, 기존 최저임금을 받을 때보다 더 나은 삶을 맞게 될 것이며 전체 가구의 90% 이상이 혜택을 누릴 것"이라고 주장했다.

그동안 기업 경쟁력 향상과 시장경제를 중시한 캐머런David Cameron 총리의 보수정부로서는 다소 의외로 보일 수도 있다. 하지만 생활임금제는 최저임금을 인상하여 법인세를 깍아준다는 조건으로 기업에 복지책임을 미루는 대신, 국가는 세금을 적게 걷고 복지예산의 지출도 줄여나가겠다는 것이다. 그래서 복지지출 삭감과 생활임금 도입을 영국을 '저임금, 고조세, 고복지low wage, high tax, high welfare' 사회에서 '고임금, 저조세, 저복지higher wage, lower tax, lower welfare' 사회로 변화시키기 위한 것이라고 보수당 정부는 설명한다. 또한 생활임금 도입으로 저임금 근로자들이 국가의 복지혜택에 의존하기보다 근로를 통해 자립해 나갈 수 있다는 것이다.

생활임금 도입이 복지지출 축소 및 법인세 인하와 함께 큰 틀에서 추진되는 가운데, 복지지출 삭감에 따른 저소득층의 손실을 생활임금이 제대로 보존해줄 수 없다는 비판도 강하게 제기되고 있다. 또한 정부가 물가를 근거로 하는 생활임금을 잘못 산출할 경우 심각한 부작용이 발생할 것이라는 지적도 있다. 그렇다면 생활임금 정책은 최저임금의 인상일 뿐 진정한 생활임금이 아닐 수도 있다. 또한 임금의 갑작스러운 인상이 가져오는 인건비 부담 때문에 일자리가 감소될 수 있다는 우려도 심각하게 제기되고 있다. 노동비용을 절감하기 위해 기업들이 25세 이상 근로자를 생활임금 적용을 받지 않은 25세 미만 근로자로 대체할 가능성도 높다. 어쨌든 생활임금제도의 도입에 대해 BBC 방송은 "영국 근로자 600만 명이 혜택을 볼 것"이라며, "전 세계가 영국의 생활임금제도를 주목하고 있다."고 전했다.

러시아도 2016년 7월부터 최저임금을 무려 20% 가까이 올리겠다는 방침을 밝혔다. 드미트리 메드베데프 총리는 지난주 여당인 러시아연합당에서 행한 연설에서, 현재 한 달에 6204루블(10만 5000원)인 최저임금을 7월부터 7500루블(12만 7000원)로 올리겠다고 말했다. 러시아는 1월에도 최저임금을 4% 인상한 바 있다. 메드베데프 총리는 "최저임금과 생계비용 간 차이가 여전히 높아 국민들의 걱정이 크다."고 인상배경을 설명했다. 유가하락으로 극심한 경기침체에 시달리고 있는데다가 루블화 가치 하락으로 인플레이션까지 겹쳐 지난해 실질임금이 9.3% 포인트 하락하자 최저임금 인상으로 경기를 살리겠다는 것이다.

이밖에 일본도 2016년부터 최저임금을 매년 3%씩 인상해 가능한 한 빨리 1000엔(1만원)까지 올리겠다는 목표를 세운 바 있다. 또한 〈파이낸셜타임스〉는 "말레이시아 등 개발도상국도 성장과 분배의

선순환의 차원에서 최저임금 정책을 활용하고 있다."고 전했다.[30)]

이처럼 최저임금 인상 주장이 세계 각국에서 힘을 얻는 이유는 복지와 성장을 동시에 달성할 수 있는 해법으로 받아들여지기 때문이다. 인상론자들은 최저임금을 올려 한계소비성향(소득 대비 지출액)이 높은 서민들의 주머니를 채워주면, 곧바로 내수로 이어져 침체됐던 경기가 살아날 것이고, 또한 국가의 복지혜택에 기대려는 저소득층을 생산활동으로 유도할 수 있다는 주장이다. 높은 생활비, 낮은 임금으로 불만이 가득 찬 서민들을 달래주는 효과도 있다. 현재 선진국 저소득층 사이에서 극우 성향이 싹을 튼 이유 중 하나가 곤궁한 생활 때문이라는 점을 감안하면 정치적 필요 또한 존재한다.

반면에 인건비 상승 압박 때문에 기업 투자가 줄고, 저숙련 노동자들의 해고가 늘어날 것이라는 우려도 있다. 특히 노동을 자본으로 대체하기 어려운 중소기업들이 큰 피해를 볼 것이라는 지적이다. 또한 미국과 영국 같은 나라에서는 가뜩이나 이민자가 밀려들어오고, 기업들은 해외로 떠나는 판에 이를 더욱 부추길 것이라는 우려가 크다. 이는 저소득층의 극우적 보호무역주의 성향을 더욱 강화할 것이라는 지적이다.

하지만 최저임금 인상론자들은 지난해 최저임금을 인상했지만, 우려와 달리 사상 최저수준의 실업률을 유지하며 오히려 고용안전성이 높아진 독일의 사례를 강조하며 반박하고 있다. 영국 〈파이낸셜타임스〉는 "경제학 교과서에 따르면 임금인상은 노동수요를 줄여 실업률이 높아진다"는데 "최저임금을 지속해서 인상하면서도 실업률을 일정 수준으로 유지하는 국가들이 늘어나면서 새로운 현상이 나타나고 있다."고 전했다. 미국 〈월스트리트저널〉도 "최저임금 인상

30) 〈파이낸셜타임스〉, 2016. 3. 29.

이 노동시장에 어떤 영향을 줄 것인지를 가늠할 수 있는 역사적 실험이 될 것"이라고 전망했다.31)

2. 기본소득의 도입

1) 기본소득 논의의 활성화

최저임금 인상의 열풍과는 달리 한편에서는 세계 주요 국가들에서 기본소득의 도입에 관한 논의가 한창이다. 최저임금 인상이 노동연계복지의 한 흐름인 반면, 기본소득은 노동과 소득, 노동과 복지를 연계시키는 그런 사고와 정반대 편에 있는 개념으로서 국가가 모든 국민에게 같은 액수의 현금을 매달 지급하는 일종의 시민월급이다. 부유하든 가난하든(보편성) 노동을 하든 하지 않든(무조건성), 시민이라면 누구나 기본소득을 받을 수 있다. 대신 다른 유형의 복지급여는 물론 최저임금까지 줄이거나 폐지하여 '기본소득으로 복지의 일원화'를 이루겠다는 것이다. 기존의 노동연계복지가 실패했기 때문이다. 노동연계복지와 관련한 미국과 유럽에서의 경험적 연구들을 살펴보면, 이것이 사회적으로 배제된 사람들 가운데 소수 사람만 구제해줄 뿐이며, 행정적 실패와 관료주의 강화를 낳는 등 많은 한계점을 보여주었다.32)

그 결과 유럽의 복지국가들을 중심으로 기본소득제 도입을 둘러싼 논의가 활발하게 진행되고 있다. 특히 스위스는 2016년 6월 5일 세계 최초로 기본소득제의 도입에 대한 국민투표까지 실시했다. 전 국민을 대상으로 성인에게는 매월 2천 500 스위스프랑(약 300만원), 어린이와 청소년에게는 매월 650 스위스프랑(약 75만원)을 지급하

31) 〈오마이뉴스〉. 2016. 4. 1.

32) J. Handler & A. Bodcock, "The Failure of workfare: another reason for a basic income guarantee", *Basic Income Studies* 1(1), 2006.

는 기본소득안은 76.9%의 반대로 부결됐다. 스위스가 세계 최대의 고물가 국가라지만 기본소득 액수가 아무래도 과도했던 것 같다. 하지만 국민투표를 앞두고 기본소득이 전 세계적인 관심사로 떠오르면서 법안을 주도한 지식인모임은 어차피 이번에 당장 통과될 것으로 생각하지는 않았던 만큼 어느 정도 목적을 달성했고, 특히 청년들이 기본소득에 관한 토론을 계속하길 원한다는 점이 고무적이라고 평가했다.

반대가 찬성보다 3배 이상 많았던 데에는 정부와 의회의 반대가 큰 역할을 했다. 노동과 개인의 책무에 가치를 부여하는 스위스에는 위험한 실험이라는 것이다. 또한 노동의욕이 줄어들 것으로 보는 우파는 "마르크스주의 같다", "스위스의 경쟁력이 떨어진다"며 반대했다. 게다가 저소득층의 복지가 줄어들까 걱정하는 좌파도 반대했다. 기본소득운동 단체들이 설계한 안은 저소득층의 모자란 벌이를 메워주기 위한 것이 아니라 부유층에게도 무조건 똑같은 액수를 주자는 것이었다. 재정을 메우려고 세금을 늘려 실질임금이 줄어들면 오히려 저소득층에게는 역차별이 될 수 있다는 것이다. 잘 짜여진 사회보장체계를 뒤집어엎을 필요가 있느냐는 회의론도 힘을 받았다. 유럽에 퍼지는 이민자 공포도 컸다. 5년 이상 합법적으로 거주한 외국인들에게도 기본소득을 준다는 내용이 들어있어, 이민자들이 몰려와 사회를 흔들 수 있다는 여론이 형성됐다.[33]

그러나 스위스의 결과가 비슷한 실험을 추진하는 유럽 각국에 어떤 영향을 미칠지 예단하기는 어렵다. 찬반논란에도 불구하고 기본소득제 도입을 준비 중인 나라도 적지 않다. 핀란드에서는 기본소득제가 현실화될 조짐이다. 기본소득제 도입을 사실상 공약으로 내세워 2015년 4월 총선에서 집권한 핀란드의 중도우파 정부가 전 국

33) 〈경향신문〉, 2016. 6. 6.

민을 대상으로 월 800유로(약 103만원)를 지급하는 방안을 추진하고 있는 것으로 알려졌다. 2016년 말까지 모델을 개발하고 2017년부터 2019년까지 시험실시를 거쳐 전면 도입하는 것을 검토하고 있다. 하지만 지금까지의 논의과정을 보면 적어도 좌파들의 희망과는 다른 정책이 시행될 가능성이 크다.

우선 기본소득 액수가 1인당 800유로에 불과하다. 800유로로는 수도 헬싱키에서 주거·식량 등 기본적인 삶을 유지할 수 없다. 만약 기본소득 수혜자인 '모든 국민'에 어린이까지 포함된다면, 4인 이상 가구는 그럭저럭 기본 삶을 유지할 수도 있다. 그러나 수혜 연령 역시 아직 논의 중인 것으로 보인다. 더욱이 기본소득의 필수요소 중 하나인 '무조건성'도 위태롭다. '사회적으로 유익한 활동'을 하는 시민에게만 기본소득을 제공하자는 주장이 강력히 제기되고 있는 것으로 보이기 때문이다. 은둔자나 한량(원칙적 기본소득론에서는 수혜대상)은 물론이고 무명 예술가, 시민단체 활동가 등까지 기본소득을 받게 될지 불투명하다는 이야기다.

이에 대해 기본소득 프로젝트를 주도하는 총책임자인 리사 휘셀레 사회보험국 국장은 "새로운 계획이 시행되면 공공재정에서 수백만 유로가 오히려 절약될 것"이라고 주장했다. 유하 시필라 핀란드 총리도 "나에게 기본소득의 의미는 사회보장체계의 단순화다"라고 말한 바 있다. 핀란드 기본소득 네트워크 오토 레흐토 의장은 새로운 중도우파 정부가 기본소득을 실험하기로 약속했지만, 순수한 의미의 기본소득제(보편성과 무조건성)가 시행될 것 같지는 않다고 말했다. "정부는 기본소득을 추진하면서 복지비용을 줄이겠다고 한다. 실업급여를 받을 수 있는 자격을 강화하는 것으로 말이다. 양립할 수 없는 목표들 사이를 왔다 갔다 하는 일종의 정신분열증으로 볼 수밖에 없다."

이렇게 볼 때 핀란드 기본소득제는 좌파 버전보다 우파 버전에 가까울 가능성이 높다. 노동시장으로부터의 해방이 아니라 저임금 일자리로의 토끼몰이 말이다.[34] 따라서 핀란드에서는 기본소득론 자체가 기존 복지국가 시스템에 대한 강력한 비판이라는 점에 유의할 필요가 있다. 그래서 노총과 사민당은 기본소득론에 반대해왔다. 노총의 우려는 낮은 기본소득 때문에 다수의 핀란드인들이 저임금 일자리로 쇄도하는 사태다. 이에 따라 사회 전반적인 임금수준이 하락하고 노조의 협상력을 떨어뜨릴 수 있다. 그래서 노총과 사민당은 복지체계의 급진적 변혁(기본소득)보다 교육 및 직업훈련 강화 등을 통한 노동자 숙련화로 좋은 고용을 창출하자고 주장해왔다.

하지만 이후에도 상황은 개선되지 않았다. 일자리는 계속 줄어들면서 불안정해졌다. 이에 따라 프레카리아트precariat('불안정한 precarious'과 '무산계급proletariat'의 합성어로 비정규직·파견직·실업자 집단 등을 가리킨다)가 하나의 집단으로 등장하면서 기존 복지시스템의 해체와 기본소득을 주장하기에 이르렀다. 더 큰 문제는 이런 경향이 정보통신혁명에 따른 자동화와 로봇의 도입으로 일자리가 더욱 줄어들게 됨에 따라 더욱 격화될 것이라는 점이다. 이처럼 노동시장 진입 자체가 특권이 되고, 일하는 소수의 고소득자와 일할 수 없는 다수의 저소득자로 분할된다면 어떤 대안이 가능할까? 어쩌면 현실성과 별개로 '노동과 소득의 분리'라는 기본소득의 원리가 점점 더 설득력을 가지게 될 수도 있다. 세계 최고의 복지국가 핀란드의 젊은 프레카리아트들이 기본소득을 주장하는 주체로 나선 것은 예사로운 일이 아니다.[35]

네델란드에서도 모든 사람에게 매달 100만원 이상 일정금액을 지급하는 기본소득제를 검토하고 있다. 네델란드 중부 대도시인 위트

---

34) "핀란드발 기본소득 뉴스로 난처해진 핀란드 정부", 〈시사IN〉, 2015. 12. 14.
35) 위의 글.

레히트를 비롯해 19개 시 당국이 시민 모두에게 일정 기본소득을 지급하는 방안을 논의하고 있다는 것이다. 위트레히트에서는 우선 일부 복지수당 수급자에게 매달 900유로(약 115만원)를 제공하고 이외에 따로 소득이 생기더라도 지급액을 까지 않는 실험에 나설 계획이다. 이는 모든 사람에게 기본소득이 제공됐을 때에도 사람들이 자발적으로 노동시장에 나서는지 확인하기 위한 것이다. 특히 이번 실험은 복지수당 수급자만 대상으로 이들이 '빈곤의 덫'에서 벗어나길 바라는 의도에서 행해진다. 수급자들은 그간 돈을 벌면 수급액이 깍이기 때문에 노동을 포기하고 복지수당으로 연명하는 '빈곤의 덫'에 갇혀왔다. 이런 문제를 기본소득제도로 해결할 수 있을 것으로 시 당국자들은 기대하고 있다. 그간 기본소득에 대한 논의는 이어졌지만 수급자들이 돈만 받고 일은 하지 않을 것이라는 비판이 거셌다.[36)]

뉴질랜드에서도 기본소득제를 도입하자는 제안이 나왔다. 뉴질랜드 제1야당인 노동당은 전 국민에게 기본소득 명목으로 주당 211달러씩 연간 1만 1000달러(약 863만원)를 지급하는 방안을 제시했다. 저임금과 낮은 복지수당으로 인한 사회불안을 해소하는 데 도움이 될 것이라는 판단에 따른 것으로 풀이된다.[37)] 최근에는 캐나다도 기본소득 문제를 논의 중이다. 네델란드는 올해 안에 기본소득과 유사한 정책을 시행할 예정이다.

이렇듯 세계의 주요 국가들에서 도입하려는 기본소득제가 의도하는 정책목표는 크게 두 가지 방향이다. 모든 국민에게 빈곤선 이상의 삶을 살 수 있을 만큼의 기본소득을 보장해주는 동시에, 이를 통해 시장구매력을 확보하고 내수증진과 경기순환의 선순환 구조를 만들겠다는 것이 기본소득제가 의도하는 정책효과다.[38)] 정부는 수

---

36) 〈연합뉴스〉, 2015. 12. 27,
37) 〈아주경제〉, 2016. 4. 7.

혜대상자를 선별하는 데 필요한 행정력이나 별도의 예산을 투입하지 않아도 되고, 기본소득을 보편화한다고 해도 복지부분에서 기존의 재정지출 규모보다 비용이 급격하게 증가하지 않을 수 있다는 점에서, 사회적 불평등을 완화하고 복지를 보편화하는 데에도 불구하고 오히려 효율적인 '작은 정부'를 구현할 수 있다.

생산성과 복지를 동시에 추구한다는 점에서 정치적으로 우파와 좌파의 경계를 생성하지도 않는다. 또한 제도의 시행 이후 빈민들이 자활의지를 회복하고 있다는 나미비아의 사례보고는 이 제도가 복지병을 야기하거나 노동의욕을 저하시킬 것이라는 의혹을 불식시킨다. 소득이 발생함으로 인해 급여가 중단되거나 축소되는 기존 제도의 모순점을 보완한다는 점에서 각국 정부도 이 제도를 통해 실업률이 저하될 것으로 기대하고 있다.

다만 기존의 선별적 사회보장 프로그램에 따라 특정집단에 한해 선별적으로 부여되어 왔던 모든 사회적 혜택이 취소되는 것에 대한 반대나, 추가소득에 대한 기대로 인해 노동력 공급이 늘어날 경우 전 사회적으로 임금수준이 하락할 수도 있다는 점에 대한 비판은 논란거리로 남아 있을 수 있지만, 이런 논란거리도 절대빈곤의 해소, 사회적 재분배와 구매력 창출에 대한 기대효과를 넘어서지는 못한다.[39] 하지만 반대론자들은 기본소득제가 사람들의 근로의욕을 꺾고, 그것을 유지하려면 막대한 재원이 소요되기 때문에 정작 어려운 상황에 처한 사람들을 돕는 것을 어렵게 한다고 말한다.

2) 기본소득의 역사

우리나라의 현실에서 국가가 모든 국민에게 '월급'을 준다는 기본

---

38) 고성원, "핀란드의 기본소득제 실험에 주목한다", 〈인천뉴스〉, 2016. 4. 7.
39) 위의 글.

소득제는 일견 황당하게 들린다. 그러나 기본소득론은 긴 역사와 많은 지지자들을 가진 이론이다. 철학적으로 18세기 사상가 몽테스키외Charles De Montesquieu는 1748년 『법의 정신』에서 "국가는 모든 시민들에게 안전한 생활수단, 음식, 적당한 옷과 건강을 해치지 않을 생활방식을 제공할 책임이 있다."고 주장했다. 토마스 페인Thomas Paine은 토지가 공공재이므로 지대수입으로 모두에게 일정 금액을 지급하자고 주장하며, 모두가 자연유산에 대한 권리를 갖고 있다는 근거를 댔다. 샤를 프리에Charles Fourier는 1836년 『잘못된 산업』에서 "기본적 자연권을 누리지 못하는 탓에 자신의 필요를 충족시킬 수 없는 사람에게 사회는 기본생존을 보장해줘야 한다."고 주장했다.

조지프 샤를리에는 1848년 『사회문제의 해법 혹은 인도적 헌법』에서 진정한 기본소득에 대해 최초로 정식화했다. 그는 자산심사나 유급노동과의 연계 모두를 거부하고 토지소유에 대한 동등한 권리를 일정 소득에 대한 조건 없는 권리의 기초로 보았다. 이후 1894년 『사회문제의 해결』에서 그는 이를 '토지배당'이라고 명명했다. 존 스튜어트 밀J. S. Mill은 1849년 『정치경제학의 원리』 2판에서 "분배에 있어서 특정한 최소치는 노동을 할 수 있거나 없거나 간에 공동체의 모든 구성원의 생존을 위해 먼저 할당된다. 생산물의 나머지는 노동, 자본, 그리고 재능이라는 세 요소들 사이에 사전에 결정되는 특정한 비율로 분배된다."고 서술했다. 버트란드 러셀Bertrand Russell은 1918년 『자유로 향하는 길』에서 생계에 충분한 소득을 모두에게 주어야 한다고 주장했다. 조지 콜George Cole은 1935년 사회배당을 주장했는데, 1935년에는 『사회주의 사상사』에서 '기본소득basic income'이라는 용어를 최초로 언급한 것으로 보인다.

기본소득은 보수와 진보 경제학자가 한목소리를 내는 몇 안 되는 정치적 개념 가운데 하나다. 프리드리히 하이에크Friedrich Hayek가

선언적 수준에서 수용한다는 태도를 나타냈고, 1962년에는 밀턴 프리드만Milton Friedman이 '음의 소득세negative income tax'라는 이름으로 최소 보충소득 도입을 주창했다. 이들은 신자유주의를 정초한 대표적인 보수적 경제학자들이다. 프랑스 경제학자 앙드레 고르André Gorz는 『경제이성 비판』에서 한 사회의 생산력은 점진적으로 발전하고, 갈수록 같은 양을 생산하기 위해 더 적은 양의 노동이 요구되므로, 노동의 대가로 주어지는 노동비례소득을 유지하는 것은 합리적이지 못해 사회구성원들의 삶을 지탱할 수 없다고 적었다. 그는 대안으로 사회의 모든 개인에게 조건 없이 지급하는 소득을 주장했다.

실제로 이른바 자본주의 경제를 주도하는 미국 역시 한때 전국적 차원에서 기본소득 법안을 입안한 바 있다. 저명한 흑인운동 지도자 마틴 루터 킹Martin Luther King Jr. 목사는 1968년 '완전고용이 불가능하다면 소득보장이라도 실시하라'고 요구하던 중 암살당했다고 한다. "사악한 베트남 전쟁에 350억 달러를 쓰고, 사람들을 달에 보내는 데 200억 달러를 사용하는 나라라면, 하나님의 자녀들이 대지 위에 자신의 다리로 서는데 수백억 달러를 쓸 수도 있다."고 주장하던 참이었다. 킹 목사 서거 직후 사뮤엘슨Paul Samuelson 등 경제학자 1000명이 '보장소득 촉구' 성명서를 내자, 닉슨 대통령은 1969년에 모든 미국인 가족을 대상으로 최저소득을 보장하는 정책을 발의했다. '가족 최저소득'인 1600달러 이하의 가구에 모자라는 부분을 보조금으로 지급하는 제도다. 미국 의회 하원에서는 통과되었으나 상원에서 부결됐다.

1970년대는 미국과 캐나다의 여러 지역에서 '기본소득 실험'이 전개되었다. 빈곤층 가운데 일부 가구를 선정해 일정기간 기본소득을 제공하는 방식이다. 실험의 목적은 기본소득으로 최저생계를 보장받는 가구 구성원들이 그냥 빈둥거리며 지내는지 혹은 일자리를 구해 자신의 처지를 개선하려 노력하는지를 살피는 것이다 미국 덴버와 시애틀의 5000가구에는 연간 3800~5800달러(요즘 시세로는 2500~4000만원)를 기본소득으로 지급했는데. 이로 인해 노동을 기피하는 경우는 극히 드문 것으로 조사되었다. 캐나다 도핀 지역에서는 5년 만에 빈곤가구가 사라졌다. 우간다에서도 실업자들에게 기본소득을 지급했더니 노동시간이 오히려 17%, 소득은 38%나 올라갔다. 지금도 기본소득 지지자들은 이런 사례들을 기본소득의 현실적 근거로 제시하고 있다.

기본소득제는 현재 브라질 일부와 아프리카 나미비아 등에서 실험적으로 실시하고 있으며, 미국의 알래스카에서는 본격 시행되고 있지만 실제 시행되고 있는 곳은 극히 드물다. 브라질에서 아미 룰라Lula 대통령 시절인 2003년부터 '볼사 파밀리아Bolsa Familia'라는 이름으로 빈곤층을 대상으로 실시했던 시민소득 프로그램을 2010년부터 '시민기본소득'이라는 이름으로 단계적으로 모든 국민에게 확대하고 있다. 전 국민의 대다수가 절대빈곤선 이하인 나미비아에서는 유럽과 미국 후원자들의 기부로 이루어지는 재원을 통해 대상도 기간도 제한적인 기본소득 프로젝트가 진행 중이다. 미국의 알래스카는 석유라는 자원에서 나오는 수입으로 기금을 마련하여 1982년부터 알래스카에 적어도 1년 이상 거주한 사람에게 매년 일정한 배당을 해주고 있다.

3) 기본소득론의 유형

기본소득론은 주장하는 사람들의 이념적 성향에 따라 매우 다양하게 전개되어 왔다. 대표적인 자유시장주의 경제학자로 일컬어지는 밀턴 프리드만이 1962년에 제시한 '음의 소득세'라는 개념은 오늘날 우파들이 주장하는 기본소득에 가깝다. 프리드만의 '음의 소득세'란 정해진 최저생계비보다 적게 버는 사람에게는 그 차액을 국가 보조금으로 메워주는 제도다. 모든 시민이 최소한의 금액을 소득으로 확보할 수 있는 기본소득제다. 대신 다른 사회보장금이나 최저임금제는 폐지한다. 재원은 모든 계층의 시민들이 동일한 세율(부자일수록 더 많은 세율을 부담하는 누진세가 아니라)로 낸 세금으로 조달한다.

프리드먼은 최저생계비는 대체로 낮은 수준으로 설정되어야 한다고 주장했다. 그래야 다른 사회보장 급여를 받지 못하게 된 시민들이 아주 낮은 임금을 주는 직장에라도 취업하려 할 것이다. 더욱이 부자와 기업의 처지에서는 누진세를 적용받지 않을 뿐 아니라 사회보험료 분담금 등 추가부담을 질 필요가 없어진다. 우파 버전의 기본소득론이다. 여기서 기본소득은 저임금 일자리를 확산시키는 사회적 장치다.

좌파의 기본소득론은 매우 다양하다. 우파와 가장 큰 차이는 '기본소득의 액수가 충분히 높아야 한다'는 것이다. 이렇게 된다면 생계를 걱정할 필요가 없는 노동자들은 기업 측과 노동조건을 다투는 협상에서 훨씬 유리한 입장에 설 수 있다. 단지 생존하기 위해 열악한 일자리를 덮어놓고 받아들일 필요가 없어진다. 창업자들은 생계 걱정 없이 과감하게 위험을 감수하면서 창업에 나설 수 있다.

국가 차원에서도 행정비용을 대폭 줄일 수 있다. 지금처럼 국가 공무원들이 국민 개개인의 재산을 조사한 뒤 빈곤한 사람을 선별해서 복지급여를 주는 방식에서는 그 조사와 선별에만 엄청난 비용이 들어간다. 그러나 기본소득제에서는 해당 국적의 시민이기만 하면 보편적이고 무조건적으로 돈을 주면 된다. 또한 복지선진국의 빈곤층은 스스로 돈을 벌게 되는 경우, '기초생활보장금' 등 복지급여를 받을 자격이 사라진다. 그래서 취업을 포기하는 경향이 있다. 매달 100만원을 받고 있는 데, 120만원 월급을 받으려 고생할 필요가 없을 것이다. 이런 빈곤층들도 소득 유무를 따지지 않은 기본소득 체계에서는 저임금 일자리에라도 취업해 더 많은 소득을 올리려 할 것이다.

훨씬 급진적인 논리도 있다. 이른바 '노동거부'다. 따지고 보면 '노동(임금을 받기 위해 하는 일)'은 인간의 활동 중 일부에 불과하다. 예컨대 집에서 요리하거나, 홀로 그림을 그리고 노래 부르는 행위 등은 '대가를 받는 일(노동)'은 아니지만 인간의 삶에 지극히 중요한 부분일 수 있다. 그런데도 왜 인간의 모든 활동 중 노동에만 특권을 부여하고, 노동하지 않는 자(실업자)는 경멸한단 말인가? 이런 논리에서 기본소득은 노동의 특권화를 거부하고 노동 이외의 활동에까지 사회적 인정(소득제공)을 추구하는 수단이라고 할 수 있다.

이런 측면에서 보면 좌·우파를 막론하고, 기본소득론은 노동(과 그 소득에서 갹출되는 사회보험료)에 기반한 기존 복지국가 시스템을 공격하는 사상이라고 할 수 있다. 다른 점도 있다. 우파가 기본소득으로 각종 귀찮은 복지제도와 노동시장에 대한 국가개입을 한 방에 제거하려 한다면, 좌파는 노동자·시민들의 체제에 대한 자율성을 높일 수 있는 계기로 간주한다. 그래서 기본소득론은 동상이몽의 공간이다.[40)]

기본소득이 이론적으로든 현실적으로든 논의의 중심에 서게 된 건 1986년 벨기에 출신 정치경제학자 판 더벤과 반 빠레이스의 논문 '코뮌주의에 이르는 자본주의의 길' 덕이다. 이후 독일 생필품 체인 데엠DM 창업자 괴츠 베르너가 기본소득 도입을 주장하면서 본격적으로 공론화되기 시작했다.[41)] 베르너는 독일 100대 부호에 들 정도의 자산가이면서도 기본소득 도입 논의를 전 세계적으로 촉

40) "핀란드발 기본소득 뉴스로 난처해진 핀란드 정부", 앞의 책.
41) 곽노완, "기본소득과 사회연대소득의 경제철학", 『시대와 철학』, 18권 2호, 2007.

발시킨 당사자다. 현재 거론되는 기본소득 방식은 대체로 베르너의 주장을 따르는 경우가 많다.

베르너의 기본소득 시스템은 소득세, 법인세 등 직접세 폐지를 전제로 한다. 모든 세금은 간접세인 독일의 조세제도 하에서 설계되었다는 점을 고려해야 한다. 기존의 연금이나 실업연금, 사회보조금, 주택보조금 등을 모두 통합해 기본소득으로 대체한 뒤 연령별로 분배하면 1인당 800유로 지급이 가능하다는 것이 뼈대다. 독일 시스템 하에서는 추가적인 재원 마련 없이 곧바로 시행이 가능하다고 주장했다. 곽노완 교수에 따르면 2006년 기준으로 당시 독일 사회복지 시스템을 기본소득으로 통합하면 1인당 105만원이 지급되며, 장기적으로는 1인당 1500유로(현재 원화 205만원)까지 증가시켜야 한다는 것이다.[42]

베르너의 기본소득세안이 현실에 적용되면 부가가치세 50%를 적용하더라도 상품가격은 오르지 않는다. 오히려 상품가격의 일부 하락효과로 수출이 늘어나는 긍정적 효과를 기대할 수 있다. 한 국가의 총생산도 감소하지 않는다, 노동시간도 줄어든다. 더 많은 돈을 벌기 위해 야근을 감내하는 선택을 하지 않을 것이기 때문이다. 단 노동강도가 높아지는 단점은 있다. 이 점만 수용할 수 있다면 기본소득은 현재 자본주의 체제 안에서 얼마든지 수용 가능하다는 것이다.

4) 자본주의의 미래와 기본소득

실리콘밸리가 기본소득에 관심을 가지는 건 조금 다른 맥락이다. 생태적 공동체를 고민하는 정치사회단체와 달리 실리콘밸리는 인공지능AI 기술이 몰고 올 '실업의 시대'를 대비하기 위한 것이다. 인

42) 위의 글.

공지능 기술의 진화로 전통적인 일자리가 큰 폭으로 줄어들게 될 경우 초래할 공동체의 파괴를 방치할 수 없다는 것이다. 에이비앤비, 드롭박스 등에 투자한 세계적인 벤처 캐피탈 Y컴비네이터는 향후 5년간 미국 안에서 기본소득에 대한 실험과 연구를 진행할 계획이라고 밝혔다. 샘 알트만 Y컴비네이터 CEO는 공식 블로그에 올린 글에 다음과 같이 썼다. "기술이 점차적으로 전통적인 일자리를 없애고 더 많은 새로운 부를 창출함에 따라 어느 시점에 우리는 어떤 형태로든 기본소득을 전국 차원에서 경험하게 될 것이라고 확신한다." 최근 논란의 중심에 선 적인 있는 페이스북 투자자 마크 앤드리슨도 기본소득에 찬성하는 입장이다. 국민들에게 기본소득을 제공하고 그들의 사용처를 스스로 결정하게 하자는 주장은 지유주의 철학과도 맞는다고 했다.

그러나 한 단계 더 들어가면 다른 의도를 읽어낼 수 있다. 인공지능 기술의 지속적인 개발과 인간사회의 공존을 위한 일종의 보험이라는 해석이다. 이런 맥락에서 〈복스〉의 딜런 매튜 기자는 기본소득을 '로봇시대를 위한 보험정책'이라고 표현했다. 기술적 실업에 따른 21세기 러타이트Luddite 운동의 출현을 막기 위한 선제적 조치라는 설명이다. 나단 슈나이더 교수는 "실리콘벨리 벤처 투자자들이 설계한 기본소득은 가난한 이들에게 힘을 실어주기보다는 그들 자신의 권력을 강화하기 위한 것으로 보인다."고 썼다.

인공지능과 로봇 기술의 진화가 가속도를 내면 기술의 발전으로 만들어지는 일자리보다 오히려 사라지는 일자리가 더 많아질 것이며, 일자리 감소는 자연스럽게 실업 증가로 이어져 총수요의 하락으로 귀결되고 상품의 과잉공급을 초래해 총체적인 경제공황으로 이어지게 된다. 그 결과 자칫 빈곤과 소득불평등 그리고 실업의 증대가 로봇을 파괴하는 걷잡을 수 없는 상황에 직면할 수 있다. 직접세를 폐지하는 베르너의 안을 도입하게 되면 법인세 회피를 위해 그동안 동원해왔던 각종 기법들에 지출했던 비용도 절감할 수 있다. 또한 기본소득제를 도입하기 위해 기존 연금제도를 통합하고 조세체계가 간편해지면 이 시스템을 유지·관리하기 위해 투입했던 공무원 수도 획기적으로 줄어들고 정부의 간섭도 일정 부분 줄어든다. 이렇게 볼 때 기본소득은 지속적인 이윤과 기술개발을 좇는 실리콘밸리 기업가들과 일자리 불안에 떨게 될 비숙련 노동자들의 타협지점이다.

기본소득을 제공하면 노동 공급이 줄어들 것이란 예상이 일부 반대론자들 사이에서 형성되고 있다. 하지만 최근사례들을 보면 이런 우려는 기우에 가깝다는 것이 입증되는 중이다. 한편 강남훈 교수는 기본소득이 도입될 경우 노동공급 감소는 확실히 나타날 것이라고 예상했다. 기본소득에 만족해 일자리를 찾지 않는 층이 존재한다는 것이다. 그러나 이것이 나쁜 것은 아니며, 오히려 바람직하다고까지 말한다. 어차피 앞으로 일자리는 부족해질 수밖에 없기 때문이다.[43] 이제 '모두에게 일자리를'이라는 구호는 실현 불가능한 시대로 진입하고 있다. 불과 30년 안에 인류는 극소수만이 일하는 세상에 대한 대비책을 내놔야 할 처지다. 기본소득은 근본적인 해결책이 될 순 없어도 극단적인 갈등과 붕괴를 막아낼 수 있는 나름대로 현명한 대안으로 검토될 만하다.[44]

국내에서도 기본소득에 대한 관심이 서서히 늘어나고 있다. 경기도 성남시가 24세 청년 모두에게 상품권을 지급하는 '청년배당' 제도를 실시하고 있지만 국내에서의 기본소득 논의는 미미한 편이었다. 하지만 2016년 총선에서 일부 소수당이 기본소득을 공약한 것

---

43) 강남훈, "기본소득, 노동시간, 일자리 재구성". '기본소득' 학술대회 자료집, 2013, 16.

44) 이성규, "인공지능, 기본소득을 다시 불러내다", http://www.bloter.net/archives/250088, 2016. 4. 7.

은 눈여겨볼 만하다. 녹색당은 노인·장애인·농어민·청년 등에게 1인당 월 40만원을 지급한 뒤 이를 전 연령대로 확대한다는 정책을 내놨다. 노동당은 모든 국민에게 월 30만원을 지급하겠다고 밝혔다. 최근에는 국회입법조사처까지도 '기본소득 도입 논의 및 시사점'이라는 보고서를 통해 기본소득 검토를 권고하기에 이르렀다.

이렇게 국내에서 기본소득 논의가 급증하는 것은 로봇과 기계가 사람 일자리를 대체하는 속도가 가속화하면서 미래에 대량실업이 불가피하다는 진단 때문이다. 다보스 세계경제포럼은 올해 초 앞으로 5년간 로봇 때문에 전 세계 일자리 500만개가 사라진다고 예측했다. 자동화로 대량생산이 가능해져도 그에 걸맞은 소비가 뒷받침되지 않으면 경제는 침체할 수밖에 없다는 것이다. 브루킹 연구소는 "자본주의에서 노동시장이 더 이상 소득불균형을 완화하는 기능을 하지 못할 것"이라고 했고, 이런 맥락에서 국회입법조사처가 "기본소득은 기술발달에 따른 구조적인 일자리 감소에 대응할 수 있는 방안"이라고 밝힌 것이다.

이제 과거 유토피아적 환상 취급을 받은 기본소득을 현실에 접목하려는 움직임이 활발하다. 기본소득을 통해 복지혜택에서 소외된 사각지대를 없애고, 소비기반을 탄탄하게 하며, 소득을 재분배해 빈부격차를 줄일 수 있다. 반면 막대한 재원 소요로 증세가 불가피하고, 노동의욕을 떨어뜨리며, 기본 복지가 감소할 수 있다는 우려도 만만찮다. 20대 국회에서 보다 진지한 고민과 실행이 이어지기를 바란다.

학계에서도 논의가 활성화되고 있다. 사회복지학회의 2016년도 춘계학술대회에서 김교성 교수는 '이 시대 복지국가의 쓸모?'라는 주제 발표문에서 완전고용과 경제성장을 전제로 만들어진 복지국가는 이미 효용성을 다해 더 이상 소득을 보장할 수 없고, 요즘 많이 논의되고 있는 노동과 연계한 '임금(소득)주도 성장론' 역시 한계가 뚜렷하다고 지적한다. 그 대신 경기도 성남시가 하고 있는 '청년배당'과 비슷한 성격의 기본소득을 실현 가능한 대안으로 제시하고 있다. 복지 패러다임 자체를 바꿔야 한다는 것이다.[45] 이런 발표문은 올해 사회복지학계에 던지는 화두에 해당한다. 기존 복지국가의 틀이 한계에 봉착했다는 점은 이미 학계에서도 공인되고 있는 만큼 대안을 찾는 노력의 하나로 기본소득에 대한 논의는 더욱 활발해질 전망이다. 비판과 대안을 위한 사회복지학회도 '이제 사회수당을 말하자'라는 주제로 기본소득 문제를 본격 논의하는 학술대회를 열 예정이다.

---

45) 〈한겨레〉 2016. 4. 30.

welfare
state

7장 한국복지의 현황과 과제

7장 한국복지의 현황과 과제

Ⅰ. 한국복지의 발달

한국은 식민지배의 경험을 가진 후발국으로는 유일하게 경제협력개발기구OECD 회원국이 된 국가이고, 세계최대의 원조 수혜국에서 개발원조 공여국으로 이행하는데 성공한 나라이다. 특히 1960년대 이후 비약적인 경제성장과 1987년 이후 민주주의의 공고화로 한국은 발전국가 모델의 대표적인 성공사례로 손꼽히게 되었다. 일본의 경제성장을 '발전국가' 개념으로 설명한 찰머스 존스C. Johnson은 1962년에서 1987년까지 25년간의 한국을 '권위주의 발전국가'라고 불렀다. 개발독재의 다른 이름이기도 한 '권위주의적 발전국가'는 '선성장 후분배'의 논리를 내걸고 한국경제의 초고속 성장을 가능하게 함으로써 민주화의 물질적 기반을 마련할 수 있었다. 그러나 반공주의 안보이데올로기와 결합된 한국의 권위주의적 발전국가 모델은 성공함으로써 스스로 소멸되고, 새로운 민주적 시장경제체제가 탄생했다. 한국의 '권위주의적 발전국가' 모델은 1987년 민주화 이후 공식적으로 폐기된 것이다.

그러나 민주화 이후에도 여전히 '복지는 경제성장을 저해한다'는 주장과 '세계화로 인해 복지국가가 되기는 어렵다'는 주장은 우리나라가 복지국가로 나아가는 것을 반대하는 사람들의 양대무기다. 얼핏 들으면 맞는 말처럼 느껴질 수도 있다. 성장과 복지 둘 다 추구하다 둘 다 놓칠 수도 있다는 것이다. 보수진영에서 자주 쓰는 '두 마리 토끼론'이다. 성장과 분배 가운데 한 마리 토끼만 잡아야 한다는 주장이다. 역대 보수정부는 성장만 추구하면서 '선성장 후분배'를 내세웠다. 먼저 성장에 주력해서 떡을 충분히 키운 다음에 나눠야 한다는 주장이다. 미리 나눠 버리면 떡이 더 이상 커지지 않아서, 다른 말로 하면 성장이 이루어지지 않아서 모두 더 가난해진다는 것이다.

하지만 민주화 10년째 되는 1997년 한국은 IMF 위기를 통해 신자유주의 세계화의 충격에 극적으로 맞닥뜨리게 되었다. 발전국가 모델로부터의 탈출은 곧바로 신자유주의 세계화라는 무한경쟁의 세계경제질서로 안내되었다. 하지만 사상 최대규모의 구제금융을 지원받은 김대중 정부가 한편으로는 IMF가 요구하는 신자유주의 구조개혁을 충실히 수행하면서, 다른 한편으로는 새로운 국정철학의 한 축으로 '생산적 복지'를 추가했다. 뒤이은 노무현 정부가 '사회투자' 전략을 전격적으로 도입하고 생산적 복지를 확충하고 설득했다. 이로써 한국은 사회투자 복지국가를 향한 새로운 항로를 선택하게 되었다.[1)]

김대중 정부는 성장과 복지의 병행이 가능하고 필요하다는 신념을 가지고 있었고, 기든스A. Giddens의 '제3의 길'이 중요한 가이드라인이 되었다. 그러나 김대중 정부의 생산적 복지는 기본권 보장, 인간 개발, 근로연계복지, 복지다원주의의 4개 기둥으로 구성되는 개념이었다. 인적자본의 형성뿐 아니라 기본권 보장, 뮈르달G. Myrdal이 말하는 인적자본의 보존도 포함되어 있었다. 김대중 정부가 집권 기간 동안에 실제로 추진한 것은 주로 기본권 보장이었다. 즉 국민기초생활법을 제정해서 전 국민의 최저생활을 보장하고, 역사상 처음으로 자산조사에 의한 보충급여를 실시했다. 국민연금제도의 적용범위를 전 국민으로 확대하고 전 국민 단일연금제도를 통

1) 이혜경, "사회투자 복지국가로의 새로운 항로", 이정우·이창곤 외, 『불평등 한국, 복지국가를 꿈꾸다』, 후마니타스, 2015, 386.

합했으며, 의료보험제도 역시 1인 이상 사업장으로 적용범위를 확대하고 단일한 국민건강보험 체계로 완전 통합했다. 다시 말해서 김대중 정부는 기본권 보장과 사회적 투자, 복지다원주의를 포괄하는 생산적 복지의 틀을 구상했으나, 실행에 옮긴 것은 주로 사회권 보장의 기반 구축이었다. '제3의 길'의 사회투자 접근은 다음 정부의 과제로 넘겨졌다.

생산적 복지의 계승발전을 약속한 노무현 정부는 생산적 복지구상의 기본권 보장 외의 나머지 요소들, 인적자본 투자와 근로를 통한 복지를 적극적으로 확충했다. 노무현 정부의 문제의식은 두 가지였다. 하나는 저출산 고령화 문제이고, 다른 하나는 근로빈곤과 양극화 문제였다. 노무현 정부가 출범한 2003년은 한국의 출산율이 1.17로 OECD 국가 중 최저를 기록한 이른바 '1.17쇼크'의 해였다. 그리고 신자유주의적 경제개혁의 사회적 결과로서 분배의 악화, 장기실업, 근로빈곤, 비정규직, 아동 빈곤, 노숙자, 다문화가정, 가족해체 등 신빈곤과 사회적 배제의 문제들이 심각하게 노정되고 있었다. 노무현 정부는 저출산 문제를 본격적이고 포괄적으로 접근한 대한민국의 첫 정부가 되었고, 사회투자전략으로 저출산 고령화와 양극화를 해소하고 사회서비스 일자리 전략으로 성장동력을 확보하려 했다.

노무현 정부는 보육서비스를 대폭확대하고, 노인장기요양 보험제도를 도입했으며, 교육복지사업의 확대, 근로연계 복지서비스의 강화, 사회서비스 일자리 창출, 일과 가정의 양립정책 강화, 장애인 복지서비스의 체계화, 고용서비스의 체계화, 근로장려 세제 도입, 바우처 제도의 시행 등 이른바 탈산업사회의 새로운 사회적 위험에 대한 인적자본 및 사회투자정책을 대폭 확대했다. 노무현 정부에서 사회서비스 정책은 빈곤정책이자 일자리정책이고, 출산과 여성발전 및 성평등 정책이며 사회적 포용정책이었다. 이같이 획기적인 사회서비스 정책의 확충은 노무현 정부의 포괄적인 장기비전을 배경으로 한 것이었다.

2006년 노무현 정부가 발표한 '비전 2030'을 보면, 국정운영은 동반성장과 선진 복지국가의 구현을 지향하고, 이에 도달하기 위해 성장동력의 확충, 인적자본의 고도화, 사회적 자본 확충, 사회복지 선진화, 적극적 세계화라는 5대 국가전략을 씨줄로 하고, 제도혁신과 선제적 투자라는 수단을 날줄로 하여 모든 분야의 세부정책들이 복지국가라는 지향점을 향하여 유기적으로 협력 · 조정 · 통합되는 포괄적인 로드맵이 제시되어 있다. 여기서 사회복지정책은 경제정책을 비롯하여 교육정책, 노동정책, 고용정책, 무역정책 등과 이중 삼중으로 교차하면서 성장과 복지의 조화를 구현하는 핵심적 국가 경영전략으로 구체화되었다.

노무현 정부의 '비전 2030'은 혁신주도형 경제정책과 사회투자형 사회정책을 유기적으로 결합한 유례없이 포괄적인 국가전략 로드맵이다. 김대중 정부와 노무현 정부의 사회투자 접근은 무엇보다도 성장과 복지가 불가분의 보완적 관계에 있음을 의심하지 않고 경제정책과 사회정책을 통합적으로 접근했다는 점에서 발전국가 한국의 '선성장 후분배'의 정책 유산으로부터의 단절을 확실히 하고 있다. 발전국가의 '선성장, 후분배'와의 결별은 성장과 분배의 상충을 전제하는 신자유주의와의 결별을 의미하는 것이기도 하다.[2)]

오늘의 한국경제는 이미 저성장기에 진입했고, 고용 없는 성장이 현실화되고 있다. 경제사회적 양극화가 구조화되어 빈곤이 세습되고 문화자본이 대물림되고 있다. 고용율은 낮고, 근로자의 3분의 1이 비정규직이고, 청년실업률이 학력에 상관없이 높다. 예외적으로 빠른 저출산 고령화가 성장잠재력을 둔화시키고 있다. 공공부조와

---

2) 위의 글, 393~395.

5대 사회보험제도를 갖추고 있지만 아동 빈곤율이 15%, 노인 빈곤율이 50%에 육박한다. 많은 사람이 우리사회는 공정하지 않다고 생각하고 있고, 자살률이 10년째 세계 1위를 달리고 있다. 삶에 대한 주관적 만족도가 OECD 32개국 중 31번째다.

이미 언급한 바와 같이 세계화와 탈산업화에 대응하여 김대중 정부가 시작한 복지개혁의 밑그림은 기든스의 제3의 길과 사회투자였다. 그러나 사실상 김대중 정부는 생산적 복지라는 개념을 내걸고 공공부조 개혁과 사회보험 확충 등 기본권 보장에 집중했고, 그 기반 위에서 노무현 정부는 사회투자적 사회서비스를 대폭 확충했다. 노무현 정부는 사회투자적 사회정책을 혁신주도형 경제정책과 유기적으로 통합시킨 '비전 2030'이라는 장기적 국가비전의 포괄적인 로드맵을 구축하고 그것을 전제로 아동보육 서비스, 노인요양 서비스, 장애인 보조서비스 등 사회서비스를 국가고용전략으로서, 인적자본 투자로서, 일과 가정 양립정책으로서 확충했다.

그러나 '선성장 후분배'라는 신념으로부터 '성장과 분배의 선순환'이라는 신념으로의 전환이 일반 국민들 사이에서 얼마나 받아들여졌는가? 오히려 발전국가시대의 성장제일주의 유산이 1990년대 이후 확산된 시장주의, IMF 관리체제하에서의 신자유주의 경제개혁들과 상호작용하며 오히려 강화되었을 가능성도 배제하기 어렵다. 한국의 민주주의는 1987년 이후 형식적·절차적 측면에서는 눈에 띄게 발전했지만, 실질적·경제적 민주주의는 이루지 못하고 '신자유주의적 민주주의'로 이행했기 때문이다. 결국 노무현 정부의 사회투자 시각은 안정적으로 확산되지 못한 채, 노무현 정부가 출범할 때 복지예산이 중앙정부 예산의 20%였던 것이 끝날 때는 28%에 이르자, 이를 '분배주의'라 비판하면서 친기업과 감세를 약속한 이명박 정부에 정권을 내주게 되었다.

이명박 정부는 성장과 분배의 상충관계를 전제하는 반복지 시장주의로 출발했지만, 명시적인 반복지 시장주의는 오히려 '복지화'와 '경제민주화'를 시대의 명령으로 달구는 역사적 반동을 만들어냈다. 2010년 12월 묻혀버린 노무현 정부의 사회투자 개념이 당시 한나라당 박근혜 의원실에서 준비한 "사회보장기본법 전부 개정안"으로 살아났다. 2011년 12월 개정법안이 국회를 통과했다. 그리하여 노무현 정부의 사회투자 담론이 성장제일주의를 표방한 이명박 정부 시기 말 한국의 '사회보장기본법' 개정으로 제도화되었다. 미국발 금융위기가 터지자 이명박 정부도 동반성장과 균형발전론으로 선회하게 되고, 실제로는 '복지효율화를 위한 전달체계 개혁'에 집중했다.

오히려 생애주기별 맞춤형 복지공약으로 집권한 박근혜 정부는 사회투자의 시각을 적극적으로 사회보장기본법으로 제도화했음에도 불구하고, 신자유주의적 처방인 긴축재정의 틀에 갇혀 '증세 없는 복지'를 내세우면서 '방만한 복지의 구조조정'에 집중하고 있을 뿐, 사회적 투자에 진전을 이루지 못하고 있다.[3] 더욱이 경제민주화와 복지확대의 대선공약은 슬며시 사라지고 경제활성화에 전력을 기울이고 있지만 저성장의 늪에서 헤어나지 못하고 있다. 그 결과 이명박 정부와 박근혜 정부 7년을 거친 시점에서 복지예산의 비중은 겨우 30%를 넘어서고 있다. 그렇게 상승한 것도 시간이 지나면서 생긴 자연증가분이다. 복지국가란 복지예산의 비중이 전체 예산의 50% 이상을 넘는 나라라는 정의가 있는데 우리는 언제 복지국가가 될까?

---

3) 위의 글, 398.

Ⅱ. 한국은 현재 복지국가인가

대한민국은 헌법 제정 당시부터 복지국가를 지향해왔다. 이를 그대로 계승한 현행 헌법(1987)은 전문前文에 '국민생활의 균등한 향상'을 국가 목표 중 하나로 제시해왔으며, 10조에는 '모든 국민은 인간으로서의 존엄과 가치의 향유 및 행복추구권'(10조)과 '인간다운 생활을 할 권리'(34조 1항)를 가진다고 선언하고 있다. 이에 따라 "국가는 사회보장, 사회복지의 증진에 노력할 의무를 진다"(34조 2항). "국가는 여자, 노인과 청소년, 신체장애자 및 질병·노령 기타의 사유로 생활능력이 없는 국민"을 보호하고, "재해를 예방하고 그 위험으로부터 국민을 보호하기 위하여 노력하여야 한다."(34조 3~6항)

또한 대한민국 헌법에 따르면 "국가는 균형 있는 국민경제의 성장 및 안정과 적정한 소득의 분배를 유지하고, 시장의 지배와 경제력의 남용을 방지하며, 경제주체 간의 조화를 통한 경제적 민주화를 위하여 경제에 관한 규제와 조정을 할 수 있다."(119조 2항) 그리고 복지국가를 지향하는 헌법정신을 구현하기 위한 법률로는 〈사회보장기본법〉을 비롯한 각종 사회보장에 관한 법률과 〈사회복지사업법〉 등이 있으며, 후자와 관련해서는 〈아동복지법〉, 〈노인복지법〉, 〈장애인복지법〉, 〈모자복지법〉, 〈영유아보육법〉 등이 있다.

그러면 한국은 현재 복지국가인가? 이를 판단하는 가장 좋은 방법은 사회보장정책을 얼마나 발전시켰는지를 살펴보는 것인데, 이때 두 가지 측면을 고려해야 한다. 하나는 사회보장제도의 다양성이고, 다른 하나는 사회보장 재정지출의 규모이다. 다양한 사회보장제도가 발달해 있어서 어떤 사회적 위험에도 대처할 수 있어야 하고, 동시에 실제로 사회보장을 위해 정부가 많은 재정을 지출하고 있어야 한다.[4] 먼저 다양한 사회보장제도의 실시라는 측면에서 한국은 합격점이다. 복지국가에서 실시되는 대부분의 제도들이 우리나라에서도 실시된다. 일반적으로 사회보장제도를 거론할 때 4대 사회보험과 공공부조를 언급하는데, 한국은 이런 제도를 모두 갖추고 있다. 질병을 치료하고 건강한 삶을 유지할 수 있도록 지원하는 의료보험제도는 1973년에 도입되어 현재까지 전 국민을 대상자로 포괄하는 건강보험제도로 발전해왔다. 퇴직 이후의 노후생활을 지원하는 연금제도는 국민연금제도라는 명칭으로 1986년에 입법되었으며, 이 또한 처음에는 일부 국민들을 제외했다가 점차 전 국민을 대상자로 포함했다. 1990년대 중반에는 실업의 위험을 대비하는 고용보험제도가 도입됨으로써, 1960년대부터 실시되어온 산재보험제도를 포함하여 4대 사회보험제도의 진용을 갖추게 되었다.

또한 빈곤계층을 지원하는 생활보호제도가 2000년부터 국민기초생활 보장제도로 바뀌면서 최저생활 보장권을 더욱 강화했다. 이런 소득보장제도 외에 장애인, 아동, 노인 등을 위한 사회복지 서비스 체계도 갖추어져 있다. 이렇듯 복지국가체계에서 중요한 사회보장제도들이 대부분 우리나라에 도입되어 있어 제도의 종류와 다양성의 측면에서 한국은 복지국가라고 평가하기에 큰 무리가 없어 보인다.[5]

그런데 문제는 보장의 질적 측면으로서 사회보장을 위해 국가가 지출하는 재정의 규모다. 대부분의 복지국가들은 국가예산의 절반 정도를 사회보장 혹은 복지 관련분야에 지출하고 있으며, 이는 국가 전체 총생산량의 20~30% 수준에 달하는 엄청난 규모다. 국민총생산의 3분의 1 정도, 국가 예산의 2분의 1 정도의 재원이 비시장체계인 복지제도를 통해 전달된다는 의미다. 하지만 우리나라의 복

4) 정원오, 『복지국가』, 책세상, 2010, 159.
5) 위의 책, 160.

지관련 지출은 2014년에 GDP 대비 10.4%에 불과하여 OECD 28개국 조사대상국 중 꼴찌를 차지했다(전년도 꼴찌였던 칠레가 조사대상에서 빠진 탓으로 추정됨). 이는 유럽 복지국가들의 평균적인 복지지출의 3분의 1 정도에 불과하고, 상대적으로 복지지출이 낮은 영미형 복지국가와 비교해도 2분의 1 정도에 불과하다.

재정지출의 측면에서 한국은 기존 복지국가들의 거의 절반 수준 혹은 절반에도 미치지 못하는 미약한 수준에 머물고 있는 것이다. 물론 복지비용이 낮은 한국복지의 후진성은 복지제도가 도입된 역사가 짧은 미성숙성에서 기인한 것이기도 하다. 국민연금제도와 고령화, 실업률 증가로 시간이 지나면 새로운 제도를 도입하지 않더라도 자동으로 수급자가 증가되어 복지지출비용이 늘어날 것이다. 따라서 새로운 제도의 도입에는 신중을 기해야 하고, 지나친 복지는 줄여나가야 할 것이다.

그러나 국민이 1년에 낸 세금(한국의 2013년 조세부담율은 24.3%이고, OECD 평균은 34.1%)에 국민연금과 건강보험 등 사회보험료를 더한 총액이 GDP에서 차지하는 비율(국민부담률)도 2013년에 OECD 30개국 중 28위를 기록할 만큼 낮았다. 이는 우리나라가 복지수준이 낮고 국민의 세금부담 역시 적은 '저부담 저복지' 국가의 전형임를 보여주고 있다.[6] 한국은 저부담 저복지의 국가다. 국민들이 세금을 적게 내고, 복지혜택도 적게 받는다. 평균 조세부담율은 15% 정도에 머물고 있어 이 비율이 30% 근처인 영미형 국가보다 낮을 뿐 아니라 30% 부근의 유럽대륙형 국가, 그리고 50% 근처의 북유럽형 국가와는 비교가 되지 않는다. 당연한 귀결로서 정부의 소득재분배 효과도 미약하다. 한국의 경우 정부는 시장소득분배의 불평등을 8% 정도 축소시키는 데 그치고 있어서 그 효과가

---

6) 〈연합뉴스〉, 2015. 2. 5.

30~40%가 넘는 선진국과는 비교가 되지 않는다.

요컨대 한국복지의 후진성은 복지의 질적 수준, 즉 복지비용 지출비중이 낮다는 것이다. 2011년 기준 우리나라 정부지출 분석결과 OECD 30개 회원국 중 사회보장에 가장 돈을 아끼고(전체 지출 중 13.1%를 노령연금, 실업·장애급여 등 사회보장비에 할애하는 데 비해 OECD 평균은 35.6%), 반면에 경제활성화 지출비중은 OECD 평균(10.5%)의 2배에 달하는 20.1%를 기록해 OECD 회원국 중 가장 높았다. 즉 기업지원이 그만큼 많다는 뜻이다. 한편 우리나라와 정반대로 사회보장비 지출(43.8%)이 가장 높은 덴마크는 경제활성화 지출비중이 6.1%로 꼴찌를 차지했다.[7)]

한국은 오랫동안 정부가 분배와 복지를 무시하면서 경제성장만 강조했고, 심지어 분배와 복지를 이야기하면 불온시하는 경향마저 있었다. 중앙정부의 복지예산은 경제예산보다 낮았다. 경제예산은 주로 도로, 항만, 댐, 교량 등 사회간접자본SOC 건설에 집중되었는데, 그 결과가 일본형 토건국가다. 일본은 복지를 무시하고 토건에 예산을 쏟아 부어 '토건국가'란 별명을 갖고 있는데, 실제로 한국도 토건국가다. 국민경제에서 토건업이 차지하는 비중은 두 나라가 세계에서 제일 높다. 또 토건국가는 성격상 부패의 소지가 있다. 두 나라가 오랜 기간 복지를 무시하고 토건에 매진한 결과는 급속한 저출산 고령화 현상이어서 일본은 이미 세계 1위의 노인국가가 되어 버렸고, 한국은 빠른 속도로 거기에 접근하고 있다. 지금 추세대로 가면 2050년 일본과 한국은 나란히 세계 1, 2위의 노인국가가 될 것이다.[8)]

그런데도 새누리당과 보수언론은 '복지 포퓰리즘'을 합창하는데,

---

7) 〈한국일보〉, 2014. 1. 6.

8) 이정우, "한국은 왜 살기 어려운 나라인가?", 이정우 · 이창곤 외, 앞의 책, 49~50.

중앙정부 예산 가운데 복지예산 비중이 겨우 30%인 나라에서 복지 과잉, 복지 포퓰리즘을 걱정하는 것을 외국에서 알면 아마 코웃음을 칠 것이다. 선진국은 대개 이 비중이 50%가 높고, 심지어 복지 기피국가라는 별명을 가진 미국조차 이 비중이 50%가 넘는다. 한국에서는 오랫동안 복지예산 비중이 20%에 머물고 있었는데, 이를 28%로 높인 것이 노무현 정부였다. 이명박 정부와 박근혜 정부 7년을 거친 지금 복지예산 비중은 겨우 30%에 머물고 있다. 7년간 2% 상승한 것도 적극적으로 복지를 확대해서 그리 된 것이 아니고, 시간이 지나면서 노인인구가 증가하면서 생긴 자연증가분이다. 복지국가란 복지예산 비중이 전체 예산의 50%가 넘는 나라라고 하는 정의가 있는데 우리는 언제 복지국가가 될까?[9)]

지금까지의 논의를 종합해보면 한국은 사회보장 프로그램의 다양성이라는 측면에서는 복지국가라고 평가될 수 있으나, 공공재원의 사용이라는 측면에서는 복지국가라고 불리기에 무리가 있다. 이런 이유로 인해 한국이 복지국가인가에 대한 상반된 평가가 나오는 것이다. 복지국가의 외형적 측면, 즉 어떤 복지제도를 갖추고 있는가의 측면에서 보면 한국은 복지국가라 할 수 있다. 그러나 복지국가의 질적 측면, 즉 국가의 활동이 복지에 얼마나 집중되고 있는지를 알 수 있는 사용 재원의 측면에서 보면 한국을 복지국가로 판단하기 어렵다.

외국의 학자들 가운데 홍콩대학교의 이안 홀리데이Ian Holliday 교수는 한국이 아직 복지국가로 이동했다고 보기 어렵다는 입장을 내놓고 있다. 그는 "외환위기 이후 한국의 사회복지 개혁은 어느 정도 이뤄졌으나, 이것이 동아시아의 생산주의적 복지체제를 벗어나 일반적인 복지국가로 체제를 이동한 것이라고 보기는 어렵다."[10)]고

9) 위의 글, 50~51.

말했다.

그러나 이런 주장에 대해 김연명 교수는 "한국은 금융위기 이후 동아시아의 생산주의적 복지체제를 넘어섰다. 그리고 생산주의 복지체제론은 한국 복지체제의 새로운 발전적 흐름을 해석하는 데 있어 이론적 설득력을 잃어버린 것으로 보인다."[11]라고 반박했다. 그는 어떤 사회체제가 복지국가인지를 판별하는 기준으로 '국민복지 기본선national minimum', 복지제도의 포괄성, 복지비용 지출수준 세 가지를 들었다. 먼저 우리나라는 유럽과 같은 형태의 완벽한 시스템은 아니지만, 어느 정도는 최저생활수준이 보장되고 있다. 둘째로 다른 나라와 비교해서 웬만한 복지제도는 거의 구비하고 있다. 셋째로 복지비용이 GDP 대비 5%가 넘고 어느 정도 관련 제도가 마련된다면 복지가 시작되는 단계이고, 한국의 복지제도는 역사가 길지 않기 때문에 시간이 흐를수록 제도가 성숙되면서 복지비용도 상당히 늘어날 것이다. 따라서 우리나라는 복지국가의 단계에 어느 정도 들어왔다고 봐도 무리가 아니라는 것이다.[12]

구인회 교수는 국민의 정부와 참여정부를 거치는 10년 기간을 한국의 복지국가 등장 시기로 보고 있다. 그는 이 기간의 사회정책이 경제발전의 목적을 실현하기 위한 보조적 수단에서 사회권과 재분배 실현이라는 독자적 목표를 갖는 국가정책으로 등장했다고 강조하면서 한국이 개발국가에서 복지국가로 이행했다고 주장한다.[13] 남찬섭 교수도 이런 견해에 대체로 동의하지만 OECD 국가들의

10) Ian Holliday, "East Asian Social Policy in the Wake of the Financial Crisis: Farewell to Productivism", *Policy & Politics*, Vol. 33, No. 1, 2005.

11) Kim. Yeon Myung, "Beyond East Asian Welfare Productivism in South Korea", *Policy & Politics*, Vol. 36, No. 1, 2005.

12) 김연명, "대한민국은 과연 복지국가일까", 김연명 외. 『대한민국 복지』, 두리미디어, 2011, 65~67.

13) 구인회, "한국복지국가의 성격과 전망: 복지국가 유형론을 넘어", 『한국사회포럼 2008 자료집』, 169~172.

GDP 대비 공공사회지출을 비교해볼 때 한국은 여전히 낮은 수준이고, 이를 1인당 소득수준이 같았던 시점과 비교해보더라도 마찬가지이기 때문에 복지국가의 위상은 매우 낮다고 평가한다.14)

같은 맥락에서 복지국가의 성립조건을 고려하고, 한국이 후발국가라는 점을 고려하면, 한국이 복지국가가 아니라고 평가하는 것은 너무 엄격한 잣대를 적용한 것이고 한국은 이미 복지국가의 초입에 들어섰다는 평가들도 존재한다. 먼저 정원오 교수에 따르면 한국에서는 민주주의 요건이 충족되어 있고, 미약하지만 중도 좌파 정당들이 국회로 진출하는 등 정치적 입지를 마련하고 있으며, 이에 따라 재분배와 평등을 추구하는 정책들이 선거의 이슈로 부각되기도 한다. 이런 환경은 복지국가가 성장하기에 부족함이 없다. 또한 다양한 복지제도의 도입으로 형식적인 측면에서는 복지국가의 외형이 갖추어져 있다. 다만 질적인 측면에서 국가의 활동이 얼마나 많이 복지활동에 집중되느냐의 문제만이 남아있다.

그렇지만 그는 국가재정 지출의 측면도 서구의 복지국가 출범 초기와 비교하면 그렇게 낮은 수준이라고 할 수 없다고 한다. 예컨대 서구 복지국가들의 1960년 GDP 대비 복지지출을 살펴보면 스웨덴이 12.3%, 서독이 17.1%, 프랑스가 14.4%, 영국이 12.4%, 미국이 9.9%에 불과했다. 물론 이런 비교에는 여러 가지 무리가 있다. 1960년과는 50여년의 시간차, 1인당 국민소득 등의 생활수준을 고려하지 않은 비교이기 때문이다. 그럼에도 불구하고 한국이 복지국가들의 초기 복지재정의 지출수준에 근접하고 있다는 측면은 의미가 있다. 따라서 한국은 복지국가의 초입에 들어서 있다고 주장하고 싶다는 것이다.15)

---

14) 남찬섭, “한국복지국가의 성격과 전망”, 『한국사회포럼 2008 자료집』, 185~186.
15) 정원오, 앞의 책, 161~162.

비슷한 맥락에서 송호근 교수와 홍경준 교수도 우리나라는 1990년대 후반에 복지국가가 태동하는 단계에 들어섰다고 본다. 이들은 "우리는 적어도 복지국가의 초기단계에 돌입했으며, 복지제도의 발전을 촉진할 수 있는 사회적 요인들이 과거에 비해 훨씬 늘어났다는 점에 주목하고자 한다. 말하자면 본격적인 복지국가에 도달하기까지는 많은 시간이 소요될 테지만, 복지국가를 향한 시동은 이미 걸었다고 판단한다."[16] 라고 진단했다.

외국학자 중에서도 동아시아 사회복지 전문가인 일본 동경대학의 다케가와 쇼고武川正吾 교수는 한국이 1998년 이후 복지국가 형성기에 들어섰다고 보는 입장이다. 그는 "이와 같이 (한국의 사회복지가 발전하는 과정에서) 양과 질 양면이 변화된 결과를 보면서, 필자는 1998년 이후 한국이 복지국가가 형성되는 흐름의 한복판에 있다고 생각하게 되었다. 이는 1970년대 일본과 1940년대 영국에 필적하는 변화이다. 일본은 '복지원년'이라고 말하는 1973년에 사회보장제도를 개혁한 이후 사회복지 지출이 비약적으로 증가했으며, 영국은 1945년에 애틀리 노동당 정부가 등장하면서 급속하게 복지국가로 성장하기 시작했다."[17]

싱가폴 국립대학의 미쉬라R. Mishra 교수도 2000년대 초반에 한국이 초기적 형태의 복지국가라고 진단한 바 있다. 그는 "현재 우리가 한국에서 목격하고 있는 것은, 지금의 추세대로라면 새로운 프로그램이 도입되지 않아도 인구 고령화가 진행되고 복지제도가 성숙해짐으로써 끊임없이 팽창하게 될 '초기적 형태의 복지국가an embryonic welfare state'의 모습"[18]이라고 말했다.

---

16) 송호근 · 홍경준, 『복지국가의 태동』, 나남, 2006.
17) 김연명, "대한민국은 과연 복지국가일까", 68쪽에서 재인용.
18) R. Mishra, "Globalization and Social Security Expansion in East Asia", Linda Weiss, ed., *States in the Giobal Economy: Bringing domestic institutions back in*, Cambridge University Press, 2003.

이런 논쟁에 대해 맨체스터 대학의 폴 와일딩Paul Wilding 교수는 한국이 복지국가적 특성과 비복지국가적 성격 모두 갖고 있다는 중립적 의견을 보였다. 그는 "1990년대 중반 이후 한국의 사회복지가 발전해 온 과정은 인상적이며, (한국의 복지는) 동아시아의 전통적인 생산주의적 복지체제와 일반적인 복지국가의 두 가지 특성을 모두 갖고 있는 일종의 혼합형이다."[19]라고 진단하며, 한국이 복지국가의 모습을 갖추기 시작했음을 인정한다.

Ⅲ. 한국복지의 현황과 과제

앞에서 살펴보았듯이 우리나라의 사회복지제도는 형식적 요건은 갖추었지만 질적 측면에서는 더 발전해야 한다. 한국은 주요한 사회보장제도를 도입하고 있음에도 불구하고 왜 사회보장에 대한 국가의 재정지출은 선진 복지국가 수준으로 확대되지 못하고 있는가? 본질적인 이유는 사회보장 재정지출 확대에 대한 국민적 합의가 없기 때문일 것이고, 좀 더 구체적으로는 사회보장 확대를 주장하는 정당이 선거에서 지지를 받지 못하기 때문일 것이다. 이런 정치적이고 이념적인 문제에 대한 문제의 해법은 상당히 복잡한 논의를 필요로 한다. 여기서는 보다 효율적으로 주제에 접근하기 위해 제도적 측면에서 우리나라에 도입된 사회보장제도로서 사회보험, 공공부조, 사회수당, 사회복지 서비스의 현황과 과제를 간략하게 살펴보기로 한다.

---

19) Paul Wilding, "Is the East Asian Welfare Model still Productive?", *Journal of Asian Public Policy*. 1(1), 2003.

1. 사회보험

사회보험은 그 대상의 폭과 급부 액수의 규모로 볼 때, 오늘날 각국의 복지체계에서 가장 높은 비중을 차지한다. 이는 의료와 과학기술이 발전함에 따라 노령인구는 급격히 증가하는데, 이혼율의 증가 등으로 인해 핵가족 중심으로 가족체제가 변화하면서 노인부양의 의식과 여건이 급속히 쇠퇴하고, 산업화·도시화의 진전으로 노인들이 사회적·경제적·육체적 위험에 노출될 가능성은 커지는 등 구조적 요인이 중요하게 작용했을 것이다. 사회보험은 노동과 여가, 소득과 재분배, 개인주의와 공동체적 연대 등을 연결하는 핵심적 고리로서 자본주의 사회에서는 지속적인 대립과 갈등의 요인이 되어왔다.[20]

우리나라에서 사회보험이란 사회보장기본법 제3조 제2호에 따르면 "국민에게 발생하는 사회적 위험을 보험방식에 의하여 대처함으로써 국민 건강과 소득을 보장하는 제도"이다. 1995년 고용보험의 실시와 더불어 한국은 마침내 국민연금보험, 건강보험, 고용보험, 산재보험 등의 4대보험의 기본 틀을 갖추게 되었다. 그런데 우리나라에서는 사회보험제도를 도입하고 안착시키는 그 자체에 너무 많은 강조점을 두다보니 정작 제도의 원래 목적을 달성하는 데는 취약하다는 문제점이 지적되어 왔다. 예컨대 사회보험제도의 재정적 안정을 위해 보험급여의 자격조건을 엄격하게 하거나 급여수준을 지나치게 낮추어 실제 생활안정 효과가 떨어진다는 것이다.[21]

1) 국민연금보험

먼저 국민연금보험은 특별법에 의해 연금이 적용되는 공무원·군

---

20) 고세훈, 『복지한국, 미래는 있는가』, 후마니타스, 2007, 190.
21) 정원오, 앞의 책, 166.

인·사립학교 교직원 등을 제외한 18세 이상 60세 미만의 국내에 거주하는 국민을 대상으로 제공되며, 소득활동을 할 때 납부·축적한 보험료를 퇴직, 사고, 질병, 사망 혹은 장애 등으로 소득활동이 중단된 경우, 본인이나 유족에게 연금 형식으로 지급함으로써 기본생활을 유지하게 만드는 소득보장제도이다. 국민연금의 급부유형에는 퇴직자를 위한 노령연금, 질병이나 상해를 위한 장애연금, 보험가입자가 사망했을 때 지급하는 유족연금, 그리고 중도에 가입자격을 상실했을 때 반환받는 일괄환급의 네 종류가 있다. 국민연금제는 기초연금과 소득비례연금이 통합된 단일연금제로 운영되며, 18세 이상 국민이 일정기간 가입하여 정율 기여원칙에 따라 기금을 적립하여 만 60세부터 생애 평균임금의 60%의 급여를 받는 것을 기본으로 하고 있다.

노령연금을 받기 위한 최소 가입기간은 1999년부터 현행 15년에서 10년으로 단축됐다. 연금수령은 현행 60세에서 2013년 이후 5년 단위로 한 살씩 증가되므로 2033년에는 65세로 연장된다. 하지만 명퇴 및 정년 등으로 은퇴한 퇴직자들이 생활고에 못이겨 수급연령보다 최대 5년 앞당겨 받는 조기 연금수금자(1년마다 6% 연금삭감)가 해마다 늘고 있다.[22] 또한 소득 대체율이 너무 낮아 서민층의 경우 노후대책으로서는 여전히 생계비에 한참 못 미친다는 문제점을 안고 있다. 더욱이 보험 납부액 상한제를 너무 낮게 설정하여 더 많은 액수를 부어 실제로 노후에 생계비를 보장받고 싶은 사람들조차 용돈 수준의 급여를 받을 수밖에 없어 연금다운 연금이 되지 못하고 있다는 지적도 있다.

보험가입자의 고용여부와 고용기간이 급여수준을 결정하는 데 핵심적인 역할을 한다는 사실도 연금제도의 탈상품화, 사회계층화 효

22) 〈연합뉴스〉, 2014. 11. 12.

과가 크지 않다는 점을 말해준다. 이런 경우 여성 등 소득수준이 상대적으로 낮고 이동성이 높은 노동자들이 받는 불이익은 매우 명백하거니와, 저임금과 고용 불안정으로 특징되는 비정규직이 만연하는 오늘의 상황을 고려하면, 시장에서 밀려난 취약계층을 위한 소득보존 장치로서 국민연금의 한계는 더욱 명백해진다. 이처럼 국민연금의 소득보장 기능이 매우 취약한데도 선진국에는 이미 일반화되고 있는 사회수당, 예컨대 질병수당, 출산수당, 아동수당, 노인수당 등 실질적 소득보장을 위한 보완책들은 여전히 부재하거나 미흡한 실정이다. 국민연금의 소득보장 기능이 취약하고 기여율 대비 급여율이 낮을수록 민간보험에 대한 요구가 늘어나고 그럴수록 국가복지의 비중은 더욱 위축될 수밖에 없다.[23] 더욱이 오늘날에도 소득이 낮거나 없기 때문에 보험료 납부 예외자로 분류되어 아예 수혜자의 가능성 밖으로 밀려나 있는 사람들이 상당히 많다는 점은 또 하나의 큰 문제이다.

그런데도 지금까지 한국 연금개혁의 방향은 소득보장보다는 기금안정화에 중점을 두어왔다. 지금까지 공통으로 거론되는 예상적자의 원인은 정부에 의한 일방적 전용과 인구의 노령화 추세 그리고 급여수준에 비하여 기여수준이 지나치게 낮다는 데서 찾을 수 있다. 국민연금과 같은 공적 연금은 그것의 일차적 목적이 이윤창출을 있지 않는 한, 민간보험과는 달리 원래부터 어느 정도의 적자를 피할 수 없는 측면을 안고 시작한 것이다. 따라서 재정적자 문제에 대해서는 소득에 따른 누진적 사회보장세를 도입하거나 전반적 세제개편을 통하여 정부일반회계에 의거한 보편적 최고(기본) 연금제를 도입하는 방안을 심각하게 고려할 수 있다.

요컨대 한국의 국민연금제도는 상당 정도의 보편성과 부분적 소

---

23) 고세훈, 앞의 책, 201.

득재분배 가능성에도 불구하고, 소득수준이나 고용연한 등에서 상대적으로 취약한 저소득층을 위한 탈상품화 잠재력은 매우 저급한 반면, 상대적으로 여유 있는 고소득층을 민간보험으로 유인함으로써 이원적 사회계층화를 재생산하는 데 오히려 기여할 수 있다. 세제의 소득재분배 효과가 매우 허약한 한국으로서는 재분배적 세제개편을 통해 일반회계로부터 기금의 대종을 충당하거나 서민층을 위해 국고 보조금을 대폭 책정함으로써, 우선 일정 수준의 급여수준을 보장(기초 보장)해주고, 그 위에 상대적으로 고소득계층을 위한 보험원리를 추가적으로 허용하는 이원체제 도입을 신중하게 고려할 필요가 있다. 보편주의에 입각한 적정수준의 급부를 보장하면서 동시에 중산층의 기대에 부응하는 급여수준의 차등화를 공적 연금체제 안으로 편입시킨다면, 국민연금을 통해 시장논리가 상당한 정도로 선제되어 탈상품화 정도가 높아지면서 사회계층화의 정도는 감소하는 단초가 마련될 수 있을 것이다.[24]

2) 건강보험

한국의 건강보험은 독일이나 프랑스 혹은 일본 등과 같이 강제적인 국가의료보험NHI, National Health Insurance을 택하고 있다. 영국, 스페인, 이탈리아 등에서 채택하고 있는 국가보건서비스NHS, National Health Service가 일반조세로 재원을 마련하여 국민에게 무상으로 의료를 제공하는 것과는 달리, NHI는 소득수준 등 부담능력에 따라 차등적으로 부과되는 보험료를 재정기반으로 하여 기여도에 상관없이 균등하게 보험급여를 지급한다. 따라서 보험납입금이 본봉기준에 따른 보험료 선정방식을 따르고 있어 저소득가계의 소득 대비 부담비율을 상대적으로 무겁게 하는 효과를 갖는다.

---

24) 위의 책, 205~206.

또한 아직도 보험이 적용되지 않는 진료행위가 광범위하게 남아 있고, 본인 부담금 수준도 높아 대체로 전체 진료비의 절반정도가 건강보험급여로 대체되고 있는 실정이다. 다시 말하면 특정한 질병으로 입원했을 경우 전체 비용의 약 50%는 본인이 부담해야 한다는 것이다. 그래서 '반쪽짜리 보험'이라는 말도 있고, 일부 국민들은 질병을 대비하는 사회보험이 존재한다는 것을 체감하지 못하기도 한다. 그래서 건강보험의 급여수준을 높이고 건강보험의 적용을 받지 않는 비급여 의료비의 팽창을 억제하는 데 힘써야 한다.

또한 건강보험료 형평성 논란도 불거져 "주택 3채 이상 소유한 직장가입 피부양자는 보험료를 내지 않고 보험혜택을 받는데, 월 보험료 3천 560원을 내지 못하는 최저소득 지역가입자들이 건강보험을 이용하지 못하는 현실은 부당하다"는 지적이 나오고 있다. 근본적으로 소득수준에 따라 보험료를 매기지 않다보니 빚어지는 부조리한 현상이다.[25] 현행 건보료 부과체계는 보수월액을 기준으로 사용자와 가입자가 50%씩 부담하는 직장가입자와 연간소득 500만원을 기준으로 500만원 초과세대는 소득·재산·자동차로, 500만원 이하 세대는 생활수준 및 경제활동 참가율(성, 연령, 재산, 자동차로 평가)과 재산, 자동차로 부과하는 지역가입자의 삼원화된 구조로 되어있다.

이처럼 자격요건에 따라 보험료 산정방식이 달라짐에 따라 보험료 부담의 형평성을 담보하지 못하고 있다는 논란이 끊이지 않았다. 게다가 부담능력이 있는데도 직장가입자에 얹혀 보험료 한 푼 내지 않는 피부양자의 무임승차나 고액 보험료 부담 회피 목적의 고소득 자영업자의 위장취업은 사회적 문제로 지적됐다. 보건복지부는 박근혜 정부 출범 후 국정과제로 이처럼 형평성에 어긋난 건보료 부과체계를 개편하려다 2015년 초 갑자기 중단했다. 그렇지만

25) 〈연합뉴스〉, 2015. 9. 24.

비판여론이 들끓자 2015년 말까지 개편작업을 끝내기로 했다가, 해를 넘긴 지금까지도 부작용을 줄이기 위한 시뮬레이션 작업을 벌이고 있다는 말만 되풀이할 뿐 결과물을 내놓지 않고 있다.

재정적자 문제에 관해서는 영국의 NHS처럼 거의 모든 질병에 대한 전면적 무료체제는 아닐지라도, 국가가 일반회계를 통해 상당한 수준의 재정을 부담함으로써 재정안정을 구현하는 한편, 의료서비스가 갖는 재분배효과를 저소득층을 위해 십분 활용하는 것이 필요하다. 비정규직과 같이 사회경제적으로 불안정한 계층일수록 그나마 국가에 의한 최소한의 의료보장으로부터 소외되고 있는 것이 현실이기 때문이다.

한국의 건강보험은 서비스 제공의 효율성 면에서도 적지 않게 문제를 안고 있다. 특히 서비스 전달체계는 농어촌 지역의 저소득 의료소비자에게 심각한 박탈감을 안겨준다. 의료서비스가 기본적으로 의료제공자의 개인적 선택에 따라 좌우되는 상황에서, 경제적으로 낙후된 지역에서는 의료서비스도 상대적으로 취약할 수밖에 없기 때문이다. 더구나 낮은 보험수가에 기인한 병원의 재정보전이라는 명분으로 도입된 특진제도는 의료서비스의 질과 전달방식이 의료소비자의 재정상태에 따라 현격한 차이를 유발할 수 있다. 또한 진료비 청구가 서비스 단위 체제의 기초한 'fee-for-service'(특정 서비스의 단위당 의료수가 책정)에 입각해 있어 과잉진료와 과잉투약이 성행하며, 이는 의료수가가 전반적으로 상승하는 데 중요한 요인으로 작용하고 있다.[26]

3) 고용보험

한국의 고용보험은 사업주와 근로주가 임금의 0.9%씩 매월 적립하는 고용보험기금을 재원으로 해서 실직 근로자에게 연령과 보험

26) 고세훈, 앞의 책, 210.

가입 기간에 따라 3~8개월(평균 6개월) 동안 평균임금의 50%(급여율)를 보조해주는 제도다. 그런데 급여를 받기 위해서는 실업자가 본인의 과실이나 고의로 실직되지 않았다는 것을 증명해야 하는데, 현실적으로 증명이 어려운 경우가 많아 실업에 대한 보장효과가 떨어진다고 한다. 또 실업급여를 받을 경우에도 급여수준의 최대치가 실업 전 급여액의 50%에 불과해 저임금 근로자의 경우 실업급여만으로 적절한 생활수준을 유지하기 어렵다. 더욱이 고용과 실업대책이 적절히 연계되지 않고 있어 안정적이고 실질적인 고용 창출 대신 한시적 공공근로사업의 배정비율이 높거나 저임금이나 정리해고 등 부당 노동행위와 같은 '어두운 고용', 즉 강제적 시장 재편입이 빈번히 발생하고 있다는 점이다.

4) 산재보험

산재보험이란 공업화 진전과 더불어 발생하는 산업재해 근로자를 보호하기 위하여 1964년에 도입된 우리나라 최초의 사회보험제도이다. 산업재해로부터 근로자를 보호하기 위해서는 산업재해 자체를 예방하는 것이 가장 바람직하나, 이미 발생한 산업재해로 부상을 당하거나 사망한 경우는 피해근로자나 가족을 보호 내지 보상해 주는 산재보험이 중요한 의미를 지닌다고 할 수 있다. 산재보험은 산재근로자와 그 가족의 생활을 보장하기 위하여 국가가 책임지는 의무보험으로서, 원래 사용자의 근로기준법상 재해보상책임을 보장하기 위해 국가가 사업주에게서 소정의 보험료를 징수하여 그 기금(재원)으로 사업주를 대신하여 산재근로자에게 보상을 해주는 제도이다.

산재보험은 다음과 같은 특징을 지니고 있다. 근로자의 업무상 재해는 사용자의 고의·과실 유무를 불문하는 무과실 책임주의이다. 보험사업에 소요되는 재원인 보험료는 원칙적으로 사업주가 전액 부담한다. 산재보험급여는 재해발생에 따른 손해 전체를 보상하는 방식이 아니라 평균임금을 기초로 정율 보상방식으로 지급된다. 한편 산재보험은 자진신고와 자진납부를 원칙으로 한다. 그리고 재해보상과 관련되는 이의신청을 신속히 하기 위하여 심사 및 재심사 청구제도를 운영하고 있다.

그러나 산재보험은 도입 36년만인 2000년 이후 법적으로 예외 없이 모든 업종과 모든 규모에서 일을 하고 있는 노동자들은 제도의 적용을 받을 수 있는 제도적 틀이 마련됐지만, 실제 현실에서는 여전히 산재보험의 적용을 받고 있지 못하는 노동자들이 많다. 즉, 소규모 영세사업장의 경우 대부분 산재보험제도에 가입되어 있지 않으며, 영세사업장 노동자들 역시 산재보험의 사각지대에 존재하고 있을 가능성이 크다. 또한 산재보험은 근로자가 다친 경우에는 일반적으로 지급된다고 알려져 있으나 건강보험과 달리 사업주의 부담으로 운영되기 때문에 그 재원이 한정되어 있어 산업재해 보상보험법령에 정한 경우에만 산재처리가 된다. 즉, 산재처리가 되는 범위가 크지 않으며 그 요건도 매우 엄격하다. 산재 승인이 난 이후라도 승인상의 병에 따라서 보장범위가 달라 경우에 따라서 많이 다쳤음에도 불구하고 치료비의 일부만 보장되어 본인 부담분이 많이 발생할 가능성이 있다.

게다가 산재보험제도가 독점적으로, 공적으로 운영되고 있기 때문에 이윤동기의 결여로 재해예방기능이 부족하다. 결국 산재보험이 비용과 효율성만을 지나치게 따지고 있어 노동자들을 위한 사회보험제도로서의 역할을 제대로 하고 있지 못하다. 특히 한국의 작업장 현실은 산재은폐와 소위 '공상처리' 관행이 만연해 있어 산재보험의 도입취지와 역할이 훼손되고 있다. 동일한 사업장 내에서 사내하청, 용역, 파견 노동자들이 확산되고, 이와 같은 비정규직 노동자들의 재해위험이 점차 높아지면서 산재은폐와 공상처리의 관행은 이들의 고용형태상의 불안정성과 중첩되어서 더욱 더 심화되고 있는 것이 현실이다.

5) 노인장기요양보험

이상의 4대보험 외에 우리나라에서는 노인장기요양보험이 2008년에 제정되어 이듬해부터 시행되고 있다. 이 보험은 65세 이상의 노인 또는 65세 미만의 자로서 치매와 뇌혈관성 질환 등 노인성 질병을 가진 자 중 6개월 이상 혼자서 일상생활을 수행하기 어렵다고 인정되는 자를 수급대상으로 하여(65세 미만의 노인성 질병이 없는 장애인은 제외) 신체활동 또는 가사활동 등의 장기요양급여를 제공하는 사회보험제도이다. 장기요양급여의 종류는 크게 재가급여, 시설급여, 특별현금급여로 구분되어 수급자에게 배설, 목욕, 식사, 취사, 조리, 세탁, 청소, 간호, 진료의 보조 또는 요양상의 상담, 요양비 제공 등의 다양한 방식을 포괄한다. 이 제도는 신체적·정신적 기능장애를 기준으로 수발비용을 지급하며, 주로 비의료적 서비스로 구성되어 있다는 점에서 질병치료를 목적으로 하는 건강보험과 차이가 있다. 그래서 건강보험과는 별도로 운영되지만, 건강보험 가입자는 자동으로 장기요양보험의 가입자가 된다.

노인장기요양보험에 대해 그 동안 지적된 문제점과 개선방안을 요약하면 다음과 같다. 먼저 대상자에 대해서는 중증노인에 한정한 급여대상, 3등급 치매노인 제외, 장애인의 배제 등이 문제점으로 대상자 확대가 필요하다. 둘째로 급여의 문제점은 재가급여의 이용부진과 현물급여 중심으로 다양한 재가급여의 활성화와 가족요양비의 확대실시가 그 해결책이다. 셋째로 전달체계에 대해서는 등급판정 관련문제, 운영비 감축으로 인한 서비스의 사각지대 발생, 불균형적인 장기요양시설, 의료와 장기요양 제공체계의 미비 등이 문제점으로 등급판정의 신뢰성 확보, 현실성 있는 수가체계, 요양시설 접근의 용이성 등이 필요하다. 넷째로 재원의 문제점은 낮은 국가부담에 따른 과중한 본인부담금이므로 국가부담비율을 높여 본인부담금을 낮춰주어야 한다는 것이다.

2. 공공부조

사회보장기본법 제3조 제3호에 의하면, 공공부조란 "국가 및 지방자치단체의 책임 하에 생활유지 능력이 없거나 생활이 어려운 국민의 최저생활을 보장하고 자립을 지원하는 제도"이다. 현재 한국에서 공공부조가 대상으로 하는 극빈층이란 보험료를 낼 여력이 없는 최저생활비 미만으로 살아가는 절대빈곤층을 말하며, 정부는 이들에게 소득 및 재산조사를 통해 법정 최저생계비와 대상 가구 총소득의 차액을 제공한다.

현재 빈곤층을 대상으로 생계비를 지원하는 국민기초생활 보장제도는 네 가지 지원금, 즉 교육·주거·의료·생계비를 제공하지만, 여전히 그 수급자격을 지나치게 엄격하게 규정하는 까닭에 실제로 급여를 제공받아야 하는 빈곤층이 대상자에서 제외되는 현상이 광범위하게 존재한다. 국민기초생활 보장제도는 현재 약 4% 내외의 빈곤층에 생계비를 제공하고 기타 생활상의 어려움을 지원해주는데, 학자들이 추정하는 우리나라 빈곤율은 아주 엄격하게 추정하더라도 약 10%를 상회한다. 그러므로 빈곤층의 상당수는 공공부조 제도의 보호를 받지 못하고 있는 실정이라고 할 수 있다.

특히 노인 빈곤율은 노인자살율과 함께 OECD 국가들 중 1위에 올랐다. 이렇게 가난한 노인은 많지만 부양의무 가족들이 있다는 이유로 대부분 기초생활수급자 대상에서 제외된다. 2014년 기준 기초생활수급자인 노인은 5.4%뿐이다. 최근 OECD에서 발간한 『2015 연금보고서』에 따르면 한국노인이 72.9세까지 일해 OECD 34개 회원국 가운데 은퇴가 가장 늦은 것으로 밝혀졌다. 하지만 오래 일하는데도 노인 두 명 중 한 명은 빈곤의 늪에서 헤어나지 못하고 있는 것으로 나타났다. 이러다 보니 구직시장에서 완전히 은퇴하고 여생을 보내는 기간도 OECD 회원국 고령자 가운데 가장 짧았다. 이렇게 살아서 일에 치이고 죽기 전 여생을 즐길 시간이 짧은데도 노인빈곤율은 2014년 기준 49.6%로 OECD 국가 중에 가장 높았고, 고령자의 소득도 한국이 꼴찌였다. 한국 노인의 평균소득은 전체 근로자 평균의 60% 수준으로 실제 퇴직연령, 은퇴 후 휴식시간, 노인빈곤율, 노인 평균소득 등 4개 항목 모두 OECD 꼴찌였다. 퇴직하고도 구직시장을 맴돌 수밖에 없는 한국 '반퇴세대'의 우울한 자화상이다. 이에 대해 OECD는 "국가가 연금수급자의 빈곤을 예방하기 위해서는 연금을 비롯한 사회안전망 지출에 대한 개혁이 필요하다"고 지적했다.[27)]

2014년 1월 기준 국민기초생활 보장제도의 수급자는 약 135만명으로 절대빈곤층인 400여만 명은 여전히 사각지대에 방치되어 있다. 그 이유로는 우선 소득과 재산, 근로능력 여부, 부양의무자 유무 등 수급자격이 지나치게 까다롭기 때문이다. 둘째로 수급신청과 증명절차가 까다로운 것도 문제다. 노숙인은 주소가 없어서, 아파도 진료기록이 없어서 수급을 포기하거나 거절당하는 식이다. 또한 보호범위와 지급액은 점점 줄어들고 있다. 지난 14년간 빈곤층 규모가 증가했음에도 불구하고 수급자 규모가 140만 명 선을 넘지 못했고, 최저생계비를 토대로 지급되는 금액도 물가대비 실제가치가 줄어들었다. 그 원인은 우리나라의 사회보장제도에서 유독 '가족부양'과 '근로강제' 원칙이 강하기 때문이다. 따라서 사회보험에 기여하지 않는 빈곤층에 '퍼주는' 공공부조에 대한 뿌리 깊은 반감과 불신

---

27) 〈중앙일보〉, 2015. 12. 14.

이 정부뿐 아니라 국민들 사이에 팽배하다. 이렇게 볼 때 우리 국민들은 빈곤의 원인을 사회보다는 개인의 책임으로 보는 경향이 크며, 또 상당수의 국민들이 복지확대를 환영하면서도 재정확보를 위한 증세에 반대하는 등 이중적 태도를 보이는 것도 복지확대의 실현에 걸림돌이 된다.[28)]

3. 사회수당

사회수당으로는 아동수당에 해당되는 것으로 2012년부터 0~5세 아동을 대상으로 집에서 키우는 아동에게는 양육수당을, 어린이집이나 유치원에 가는 아동에게는 보육료를 부모의 소득에 따라 차등 지원하고 있다. 또한 노인수당의 성격에 해당되는 것으로는 2008년 1월부터 시행해 온 기초노령연금제도를 대폭 개정해 2014년 7월부터 시행하는 기초연금이 있다.

1) 보육료 · 양육수당

우리나라는 아동수당에 해당되는 것으로서 만 3~5세의 자녀를 둔 가정에 대해 소득계층과 상관없이 보육료 또는 양육수당을 지급하는 데, 보육료는 어린이집이나 유치원에 맡길 때, 양육수당은 가정에서 키울 때 각각 지급된다. 누리과정은 유치원과 어린이집에 다니는 만 3~5세의 영·유아에게 공평한 교육과 보육 기회 보장을 위해 2012년부터 국가가 공통으로 시행하도록 만든 표준 교육과정을 말한다. 2012년 3월부터 5세 누리과정을 시작한 후, 2013년 3월부터는 박근혜 대통령의 대선 공약 중의 하나로 3~4세까지 확대되어 시행되고 있다. 공립유치원은 1인당 월 11만원, 사립유치원과

---

28) 〈세계일보〉, 2014. 3. 10.

어린이집은 운영지원비(22만원)와 방과 후 활동비(7만원) 등 1인당 월 29만원을 지원한다. 또한 0~2세에 대해서도 소득구분 없이 월 10만~20만원을 지급하기로 결정하였다. 이에 따라 2013년부터 무상보육이 이뤄지게 된 것은 저출산대책이 절실한 시점에서 전향적인 조치로 매우 환영할만한 일이다.

그러나 실시 이후의 문제점으로는 무엇보다도 2014년 10월 정부가 확대된 누리과정 예산편성을 지방자치단체와 교육청에 떠넘기고, 지방자치단체와 교육청은 예산부족을 이유로 누리과정 예산을 편성하지 않아서 정부와 마찰을 빚는 '무상보육 논란'이 벌어지고 있다는 점이다. 지방자치단체는 지방세 수입이 부족하여, 중앙정부의 지원이 필요하다고 주장하고 있다. 정부는 중앙정부의 재정도 어려운 상황이라며 지원을 거부하였다. 결국은 뒤늦게 정부와 지자체와 교육청이 분담하는 미봉책으로 위기를 넘겼다. 다음 해에도 정부는 2016년부터의 누리과정 예산을 교육청이 편성하도록 일방적으로 법제화함으로써 교육청과의 갈등을 심화시키고 있는데, 이는 현 정부가 약속했던 것일 뿐만 아니라 저출산대책이 절실한 시점에서 더욱 확대할 필요가 있다는 점에서 정부가 전액 부담하는 것이 바람직할 것으로 보인다.

2) 기초연금

기초연금은 노후를 미처 대비하지 못해 생활이 어렵게 된 노인들의 생활 안정에 도움을 주기 위해 65세 이상의 전체 노인 중 소득과 재산이 적은 70%의 노인에게 매달 일정액의 연금을 지급하는 제도로서 박근혜 대통령이 후보 시절 발표했던 주요 공약이다. 당시 박근혜 후보는 TV토론에서 소득에 관계없이 모든 노인에게 월 20만원의 연금을 지급하겠다고 말했다. 그러나 정부는 국가의 재정상황, 국민연금과의 관계성 등을 감안하여 소득 하위 70% 노인을 대상으로 하고, 지급액도 국민연금과 연계하는 방식으로 변경하여 기초연금 제도를 추진했다. 그 결과 2008년 1월부터 시행해 왔던 기초노령연금제도를 대폭 개정해 2014년 7월 첫 기초연금이 지급되었다.

기초연금에 대해서는 설문조사 결과 이전의 기초노령연금보다 수령액이 두 배로 올랐기에 대체로 만족하는 것으로 나타났다. 하지만 문제점도 여러 가지 지적되고 있다. 첫째로 기초생활수급 노인은 기초연금을 받지만 같은 금액을 생계급여에서 삭감한다. 둘째로 기초연금은 물가와 연동되기 때문에 이전에 시행됐던 기초노령연금이 매년 국민연금 가입자 평균소득(A값)에 연동되는 것과는 격차가 커져 대략 2022년부터는 기초연금액이 이전의 기초노인연금보다 낮을 수 있다. 셋째로 기초연금은 국민연금 가입기간에 따라 감액되는데 오래 가입할수록 감액 폭이 커 국민연금에 대한 신뢰를 떨어뜨린다. 넷째로 정부가 기초연금액을 두 배로 올리면서 국고보조는 그대로 유지하여 지자체의 재정부담이 늘어났다는 것이다. 다섯째로 상위 30% 노인에게는 지급되지 않아 단계적으로 지급대상을 확대해야 한다는 것이다.

4. 사회복지 서비스

사회복지 서비스란 불우한 처지에 있거나 사회적으로 열세한 위치에 있는 사람들을 대상으로 전문적인 지식과 방법을 동원하여 그들의 어려운 상황을 해결해 줌으로써 정상적인 사회인으로서 권리를 누리고 의무를 수행할 수 있도록 해주기 위한 공공기관이나 민간단체의 조직적 활동을 말한다. 현재 우리나라에서 실시되고 있는 주요 사회복지 서비스는 그 대상에 따라 아동복지, 노인복지, 부녀복지, 가족복지, 장애인복지 등이 있다.

2000년대 이전의 사회복지체계가 주로 생계보호를 중심으로 한 사회보험과 공공부조 위주였다면, 2000년대 이후에는 새로운 사회적 위험으로부터의 보호를 목적으로 하는 사회복지 서비스의 확대가 특징이다. 이런 추세를 반영하듯 2012년에 개정된 사회보장기본법은 한국의 사회보장체계를 기존의 두 축(사회보험과 공공부조)에 사회복지 서비스를 포함한 세 개의 축으로 규정하고 있다. 예산측면에서도 2000년대 이후 보건복지부 예산 중 상대적이긴 하지만 가장 빠른 속도로 증가하는 분야가 노인, 아동, 장애인, 여성과 가족 등 사회서비스 영역이다.

양적으로는 빠른 속도로 증가하고 있지만, 과연 서비스 수요자인 국민의 복지욕구에 적절히 대응하고 있는지는 미지수다. 국민의 복지 체감도는 여전히 낮고, 사회복지 서비스는 아직도 값싸고, 질 낮은 서비스로 인식되고 있다는 평가다. 양적인 확대를 넘어 이제는 질적인 향상이 필요한 시점이다. 질적인 변화를 추동하는 대표적인 흐름이 공급자 중심에서 수요자 중심으로의 변화다. 우리나라 사회복지 서비스 공급체계는 전통적으로 시혜적인 성격의 공급자 중심 체계로 발전해왔다. 서비스 전달체계 또한 지역주민의 복지욕구에 따른 방식이 아닌 대상별 시설 공급방식, 즉 사회복지관, 노인복지관, 장애인복지관, 아동복지관 등을 건립하는 방식으로 발전되어 왔다. 또 정부가 시설운영비에 대한 보조금을 지급하는 방식은 정부에 대한 의존도를 높이는 반면, 수요자의 욕구에 대해서는 상대적으로 덜 민감하게 반응하는 환경을 조성했다.

하지만 주로 대인 서비스로 이루어지는 사회복지 서비스는 투입의 수준만으로는 그 성과를 제대로 알 수 없다. 따라서 사회복지 서비스 분야에서는 대상자의 욕구와 삶의 질 변화를 중심에 놓는 수요자 중심적인 공급체계로의 패러다임 변화가 가속화되어야 한다. 이는 곧 수요자의 서비스 선택권이 확대 보장되는 체계이기도 하다. 이용자 직접 지원방식인 '바우처 제도'가 도입되면서 본격적으로 시작된 사회복지 서비스에서의 수요자에 대한 강조는 앞으로 더욱 강화되어야 한다. 수요자 중심으로의 변화에 얼마나 빨리 적응하느냐가 앞으로 한국 사회복지 서비스 분야의 미래를 가름할 것이다.[29)]

Ⅳ. 한국복지의 낙후성

오늘날 한국사회에서 복지는 사회적 위험으로부터 국민을 보호하기 위한 국가의 핵심과제가 되었다. 요컨대 2010년에 접어들면서부터 '복지정치의 시대'가 열린 것이다. 그러나 이전까지 복지는 국가의 핵심적인 역할이 아니었다. 한국에서 복지제도가 발달하지 못한 이유는 크게 두 가지다. 먼저 국민을 위한 국가라는 인식이 부족했다. 권력자나 일반국민들 모두 국가가 평범한 사람들을 위해 존재한다는 민주적인 국가관을 내면화하지 못했다. 권위주의적인 체제 아래에서 국가는 권력을 행사하는 조직이나 기관으로 인식되었다. 쿠데타나 선거를 통해서 권력을 장악해도, 마치 전근대사회에서 왕이 권력을 행사하던 것처럼 당연하게 받아들여졌다. 그러다가 21세기 들어서 민주주의가 본격적으로 발달하기 시작했고, 이와 더불어 국민주권과 국가의 역할이 새롭게 인식되기 시작했다.[30)]

다른 하나로는 성장지상주의를 들 수 있다. 물이 넘쳐서 밖으로 흘러 나가듯이, 경제가 성장하면 복지도 이루어질 것이라는 사고가 오랫동안 정치인들이나 관료들의 의식을 지배했다. 그들은 경제성장이 이루어지면 그 열매가 빈곤층에게도 돌아간다고 보았다. 이것

---

29) 이봉주, "사회복지서비스, 이용자 중심 '바우처 제도'를 주목하라", 〈조선일보〉, 2116. 1. 1.

30) 신광영, "어떤 복지국가로 갈 것인가", 김연명 외, 『대한민국 복지』, 203,

은 낙수효과trickle down effect라고 하여 경제성장론자들이 금과옥조처럼 내세우는 논리로, 처음 이론을 제시한 사이몬 쿠즈네츠Simon Kuznets의 이름을 따서 '쿠즈네츠 가설'이라고도 부른다. 그들은 복지가 필요한 빈곤층의 문제는 경제가 성장하면 자동적으로 해결될 수 있다고 보았다. 이런 인식은 먼저 경제성장이 이루어지면 복지정책을 실시할 수 있는 경제적 여력이 생기게 된다는 '선성장 후분배'의 이론으로 나타났다. 먼저 파이를 키우고 나서 나중에 나눠 먹자는 것이다. 이런 논리는 그 타당성을 조금도 의심받지 않았을 뿐만 아니라, 아직도 국민들 사이에서 무의식적으로 받아들여지고 있다.[31]

1960년대에 서구사회가 국민소득 1만 달러 시대에 도달하면서 복지제도가 꽃피기 시작한 역사를 볼 때, 2016년 국민소득 2만 7천 달러에 달하는 우리나라에서 아직도 선성장 후분배를 주장하는 것은 설득력이 없다. 그런데 오늘날에도 우리사회에서 이루어지는 복지에 관한 담론은 복지 후진성을 여지없이 드러내고 있다. 경제는 서구의 여러 나라들과 경쟁할 수 있을 만큼 발전했지만, 복지정책에 대한 이해도는 그보다 60여년 정도 뒤쳐져 있다. 관료들이나 정치인들은 복지정책에 대해 2차 세계대전 이전 서구의 수준 정도로 밖에 이해하지 못하고 있다. 그 이유는 오랜 기간 동안 이어져 온 발전국가 체제의 영향 때문이다. 발전국가는 경제성장을 무엇보다 중요한 과제로 내세웠고, 모든 것을 희생하여 그에 매진했다. 한국의 경우에는 국가가 계획을 세워서 개입하는 계획경제와 시장경제를 섞은 혼합경제체제로 이루어져 왔다. 이 과정에서 국가는 대기업 중심으로 경제성징을 추진했고, 자연스럽게 국가와 대기업이 유착하는 현상이 일어났다.[32]

---

31) 위의 글, 204.
32) 위의 글, 210.

그 결과 경제성장을 정부의 중점적 과제로, 복지는 주변적 과제로 취급하는 경향이 이어지고 '친성장 반복지' 경향이 고착되면서, 발전국가의 경로의존성[33]이 지속되고 있다. 국가가 경제성장을 강조하고 대기업들이 사회전체에서 차지하는 영향력이 커지면서 새롭게 나타난 경향이 '과잉 시장화'이다. 국가가 재정을 수출주도형 산업에만 집중시키면서 복지에 속하는 교육, 의료, 주택부문 등은 시장에 맡긴 결과다. 서구에 비해 시장에서 제공되는 서비스 영역이 지나치게 크다 보니 국가에서 규제를 심하게 해왔지만, 사실상 서비스 영역의 시장화를 오히려 고착화시키는 방식으로 이루어졌다. 결과적으로 시장화를 위한 국가의 개입이 진행됐다고 볼 수 있다. 이런 과정은 과잉 시장화와 복지 후진국이라는 악영향으로 귀결되었다. 그 결과 한국의 복지는 멕시코와 터키와 유사한 수준에 머물고 있다.[34]

복지국가가 성립되기 위해서는 크게 경제적 산업화, 정치적 민주화, 복지문화의 성립이라는 세 가지 조건이 갖추어져야 한다. 그렇다면 한국이 산업화와 민주화를 이룩했음에도 불구하고 복지국가가 되지 못한 주된 이유는 복지문화가 아직 성숙하지 못했기 때문이라고 할 수 있다. 한국에서 진보 혹은 사회주의 사상의 발달은 매우 금기시되어 지체되어 왔다. 이는 남북분단이라는 역사적 특수성에서 기인하는 바가 크다. 남북한의 이념적 대립과 전쟁의 상처는 아직도 진행되고 있다. 북한에서 자유주의 이념이 발달할 수 없는 것과 마찬가지로 남한에서 평등주의 이념은 제약을 받아왔다. 폭력적 혁명을 지향하는 공산주의가 아니더라도 점진적 개혁을 지향하는 사민주의조차 불온한 좌파사상이라고 탄압해왔던 것이다. 그렇지만

33) 경로의존성이란 일정한 경로에 의존하기 시작하면 나중에는 그것이 문제가 있다는 사실을 알면서도 여전히 벗어나지 못하는 경향을 말한다.

34) 신광영, 앞의 글, 211.

민주화 이후 약간의 변화 조짐이 보이기도 한다.

민주주의 절차가 지켜지고 법에 따른 통치가 안정화되면서 사민주의에 대한 불법적인 탄압이 점차 줄어들게 되었다. 이에 따라 민주노동당을 비롯해서 그것이 분당된 통합진보당과 정의당과 같이 좌파를 천명한 정당이 결성되기도 하고, 또 이런 정당이 국회의원을 배출하는 사례도 등장하고 있다.[35] 그렇지만 이런 정당의 정치적 영향력은 여전히 극히 미약하다. 이는 세계적 차원에서는 1989년 이래 공산권의 붕괴로 미국과 소련 중심의 냉전체제가 해체되었지만, 한반도에서는 예외적으로 북한의 존재와 위협이 여전히 상존해있기 때문일 것이다. 또한 공산권의 붕괴 이후 서구에서는 이념적 지형이 새롭게 바뀌면서 전통적 사민주의가 극단적 좌파로 간주되고 신자유주의의 공세에 더욱 시달리게 되자 영국 노동당의 '제3의 길'과 독일 사민당의 '신중도'와 같은 중도좌파 노선이 등장했고, 1990년대 중반 이후 집권한 사민주의 계열의 정당의 대부분은 이런 경향을 띠게 되었기 때문이기도 하다.

한국복지가 낙후된 이유를 종래에는 미국이 지체된 복지국가 혹은 복지후진국으로 불리는 것과 마찬가지로 복지국가를 지향하는 전통적 사민주의 좌파정당이 성장하여 집권하지 못했기 때문이라고 보았다. 하지만 1990년대 중반 이후에는 영국 노동당의 토니 블레어Tony Blair가 전통적 사민주의와 신자유주의의 중도노선인 '제3의 길'을 내걸고 집권하면서 제3의 길이 1990년대 중반 이후 서구 사민주의의 보편적 모델로 자리 잡았다. 우리나라에서도 진보성향의 김대중 정부가 집권한 후 '생산적 복지'을 내세우면서 제3의 길을 한국에 도입했고, 이를 노무현 정부가 계승해 복지정책을 대폭 확대해왔다. 하지만 제3의 길마저도 '종북좌파'라고 비난하는 세력이

35) 통합진보당은 2014년 12월 헌법재판소에 의해 종북성향이 있다는 이유로 해산이 결정되었다.

여전히 존재하고 있는 한국의 실정에서 복지국가를 건설하기 위해서는 경제에서는 진보적 입장에서 복지를 내세우면서도, 안보에서는 보수적 입장에서 반공노선을 확고하게 천명함으로써 국민이 가질 수 있는 일말의 불안감마저 잠재울 수 있는, 좌우편향 없는 중도실용노선을 걷는 것도 하나의 대안이 될 수 있다.

welfare
state

8장 한국의 복지국가 논쟁과 전망

8장 한국의 복지국가 논쟁과 전망

Ⅰ. 한국의 복지국가 논쟁

서구의 역사를 보면 절대주의적 중상주의 국가로부터 야경국가의 시대로, 야경국가에서 복지국가의 시대로, 복지국가에서 신자유주의 복지개혁의 시대를 거쳐 다시 복지국가의 사회투자적 재생과 근로주의적 재편의 시대로 전환해왔음을 알 수 있다. 그러나 후발 한국의 경우는 중상주의적 특징이 강한 권위주의적 발전국가로부터 중간단계들을 생략하고, 마지막 사회투자적 복지국가 재편의 단계로 진입하는 셈이다. 국내외의 많은 연구자들이 한국은 IMF 위기 이후 복지국가 단계에 진입했다고 말한다. 한국의 경제성장이 그랬던 것처럼 사회정책도 단계와 과정을 뛰어넘는 압축의 실험이 시작된 것이다.

그러나 '발전국가'로부터 '사회투자 복지국가'로의 전환의 과정이 순탄하기를 기대하기는 어렵다. 진보진영 내부에서도 사회투자 개념이 지나치게 신자유주의에 경도된 복지개혁이라는 비판의 목소리가 높고, 보수진영에서는 복지의 확대 자체를 포퓰리즘으로 경계하는 경향이 여전하다.[1] 특히 보수진영은 복지의 확대는 '과잉복지'로서 경제성장의 발목을 잡아 마침내 국가부도 사태를 초래할 것이라는 과잉반응을 보이고 있다.

앞에서 언급했듯이 김대중 정부는 복지국가의 기틀을 만드는 데

1) 이혜경, "사회투자 복지국가로의 새로운 항로", 이정우 · 이창곤 외, 『불평등 한국, 복지국가를 꿈꾸다』, 후마니타스, 2015, 386~387.

많은 공로를 세웠다. 이어 노무현 정부는 복지정책을 대폭 확충하면서 복지예산을 많이 늘렸다. 하지만 우리나라는 아직 멀었다. 분배와 복지는 여전히 약하다. 그러나 노무현 정부의 복지정책은 안정적으로 확산되지 못한 채, 친기업과 감세를 약속한 이명박 정부에 정권을 내주게 되었다. 이명박 정부는 성장과 분배의 상충관계를 전제하는 반복지 시장주의로 출발했다.

그런데 2010년 지방선거에서 갑자기 '복지국가 논쟁'에 불이 붙었다. 당시 김상곤 경기도 교육감의 '무상급식' 공약이 복지분야의 핵심쟁점으로 부각되면서 복지보편주의에 대한 주장이 사회전체에 확산되기 시작했다. 서울 강남권 선거구에서도 야권후보가 약진하는 등 당시 야권연대의 무상급식 공약이 히트작으로 드러난 선거였다. 이렇게 시작한 복지논쟁은 2012년 총선과 대선을 거치면서 '복지정치의 폭발'로 번지게 된다. 무상복지에 관한 논의는 무상보육, 반값대학등록금, 고등학교 무상교육, 기초노령연금의 대폭인상 등으로 확산되었다.

그 결과 보수와 진보 정당의 정치적 성향 차이에도 불구하고 복지정책분야에서 정당 간 차이가 겉으로는 별로 크지 않은 것으로 나타났다. 이제 문제는 복지를 할 것인가 말 것인가가 아니라 복지를 어느 정도 해야 되는가의 문제로 전환되었다. 나아가 복지는 선거과정에서 유권자의 환심을 사는 득표수단으로 활용되었다. 그 결과 박근혜 대통령 후보는 보수정당의 후보임에도 불구하고 경제민주화와 복지의 확대를 내걸고 당선되었다. 집권 후에는 경제민주화와 복지공약이 후퇴하고 다시 경제활성화를 최우선의 국정과제로 강조하고 있지만.

성장주의에 억압되었던 복지욕구가 터져 나오면서 복지부문이 정부지출의 가장 큰 몫을 차지하게 되었다. 하지만 복지가 늘자 비판도 늘어만 간다. 복지가 있어야 성장도 되는 선진국으로의 진입,

그래서 잉태됐던 복지국가로의 선진화 과제는 망각한 채, 복지확대를 탓하는 소리들이 힘을 얻은 형국이다. 경기침체의 근본원인인 '성장전략의 실종'에 관한 무능함은 묻어둔 채 복지확대만 나무라는 상황이다. 성장에 대한 환상으로 복지에 관한 국가차원의 준비가 뒤쳐진 현실을 개선하자는 이른바 '비정상의 정상화'를 가로막는 일, 또 다시 성장주의로 회귀하는 망각의 정치가 시작된 것이다.[2)]

노무현 정부 때는 성장과 분배에 관한 논쟁이었지만, 지금은 복지국가에 관한 논쟁이다. 하지만 이름만 다를 뿐 내용은 비슷하다. 여전히 한국의 보수는 분배와 복지가 성장의 발목을 잡는다고 주장한다. 2010년 남유럽의 포르투칼, 아일랜드, 그리스, 스페인 네 나라가 신용부도를 맞아 구제금융을 받았다. 보수진영은 이를 호재로 삼아 이 나라들이 과잉복지를 해서 국가부도까지 갔다고 주장한다.

실제로 성장은 분배 및 복지와 서로 발목을 잡는 관계일까? 그렇지 않다. 지난 25년간 경제학계에서 이와 관련된 연구가 많이 이루어졌다. 그 결과를 보면 분배를 개선하면 성장이 촉진된다는 결론이 압도적으로 많다. 보수 언론과 학계가 외치는 '복지가 성장의 발목을 잡는다'는 구호는 잘못되었음을 이미 많은 경제학자들이 증명하고 있다. 오히려 공평한 분배가 이뤄지지 않으면 성장이 어렵다는 주장이 더 설득력을 얻고 있다. 그 이유는 세 가지다.

첫 번째로 분배가 불평등할수록 국민들 사이에 소득재분배에 대한 요구가 커지므로, 세금을 많이 걷어 소득을 재분배하려면 성장이 저해된다는 것이다. 둘째로 분배가 불평등하면 정치적·사회적으로 불안정하여 국내투자가 부진해지고 외국자본의 투자도 잘 이루어지지 않아 성장이 힘들어진다는 것이다. 셋째로 인적자본에 대한 투자문제다. 분배가 불평등할수록 가난한 집안의 인재들이 공부

2) 안상훈, "복지를 위한 희망가", 〈한국일보〉, 2016. 1. 4.

하기 힘들다. 그 결과 인적자본에 대한 투자가 부족해져 경제성장이 늦어진다는 것이다.

실제로 최근 재정위기에 봉착한 나라들은 유럽에서도 복지수준이 가장 뒤떨어진다. 유럽 국가들은 위도가 높을수록 복지가 발달되어 있고 위도가 낮을수록 덜 발달되어 있다는 게 정설이다. 북유럽은 세금을 많이 걷고 복지에 지출을 많이 해서 웬만한 의료, 보육, 학교급식 등을 비롯한 복지서비스가 무상으로 이루어진다. 이를 '탈상품화' 사회라고 한다, 프랑스, 독일, 네델란드, 벨기에 등 중부유럽이 그 뒤를 잇는다. 말하자면 북유럽 다음 가는 2등급 복지국가다. 여기서 아일랜드와 영국은 예외로 위도는 높지만 실제 복지수준은 낮다.[3)]

영국에 대해서는 복지국가라는 인식이 많다. 베버리지 보고서에 나오는 '요람에서 무덤까지'라는 구호 때문이다. 이를 기초한 복지국가를 건설한 것이 노동당이다. 그러나 보수당이 복지를 많이 후퇴시켰다. 그 결과 영국은 현재 유럽에서 복지선진국에 속하지 못한다. 아일랜드 역시 위도로는 1등급에 속하지만, 유럽에서 3등급 복지국가에 해당한다. 그런데 유럽의 2, 3등급 국가조차 다른 OECD 국가들보다는 복지를 잘하고 있는 게 사실이다. 선진국이라는 미국, 오스트레일리아, 캐나다 등의 국가보다 복지제도가 더 잘 갖춰져 있다.

정말 복지에 지나치게 지출해서 경제가 어려워진다면, 제일 먼저 북유럽부터 시작하여 그 다음으로 중부유럽, 남부유럽 순으로 무너져야 한다. 그런데 오히려 북유럽은 2008년에 불어 닥친 세계적인 경제위기에도 끄떡없다. 복지가 더 발달한 나라는 재정위기를 겪지 않고 있다. 다시 말하지만 이번에 재정위기를 맞은 남유럽 국가들

---

3) 이정우, "복지국가는 성장 및 세계화와 상극일까", 김연명 외, 『대한민국 복지』, 두리미디어, 2011, 150.

은 복지가 많이 발달된 나라들이 아니다. 에스핑-안데르센의 분류에 따른 탈상품화 사회인 북유럽과도 다르고, 조합주의적 복지국가인 중부유럽과도 다른 유형에 속한다. 남유럽 국가들의 특징은 여전히 가족의 역할이 크고, 아직은 복지가 약하다는 것이다. 따라서 남유럽이 과잉복지 때문에 재정위기를 맞았다는 주장은 타당성이 부족하다.[4]

거기에다 보수진영에서는 일본까지 끌어들인다. 2011년 3월 대지진이 일어나기 전에 일본은 신용이 한 등급 강등되었다. 이를 보고 국내언론들이 대서특필하면서 복지확대에 대한 비관적인 전망을 앞다투어 내놓았다. 이 주장도 전혀 맞지 않는다. 일본의 신용등급이 하락한 것은 정부 부채가 너무 많았기 때문이다. 일본의 부채는 GDP 대비 200%에 육박할 정도로 엄청나게 높다. 최근 유럽에서 부도난 국가들의 부채가 GDP 대비 100~130%라는 사실과 비교할 때, 일본의 부채는 압도적인 규모다. 선진국 가운데 단연 1등이다. 이런 규모의 부채가 민주당이 집권한 지 1~2년 동안 생긴다는 것은 불가능하다. 그 기간 동안 약간 더 늘었을 뿐이다. 이런 엄청난 정부 부채는 대부분 50년 동안 장기 집권한 자민당이 빚어낸 작품이다.[5]

일본의 별칭은 '토건국가'다. 토건국가는 복지국가의 반대말이라고 해도 좋을 만큼 댐이나 도로, 다리를 놓는 등 토목건설에 과하게 투자를 하는 나라를 말한다. 건설회사들과 유착된 정치가와 관료를 토건족이라고 부른다. 일본에는 토건족이 존재하고, 이들이 자기이익을 위해 정부에서 충실히 경제정책을 집행한다. 그런 점에서 한국은 일본의 판박이다. 한국에도 토건족이 있다. 이들은 기회만 있으면 건설경기를 부양하자고 주장한다. 우리도 50년간 건설경기

4) 위의 글, 152.
5) 위의 글.

부양과 부동산 가격폭등이라는 악순환을 되풀이해왔다. 일본의 잘못된 전철을 고스란히 밟아 온 셈이다.[6)]

이명박 정부의 가장 큰 실수는, 이전 정부가 토건국가를 지양하고 복지국가로 가는 첫걸음을 뗐는데 이를 계승하지 않고 다시 토건국가 쪽으로 선회하여 토건족을 위한 4대강 사업에 엄청난 예산을 투입한 것이다. 세계에서 토건국가를 꼽자면, 한국과 일본이 난형난제라 할 만하다. GDP 대비 건설업 비중이 한국은 18%, 일본은 17%에 달한다. 다른 OECD 국가들은 이 비율이 10% 정도에 불과하다. 한국과 일본은 세계에서 건설업 비중이 가장 높고, 건설업은 경기에 지극히 민감하다. 따라서 지금과 같은 불황기에 특별히 취약한 경제구조라 할 수 있다. 경기가 나쁠 때는 건설에 불을 붙이면 쉽게 살아난다. 그러나 이것은 미봉책일 뿐 근본적인 처방이 아니다. 그런데도 건설회사, 정치인, 관료, 보수언론 등 소위 토건족이 막강한 세력을 형성하면서 인위적으로 경기를 부양시키는 쪽으로 정책을 왜곡시키고야 마는 것도 두 나라의 공통점이다.

토건국가의 폐단으로 '잃어버린 10년' 동안 고생한 일본의 사례는 우리에게 큰 교훈을 준다. 최근 미국의 금융위기가 지나치게 부동산 규제를 완화시킨 데서 비롯되었다는 점도 교훈을 준다. 따라서 우리는 과도하게 비대한 토건업을 줄여서 복지국가로 나아가야 한다. 보건, 의료, 교육, 보육 등의 복지에 투자해야 정상국가로 갈 수 있다. 테르보른Therborn이라는 스웨덴 학자는 복지예산이 50%가 넘는 나라를 복지국가라고 분류한다. 그 기준으로 보면 OECD 국가들은 대부분 복지국가에 속하지만, 한국은 아직 멀었다.

그런데도 한국의 복지확대가 정말 문제일까? OECD 주요국과 비교해보면, GDP 대비 10% 남짓인 지금 수준도 OECD 평균의 절반

---

6) 위의 글.

을 하회한다. 한국의 증가속도가 다른 나라들보다 특별히 빠르다고 볼 근거도 없다. 같은 복지후발국이라도 그리스나 일본의 증가속도에 비해서 한국의 기울기가 상대적으로 완만하게 나타난다. 그럼에도 불구하고 복지확대가 왜 문제인지 뚜렷한 근거조차 없다. 복지확대가 복지욕구에 부응하는 거라면 국민행복에 기여하는 것일 테고, 복지확대가 인적자본에 대한 투자일수도 있다고 보면 성장을 위해서도 좋은 일인데 말이다. 요컨대 복지확대의 진짜 문제는 '구성의 문제'이지 '수준의 문제'가 아니다. 복지가 경제와 선순환하도록 설계되어 있는가, 복지수준에 걸맞은 국민부담이 이루어져 재정적으로 튼실한가, 이런 종류의 질적인 문제를 고민해야지 양적인 문제만 갖고 호들갑 떨 일이 아닌 것이다.[7)]

정부가 편성한 2015년 사회보장예산은 116조원으로 전체 예산 중 30.8%를 차지한다. 사회보장예산이 정부지출의 가장 크고 중요한 분야로 부상한 것이다. 이를 두고 '그리스 꼴이 나지 않을까'하고 걱정하는 사람들도 많다. 하지만 OECD 국가들과 비교해 보면 여전히 하위권이다. 아직은 성장과 함께 복지를 키워가야 한다는 시대정신을 무시할 수 없다. 무엇보다 국민 간의 소득격차가 너무 크기 때문이다.

우리보다 앞서 복지를 확대했던 나라들의 경험을 보면 복지비용을 얼마나 쓰느냐의 문제는 상대적으로 덜 중요하다. 복지에 드는 재원을 어떻게 마련해서 어떤 복지에 쓰느냐가 그 나라의 명운을 결정한다. 복지지출이 큰 스웨덴 경제는 건강한 데 반해 유럽 평균 수준의 복지를 시행하는 그리스가 휘청거리는 이유다. 빚내서 하는 불공정한 현금복지로 망조가 든 그리스 복지구성의 패착은 복지확대의 서막을 열고 있는 한국의 반면교사다.

---

7) 안상훈, 앞의 글.

이제 한국복지는 '어디로 갈 것인가'와 '어디까지 갈 수 있나'라는 두 가지 쟁점이 남아있다. 스웨덴이나 핀란드와 같은 사민주의적 복지체제로 갈 것인가, 독일이나 프랑스와 같은 조합주의적 복지체제로 갈 것인가, 또는 영국이나 미국과 같은 자유주의적 복지체제로 갈 것인가? 아니면 그리스나 이탈리아나 스페인과 같은 남유럽형 복지국가로 가게 될 것인가? 한국이 어떤 유형의 복지국가 체제를 갖출 것인가에 대한 문제는 사회계급적 역학관계, 복지에 대한 의식, 남북한이 대치하고 있는 특수한 상황 등 여러 가지 조건을 고려할 때 쉽게 예상하기 힘들다.[8] 이런 문제를 두고 여기서는 한국의 복지국가에 대한 긍정적 전망과 부정적 전망으로 나누어 고찰해보고자 한다.

Ⅱ. 복지국가에 대한 긍정적 전망

먼저 복지국가에 대한 긍정적 전망부터 살펴보자. 여기서 복지국가라 함은 엄격한 의미에서 모든 국민에게 기본생활을 보장하는 국가를 일컫는 것이어서 유럽의 조합주의나 사민주의 복지국가에 한정되며, 영미형의 자유주의나 남유럽형 모델은 제외된다. 우리나라에서는 노무현 정부 이래 복지정책을 확장하면서 한동안 복지국가의 모델로 스웨덴, 핀란드 등 북유럽국가들이 활발히 논의됐었다. 북유럽국가들은 GDP 대비 조세부담이 35% 안팎인 '고부담-고복지국가'들이다. 하지만 GDP 대비 조세부담률이 20% 안팎으로 OECD 국가 최하위권인 우리나라가 이런 모델을 추구하기란 쉽지 않다.

따라서 복지정책이 본격적으로 확대되고 재원 마련이 심각한 문

8) 김연명, "대한민국은 과연 복지국가일까", 김연명 외, 『대한민국 복지』, 두리미디어, 2011, 70.

제로 떠오르면서 독일, 프랑스 등 중부유럽의 '중조세-중복지 국가'가 주목받고 있다. 무상급식, 무상보육 등 복지에 대한 국민들의 기대는 급격히 높아졌지만, 2013년 1조 3,000억 원을 더 걷겠다는 세제개편이 발표되자 '세금폭탄'이라며 반발했던 것만 봐도 갑작스런 증세에는 거부감이 강하기 때문이다. 중부유럽의 중조세-중복지 국가만 해도 우리의 현실에서는 이상적인 복지국가로서 모든 국민이 세금을 더 많이 내야만 실현될 수 있는 것이다.

이런 맥락에서 남찬섭 교수는 "한국에서는 유럽대륙의 독일과 같은 조합주의 복지체제의 특징이 드러나며, 이 방향으로 이동할 것"이라는 의견을 밝혔다. 다시 말해 사회보험의 영향으로 계층화가 나타나기는 하지만 독일식 중조세-중복지의 복지국가로 이행하고는 있다는 주장이다. 북유럽국가들은 인구가 500~1000만 명 정도인 반면, 독일은 인구규모가 8,000만 명이라는 점에서도 우리가 벤치마킹할 적정한 대상이라고 전문가들은 보고 있다.

또한 장재운 교수는 "경쟁에 기초한 시장경제를 중시하면서도 시장의 낙오자들은 확실하게 보호해주는 사회적 시장경제가 독일모델의 특징"이라며 "건국 이래 철저히 미국식 시장경제를 중시했던 한국의 보수세력과 이 문제점을 비판해온 진보세력이 타협을 할 때 참고할 만한 모델"이라고 말했다. 특히 1990년대 중반 독일병이라고 불릴 정도로 근로의욕을 떨어뜨리는 것으로 지적됐던 복지제도의 근간을 '일하면 국가가 책임진다'는 모토 아래 대대적으로 개선한 2003년 '하르츠 개혁Hartz reform'의 성공은 참고할 대목이다. 박영준 한국노동연구원 부연구위원은 "독일은 애초부터 복지와 고용의 연계가 높았고 하르츠 개혁 이후 연계가 더욱 강화됐다."며 "고용중심·고용친화적 복지를 추구할 필요가 있는 한국은 독일을 주목할 필요가 크다."고 말했다.[9)]

한편 임현진 교수에 의하면 최근 정치권 일각에서 제기된 바 있는 '중조세-중복지' 모델은 박근혜 정부의 '증세 없는 복지'에 대한 일종의 반성과 교정의 의미를 지닌다. 복지에 대한 기대수준을 다소 낮추는 대신, 증세에 대한 과도한 공포로부터 탈피하여 조세부담을 '합리적 수준'에 맞춘다는 것이다. 그래서 현재 상황에서는 무엇보다 중산층을 포함하여 대다수의 국민이 부담해야 할 전반적인 세금인상이 불가피하다.

국가별 사회복지 지출과 국민부담률을 유형화하면 대부분의 국가들은 지역별로 네 가지 유형으로 나뉘는데 저조세-저복지(영미형), 저조세-중복지(남유럽형), 중조세-중복지(유럽대륙형), 고조세-고복지(북유럽형)로 구분된다. 한국은 영미형의 저조세-저복지 형태와 유사하지만 그 수준에 있어서는 그것에도 미달한다는 의미에서 '극단적인 저조세-저복지' 유형이라고 할 수 있을 것이다. 우리는 한국이 지향해야 할 복지모델은 독일로 대표되는 중조세-중복지 유형이어야 한다고 생각한다.[10] 사실 이 정도는 되어야 진정한 의미에서 복지국가라고 할 수 있기 때문이다.

그런데 중조세-중복지 체제로의 전환을 위해서 반드시 해결해야 할 과제가 있다. 그것은 복지체제와 함께 성장체제를 전환시키는데 있다. 이제까지 한국은 이른바 '이윤 주도 성장'의 일환으로 수출주도형 경제전략에 의존해왔고, 이를 위해 다양한 방식의 임금억제정책을 취해왔다. 국가가 저조세-저복지를 기반으로 했던 이유 역시 여기서 비롯되었다. 상술했듯이 저임금을 저조세로 보완하는 방식으로 노동자의 실질소득에 대해 간접적 지원을 제공했고, 이는 다시 복지의 저발전으로 이어지는 악순환을 낳았던 것이다.

물론 1980년대 후반 이후 임금상승률은 큰 폭으로 성장한 바 있지만, 외환위기 이후 그 추세는 정체되거나 후퇴했다. 특히 2007년

9) 〈한국일보〉, 2013. 9. 29.
10) 임현진, "한국 복지국가의 미래", 이정우·이창곤 외, 앞의 책. 381.

글로벌 금융위기 이후부터는 수출의존도와 기업이윤은 과거보다 높아졌지만, 노동생산성과 실질임금 상승률 사이의 격차는 더욱 확대되었다. 즉 노동생산성은 꾸준히 상승했지만, 실질임금은 정체되었던 것이다. 2007~2012년 사이에 이 격차는 10.3%p로서 OECD 국가 중 금융위기를 겪은 포르투칼(11.2%), 아일랜드(13.8%), 그리스(12.3%), 스페인(11.7%) 다음으로 높았다. 이런 '임금 없는 성장'으로 인해 같은 기간 기업의 가처분소득은 109.5%나 증가했지만, 가계의 가처분소득은 34.1% 증가하는 데 그쳤다. 그 결과 내수는 더욱 위축되었고, 국가와 기업은 경기침체와 이윤확대를 위해 수출주도 전략에 더욱 몰두하게 되었다.

최근의 세금인상 및 연금인상과 같은 사회보험 납부금 인상안에 대한 대다수 국민들이 보여주었던 심리적 저항이 최고조에 올랐던 것 역시 이런 현상과 관련이 깊다고 할 수 있다. 따라서 저조세-저복지에서 중조세-중복지로의 전환은 중산층을 구성하는 대다수 임금 소득자들이 부담해야 하는 세금인상의 충격을 흡수할 수 있는 실질임금의 인상 없이는 불가능하다. 실질임금의 인상은 복지제도의 확충을 가능케 할 뿐만 아니라, 수출의존도를 낮추고 내수를 확대함으로써 좀 더 균형적인 성장에 기여할 수 있다. 한국복지의 문제는 단순히 그 비용(세금)의 배분이라는 문제로 환원되거나 한정되는 것이 아니라, 이윤 주도 성장에서 임금 주도 성장, 혹은 수출주도 성장에서 내수 주도 성장이라는 발전 패러다임의 전환과 밀접한 관련을 맺고 있는 것이다.[11] 최근에는 세계경제의 침체로 수출실적마저 부진해지면서 내수 주도 성장의 중요성이 더욱 강조되고 있다.

복지에 대한 지출을 늘리려면, 다른 항목에 지출되는 예산을 줄

11) 위의 글, 383.

여서 복지비용으로 배정하는 방법과 국가가 쓸 수 있는 예산규모를 더 늘려서 복지비용을 늘리는 방법이 있다. 전자에는 가령 4대강 사업을 비롯한 토목사업에 지출되는 비용을 줄여 복지예산으로 사용하는 방법이 있을 수 있다. 이와 관련해서 재정학 권위자인 이준구 서울대 교수는 복지과잉을 걱정하는 최근 박근혜 정부와 여당의 태도를 정면 반박하면서 "우리나라 사회복지 관련 지출은 선진국의 절반도 안 되는 수준"이라며, "우리나라가 거덜 날 정도이면 그 나라들은 벌써 국제적 거지가 되어 있을 것"이라고 밝혔다. 올해 책정된 무상급식 예산 2조 6천 억 원 들이는 게 아깝다지만, 이명박 정부시절 4대강 사업으로 22조, 자원외교비로 41조원이 낭비됐다. 또한 이명박 정부는 종합부동산세, 법인세 등 고소득자와 대기업을 위한 감세정책을 폈고, 그 결과 지난해까지 3년 연속 세수펑크가 발생했다. 그러면서 그는 "우리나라는 결코 복지과잉 사회에 살고 있는 것이 아니다. 우리사회의 복지 프로그램은 소외계층을 모두 보듬기에는 턱없이 모자란 형편"이라고 밝혔다.12)

또한 최근에는 '사자방' 비리라고 해서 4대강과 자원외교 뿐만 아니라 방위산업 비리에 의한 예산낭비에 대해서도 비난이 쏟아지고 있다. 예컨대 "이명박 정권이 4대강, 자원외교, 방위산업 등 '사자방' 비리로 약 100조원의 혈세를 날렸다는 것이다. 30조원의 혈세가 들어간 4대강에는 지금도 해마다 5000억 원의 유지비, 3200억 원의 이자가 나가고 있다. 40조원이 들어간 자원외교는 '깡통'이었다. 수십 배 부풀린 값을 주고 저급무기를 사들이는 방산비리는 구조화·고질화되었다."13) 따라서 이런 비용들을 줄여서 복지비용으로 전용하자는 것이다.

또 하나의 방법은 조세수입의 규모를 늘리는 것인데, 조세수입에

---

12) 〈경향신문〉, 2015. 2. 8.
13) 〈경향신문〉, "조국의 '벼룩의 간 빼먹기'", 2014. 11. 11.

는 일반세금과 사회보험료가 주요 재원이 된다. 여기서 심각하게 고려해 볼 문제가 있다. 다른 예산의 지출항목을 줄이는 것은, 불가능하지는 않지만 획기적인 해결책이 되지는 못한다. 다른 예산항목을 아무리 줄인다 해도 한도가 있기 때문이다. 가령 남북이 분단된 상황에서 국방비를 줄이는 데는 한계가 있다. 따라서 박근혜 정부가 내세우고 있는 '증세 없는 복지'는 응급요법에 불과하며 장기적으로 늘어나는 복지수요를 위한 재정여건 마련이 시급하다는 견해도 있다.

우리나라의 세금과 사회보험료가 GDP에서 차지하는 국민부담율(2013년 24. 3%), 그리고 GDP 대비 사회복지 지출(2014년 10. 4%)은 OECD 회원국 중에서 최하위수준이다. 지난 해 세수부족이 11조원에 이르며 내년까지 4년째 재정난이 예고된 상황이다. 이재은 교수는 "최근 7년, 특히 박근혜 정부 들어 3년을 보면 세입·세출 예측이 부정확하다. 경기예측을 낙관적으로 해 정책공약을 합리화하고 그렇게 해서 세입이 부족해지면 추경을 통해 국가채무를 늘린다."면서 "결국 국민을 기만한 것"이라고 주장했다.

이외에도 증세를 통한 복지를 주장하는 전문가들은 증세는 결국 피할 수 없는 과제라고 보고 있다. 김동렬 현대경제연구원 정책연구실장은 "재정이 버틸 수 있느냐, 없느냐의 문제다. 증세를 안 하면 일본처럼 국채발행으로 증가하는 복지지출을 늘려야 하는데, 이는 다음 세대의 부담으로 돌아가게 된다."며 증세 주장에 힘을 실었다. 염명배 교수도 "복지지출을 늘리려면 증세밖에 방법이 없다. 증세 없는 복지는 처음부터 신빙성이 없었다."며, "모든 사람이 조금씩 세금을 더 내는 '보편적 증세'가 필요하다."고 주장했다.[14)]

이렇게 볼 때 그동안 여야 간 경쟁하듯 약속했던 복지공약을 큰

---

14) 〈한국경제〉, 2015. 10. 12.

틀에서 지키려고 한다면 이제 세금을 더 걷는 일은 불가피해졌다. 담뱃값을 올리려는 것도 사실상 증세의 한 방편이다. 아까운 세금이 엉뚱한 곳에 잘못 쓰이는 것도 철저히 찾아내야 하지만 이것만으로는 한계가 있다. 써야 할 곳이 많고, 재원은 부족하다면 법인세 인상도 검토해봐야 할 때다. 법인세율을 25%로 환원하면 기업의 부담이 큰 만큼 1~2% 포인트 정도 올리는 것이 방법이 될 수도 있다. 뿐만 아니라 소득세 최고세율도 현재 38%에서 40%로 인상해야 한다는 주장도 나온다. 조세형평성 차원에서라도 서민들이나 중소기업보다는 대기업이나 고소득층이 고통을 더 분담할 수밖에 없다.[15)]

사람들은 대부분 자신의 주머니에서 돈이 나가는 것을 달갑게 생각하지 않는다. 그러나 담세율이 높은 북유럽 사회에서는 조세에 대한 저항이 거의 없다. 오히려 담세율이 낮은 영국이나 미국에서 저항이 나타나고 있다. 그렇다면 조세율이 45% 내외가 되는 북유럽 국가의 국민들은 왜 항의하지 않을까? 납세를 기피하는 경향은 높은 수준의 복지가 이루어지는 국가에서는 나타나지 않는다. 조세율이 높을수록 국민들이 국가로부터 받는 혜택도 높다는 인식이 깔려 있기 때문이다. 미국식 복지제도는 잘사는 사람의 주머니에서 돈을 꺼내 못사는 사람에게 나눠주는 선택적 복지다. 따라서 미국에서는 특정 인구집단만 복지혜택을 받는다. 반면에 북유럽식 복지제도는 누구나 세금을 내고 누구나 혜택을 받는 시스템이다.[16)]

그러면 복지국가는 어떤 재원에 기반해야 할까? 부자들에게 증세하는 것은 임꺽정 방식 또는 로빈훗 방식이라고도 한다. 가진 사람의 것을 뺏어서 가난한 사람에게 나누어주자는 논리이기 때문이다. 그러나 복지국가는 부자들에게서 걷는 세금만으로 만들어지지는 않

15) 위의 글.
16) 신광영, "복지국가의 큰 정부는 비효율적일까", 김연명 외, 앞의 책, 98~99.

는다. 복지국가는 사회보장세, 소득세. 죄악세[17] 등의 세금에 대한 비율이 상대적으로 높다. 예를 들면 소득 역진적이라고 하는 소비세(부가가치세)가 스웨덴의 경우 25%를 차지한다. 1만 원짜리 물건을 사면 2천 5백원을 세금으로 내야 한다는 것이다. 한국의 경우는 10% 정도다. 볼펜 하나를 살 때 대기업 회장과 일용직 노동자가 동일한 세금을 낸다는 것은 납득하기 어렵다. 따라서 진보적인 입장에서 보면 소비세율을 높이는 것은 적절하지 않다. 대신 비역진적인 소득세, 자산세와 법인세의 확대를 이야기한다.

그런데 북유럽 국가들의 세제를 보면, 법인세와 자산세가 영국과 미국보다도 낮다. 또한 주류경제학에서 시장 친화적 조세라고 보는 소득세, 소비세 등이 스웨덴과 같은 복지국가를 지탱하는 핵심재원이고, 법인세 등은 상대적으로 비중이 낮다. 반면 시장이 중심인 미국과 영국 등에서는 법인세와 자산세가 북유럽보다 훨씬 높다. 역설적인지 않는가? 왜 이런 현상이 나타나는 것일까? 그것은 보편주의 복지의 원칙과 밀접한 관련이 있다. 보편주의 복지는 부자가 가진 것을 뺏어서 국민들에게 나누어준다는 개념이 아니라, 우리가 낸 것을 다시 돌려받는다는 개념이다. 그러니 보편주의 복지를 위해서는 좀 더 많은 사람들이 세금을 부담해야 한다. 일부만이 세금을 내는 자산세와 법인세보다는 과세범위를 넓힌 누진적 개인소득세, 소비세, 사회보장세가 더 보편적인 재원이 될 수 있기 때문이다. 다시 말해 복지 수급자와 세금을 내는 사람이 일치해야 한다는 것이 보편주의 복지의 핵심원리다.[18]

가난한 사람에게만 복지가 필요한 것이 아니다. 이명박 대통령이 2011년 신년 기자회견을 하면서 삼성 회장의 손자에게도 무상급식

---

17) 죄악세는 담배나 술, 경마, 도박 등과 같이 사회에 부정적 영향을 주는 것들에 부과하는 세금이다. 사치금지법의 일종으로 개인의 소득 여부와 상관없이 일괄적으로 부과된다.

18) 윤홍식, "보편적 복지는 무책임한 퍼주기일까", 김연명 외. 앞의 책, 187쪽.

이 필요하냐고 물었다. 이런 대통령의 어록에 힘입었는지 〈조선일보〉에서는 즉시 여론조사를 실시했다. 우리사회에서 가장 소외된 아동들의 방과 후 활동을 지원하는 지역아동센터의 교사들이 그 대상이었다. 설문을 돌렸더니 과반수가 필요하지 않다고 대답했다. 부자나 중산층에 줄 돈이 있으면 가난한 아이들에게 더 많은 혜택을 주어야 한다는 것이다. 공감이 가는 주장이다. 그런데 보편주의 복지원리는 대기업 회장의 손자들도 무상급식 대상이 되어야 한다고 주장한다. 왜 그럴까?

첫째로 중산층이 참여하지 않는 복지서비스는 질이 담보되지 않기 때문이다. 만약 중산층의 자녀가 지역아동센터를 이용한다면 음식이나 프로그램 등을 비롯해 모든 게 중산층의 자녀들이 이용하기에 부족하지 않을 만큼 보장되어야 한다. 그렇지 않으면 중산층은 복지서비스를 이용하지 않고 서비스를 구매하게 될 것이다. 그러면 누가 복지서비스의 질을 높이기 위해 세금을 내겠는가? 아마도 중산층이 이용하지 않는 복지서비스는 최소한의 수준에만 머물게 될 것이다. 따라서 중산층은 물론이고 재벌의 손자들까지도 복지서비스의 대상이 되어야 한다.

둘째로 부자들에게 돈을 걷어 가난한 사람에게 주는 방식으로는 우리사회의 불평등과 빈곤을 해소할 수 없기 때문이다.[19] 이론적으로는 부자에게 걷어서 가난한 사람에게 나눠주는 것이 불평등을 완화하는 데 효과적일 것으로 보인다. 그런데 현실은 그렇지 않다. 미국은 전체 복지지출에서 가난한 사람에게 지출하는 비율이 60% 정도에 이른다. 반면 북유럽은 전체 복지지출의 3분의 1 정도만이 가난한 사람들에게 집중된다. 논리적으로 보면 미국에서 나타나는 빈곤과 불평등 비율이 북유럽보다 더 낮아야 한다. 하지만 2000년

19) 위의 글, 191.

대 중반 미국이 빈곤율은 17.1%인 데 반해 스웨덴의 빈곤율은 5.3%에 불과했다.[20] 이런 재분배의 역설이 일어나는 이유는 무엇일까?

보편주의 복지의 핵심은 우리가 세금으로 낸 것, 즉 보편적 증세를 통해 보편적으로 돌려받는 구조에 있다. 자신이 내는 세금이 저소득층이나 가난한 사람들에게만 돌아간다면, 누가 세금을 많이 내겠는가? 고귀한 사회적 이상을 가지고 있는 극소수 사람들이야 기꺼이 더 낼 수도 있겠지만, 이를 모든 사람에게 요구하기는 어렵다. 보편적 복지를 하기 위한 복지자원의 총량을 확보하기 위해서는 보편적으로 세금을 내야 한다. 그러다 보니 보다 가난한 사람들에게 돌아가는 몫이 부자에게 걷어서 나누어 주는 경우보다 더 커지는 것이다. 다시 말해 가난한 사람들이 빈곤에서 벗어나고 불평등이 완화되기 위해서는 중산층과 부자에게도 복지급여가 제공되어야 한다.[21]

이렇게 볼 때 결국 복지국가가 되려면 국민들이 세금을 많이 내야 한다는 것이다. 복지국가는 돈을 퍼주는 것이라고 많은 사람들이 오해하지만 실제로는 그렇지 않다. 소득세든 법인세든 부가가치세든 혹은 사회보험료가 되었든, 이런 세금과 보험료에서 예산을 충당해야 한다는 사실을 잊지 말아야 한다. 이것이 바로 복지국가의 딜레마다. 국민들은 모두 복지를 원하지만, 월급에서 세금을 더 내야 한다고 하면 싫어한다. 보수언론들이 '복지를 말하는 것은 무책임한 일'이라고 지적하는 포인트가 바로 이 지점이다. 복지국가가 된다면 돈을 세금으로 뺏기는 것이 아니라, 그것이 혜택으로 되돌아온다고 생각해야 한다. 실제로 부담이 커지는 측면이 없지 않지만, '세금을 내면 나의 안전망이 생긴다'라고 생각을 바꾸어야 한다.

---

20) OECD. *OECD factbook* 2010, Paris, 2010.
21) 윤홍식, 앞의 글, 192.

하지만 정부가 투명해서 국민의 신뢰도가 높아야 이런 생각이 가능해진다. 이것이 복지선진국과 후진국 국민의 의식차이라 할 수 있다.

이와 관련해서 국제투명기구가 발표한 '2014 부패인식지수' 결과 한국이 국가청렴도 순위에서 OECD 최하위권이자 세계 175개국 중 43위를 차지해서 '절대부패에서 벗어난 정도'라는 평가를 받았다고 한다. 세계 1위는 덴마크이고, 뉴질랜드와 핀란드, 스웨덴, 노르웨이가 뒤를 이었다. 아시아 국가 가운데는 싱가폴이 7위, 일본 10위, 중국 100위, 최하위인 북한과 소말리아는 공동 174위였다.[22] 또한 최근 한국행정연구원이 공개한 '2015 사회통합실태조사 주요 분석결과'를 보면 정부를 믿는다는 국민은 31%에 불과하며, 분배구조가 공정한가를 묻는 질문에 27.7%만 '공정하다'고 응답할 만큼 이미 우리사회는 분배구조, 취업, 복지, 정치활동 등 한국사회 각 부문에 대해 국민 절반 이상이 '공정하지 않다'고 인식하여 심각한 불신사회라는 사실을 방증하고 있다.[23]

게다가 최근 한국에서 무상급식, 반값 대학등록금, 무상보육에 이어 기초연금 등을 둘러싼 정치권의 갈등은 한국사회에서 복지가 어떻게 사회갈등을 유발하고 격화시키는지 잘 보여준다. 하지만 성공적으로 복지국가를 만들어낸 유럽 복지국가들에서는 복지가 계층간 긴장감을 해소하고 집단 간 갈등을 치유하는 역할이 더 크다. 대표적인 사례로서 통일된 독일사회는 사회적 합의를 거쳐 과감하게 단행된 복지통합 덕에 막대한 사회적 갈등비용 없이 안정적으로 통합될 수 있었다. 통일 직후 미국과 캐나다보다 낮았던 독일사회의 통합지수는 급격히 높아졌는데, 그 첫 번째 요인은 단연 복지였다. 이에 비해 2014년 한국사회의 통합수준은 OECD 국가들 가운데

22) 〈중앙일보〉, 2014. 12. 24.
23) 〈경향신문〉, 2015. 12. 23.

하위권에 머물러 있는 것으로 나타난다.

결국 복지국가의 체제와 복지국가가 아닌 체제의 차이는 단순하다. 복지국가는 국민들이 세금을 많이 부담해서 공공영역에서 복지를 책임지는 체제다. 그리고 비복지국가는 국민들이 세금을 적게 부담하는 대신 민간생명보험이나 민간보육시설 등의 서비스를 직접 구매하는 체제다. 어떤 것이 더 좋은 지는 결국 개개인이 선택할 문제일 수 있다. 다만 역사적인 경험이 우리에게 주는 교훈은 어느 정도 세금을 부담하면 공공부문이 일정 부분 국민들의 생활을 책임져주는 체제가 그렇지 않은 체제보다 훨씬 더 안정적이라는 것이다. 또한 국민들을 삶의 위협으로부터 보호하는 데도 유리하다. 바로 이런 사실이 왜 모든 선진국들이 복지국가의 모습을 갖추고 있는지를 설명해준다.[24)]

복지정치는 곧 세금정치다. 세금을 모두 함께 부담하되 잘사는 사람이 더 많이 부담하고, 모두 복지를 누리되 가난한 사람에게 혜택을 더 주어야 한다. 우리나라의 1인당 조세부담률은 19%다. OECD 평균 25%보다 한참 떨어진다. 조세부담율이 1% 높아지면 재원이 12조원 가까이 늘어난다. 우리 경제가 충분히 감당할 수 있는 수준이다. 복지증세는 거스를 수 없는 대세다.[25)]

최근 어린이집 누리과정(만 3~5세) 예산을 두고 중앙정부와 지방의회, 시·도교육청의 떠넘기기가 계속돼 보육대란을 코앞에 두고 있다. 갈등의 촉발은 박근혜 정부가 누리과정에 필요한 예산을 지방에 떠넘긴 것이지만, 근본적인 문제는 예산이 부족하다는 것이다. '증세 없는 복지'라는 박근혜 정부의 실현 불가능한 정책기조가 일으키는 소음이라는 뜻이다. 일시적 조정의 실패가 아니라 세수부족이 일으키는 구조적 위기다. 앞으로 이와 비슷한 갈등이 여기저기

24) 김연명, 앞의 글, 65.
25) 〈한국일보〉, 논설, 2014. 11. 11.

서 터져 나올 것으로 보이는 이유다. 이런 갈등을 지켜보고 있자니 새누리당 유승민 전 원내대표가 일갈한 "증세 없는 복지는 허구"라는 진단이 상당히 타당한 지적이었음을 되새기게 된다.[26)]

일정한 증세는 불가피하다. 문제는 누구로부터 세금을 걷을 것이냐다. 증세는 첨예한 계급갈등을 일으키는 이슈다. 부자증세 없는 서민증세는 광범위한 저항을 불러일으켜 정권을 위태롭게 할 것이고, 부자증세만으로는 지속가능하고 효율적인 세수확보가 불가능하다. 진보적 유권자 대다수는 부자증세를 선호할 것이다. 과연 부자증세만으로 세수부족을 해결하고 복지를 확대할 수 있을까. 답은 '아니요'다. 전 세계 어느 나라도 누진세만으로 낮은 불평등의 정도와 높은 복지를 달성한 경우는 없다. 복지국가는 세금이 누진적이라서 유지되는 것이 아니다. 먼저 모두가 세금을 더 내서 전체 세수가 커져야 하고, 다시 이를 공평하게 재분배해서 각 개인과 가정에 돌아가는 공적지원 액수가 커져야 유지할 수 있다. 그러므로 보다 정확히 말하자면 '보편적 증세' 없는 복지는 허구다.[27)] 다행스럽게도 2013년 한국보건사회연구원 여론조사에 따르면 "복지를 위해 세금을 더 걷어야 하느냐"는 질문에 찬성 응답이 50%가 넘은 반면, 반대는 30% 미만에 그쳤다.[28)]

현재 한국에서 복지증진을 위한 사회적 합의를 이루기 위한 전략은 복지프레임을 어떻게 짜느냐에 달려있다. 한국은 사회경제적 지위향상에 대한 열망이 강한 나라이기 때문에 분배를 논하는 복지담론은 통하기 어렵다. 따라서 중도층 유권자들이 복지정책의 필요성에 공감할 수 있도록 하기 위해서는 복지가 소비가 아니고 성장을

26) 김창환, "누진세만으론 복지국가 못 만든다", 〈주간동아〉, 2016. 1. 20. 52~53.

27) 위의 글.

28) 이현주 외, 『2013년 한국복지패널 기초분석 보고서』, 한국보건사회연구원, 2013.

위한 투자라는 프레임을 부각시켜야 한다. 즉 “복지는 정부가 여러분에게 꿈을 이룰 수 있게 지원해주는 것이니 나중에 세금을 많이 낼 수 있을 만큼 성공해서 돌려주십시오.”라는 메시지를 던져야 한다. 즉 “사회가 지금 여러분을 도울 테니, 나중에 성공해서 사회를 도와야 합니다.”라는 인적자원에 대한 투자를 강조해야 한다. 이것이 바로 ‘제3의 길’이 지향하는 사회투자 복지국가이다.

Ⅲ. 복지국가에 대한 부정적 전망

최근 박근혜 대통령의 ‘증세 없는 복지’의 정책기조를 놓고 무상급식과 무상보육 등의 무상복지 재원을 둘러싼 여야의 갈등이 벌어졌다. 그 결과 새누리당은 후자만 무상으로 하자면서 증세는 불가하다는 입장이고, 새정치연합은 두 가지 모두 무상으로 하고, 필요하다면 증세를 해야 한다는 주장했다. 무상복지 재원을 둘러싼 여야의 갈등은 제2라운드에 접어들어 법인세 인상 문제를 놓고 벌어지고 있다. 야당은 이명박 정부 때 25%에서 22%로 내렸던 법인세율을 환원하면 연간 5조 원 이상 세수를 확보할 수 있어 무상복지 재원을 마련할 수 있다고 주장한다. 박근혜 정부의 ‘증세 없는 복지’란 처음부터 불가능하기 때문에 담배 값 인상이나 주민세, 자동차세 인상으로 서민에게 부담을 떠안기기보다는 법인세부터 올리자는 것이다. 정부와 여당은 당연히 반대하고 있다. 기업들의 투자가 위축될 수 있고, 우리나라의 법인세율이 이미 다른 나라에 비해 충분히 높다는 이유에서다.[29]

기업친화 정책을 표방했던 이명박 정부가 법인세율을 깍아준 것은 ‘낙수효과’를 노려서다. 물이 넘쳐서 바닥을 적시듯 기업들의 부

---

29) 〈서울신문〉, “사설: 법인세율 인상도 검토해볼만 하다”, 2014. 11. 13.

를 먼저 늘려주면 중소기업과 서민들에게까지 혜택이 다 돌아간다는 논리였다. 하지만 기대와 달리 낙수효과는 별로 없었다. 대기업들은 법인세 인하 효과를 톡톡히 누렸지만 투자확대와 고용창출로 연결되지는 않았다. 대신 곳간에 사내유보금만 차곡차곡 쌓아뒀다. 법인세 인하로 이익이 늘어나자 대기업들이 임직원들의 보너스 잔치로 활용했다는 비판도 많이 나왔다. 법인세를 올려야 한다는 쪽에서는 법인세 인하가 기업투자 확대로 나타나지 않은 것처럼 법인세를 원래대로 올려도 기업투자 위축으로 이어지지는 않을 것이라고 주장한다. 우리나라의 법인세 수준이 OECD 회원국들 중에 오히려 낮은 수준이라는 점도 근거로 댄다. 비과세 감면제도 등을 적용해 실제로 세금을 내는 비율(법인세 실효세율)을 따져보면 우리 기업은 16% 선이다. 미국, 일본, 캐나다에 비해 오히려 5~8% 포인트 낮다. 지난 해 30대 대기업의 법인세 실효세율은 최저한 세율(17%)에도 못 미치는 15%에 불과했다.30)

이렇듯 법인세와 소득세의 확충 등 부자증세를 통한 복지재정 확충과 보편적 복지의 축소 논란이 여전히 우리 재정정책의 발목을 잡고 있다. 저출산 고령화가 심화되면서 복지수요는 앞으로 더 증가할 것으로 예상됨에 따라 현재와 같은 증세 없는 복지정책은 지속될 것으로 보인다. 최경환 경제부총리는 "지금은 기업의 투자를 늘려서 일자리를 창출하고 선순환구조를 만들어야 할 때지, 법인세를 올려서 가뜩이나 안 하는 투자를 줄이고 (기업을) 해외로 나가게 할 때는 아니라고 본다."고 밝혔다. 그러면서 정부정책은 구조조정을 통한 복지규모의 축소로 이어지는 양상이다. 실제로 최근 보건복지부가 추진 중인 전업주부 자녀 어린이집 이용시간 제한정책도 같은 맥락이다. 복지부는 최근 0~2세 자녀를 둔 전업주부가 무

30) 위의 글.

상으로 이용할 수 있는 어린이집 이용시간을 하루 6~8시간 가량으로 제한하고, 추가로 이용할 경우 비용을 부담하게 하는 방안을 추진 중이라고 밝혔다.

지난해 통과된 공무원연금 개혁도 마찬가지다. 공무원단체의 극력한 저항에 부딪혀 한동안 공전하던 연금개혁 대타협기구는 3월말 종료되면서 4월 실무기구로 사실상 연장 운영된 끝에 5년에 걸쳐 연금 기여율(보험료율)을 7%에서 9%로 올리고, 지급률(연금 지급액 결정 비율)을 20년에 걸쳐 1.9%에서 1.7%로 내리는 합의안을 도출했다. 이를 통해 정부는 2016년부터 70년간 333조 재정절감 효과를 거두게 되는 등 보편적 복지 축소를 통한 '증세 없는 복지'를 차근차근 이끌어가고 있다.

증세 없는 복지를 지지하는 전문가들 또한 이 같은 추세를 환영하는 분위기다. 김영용 교수는 "복지지출을 재정이 더는 감당할 수 없다."며 "무상복지와 보편적 복지를 없애야 한다."고 밝혔다. 그는 "복지정책이 이대로 간다면 그리스, 아르헨티나와 같은 나쁜 선례를 따라가는 셈"이라며, "복지가 많으면 생산성이 떨어지고 조세수입이 줄며 재정적자의 악순환이 끊이지 않는다."고 덧붙인다. 홍기영 한국세무학회장도 "정치인들이 선거 때마다 선심성으로 베푸는 포퓰리즘 정책이 문제"라며 "부자와 가난한 사람에게 똑같이 주는 보편적 복지를 축소하고 맞춤형, 선택형 복지로 나아가야 한다."고 말했다. 경기가 좋지 않은 상황에서 선불리 증세카드를 꺼내들기보다 불필요한 복지지출을 줄여 세금누수를 막는 게 우선이라는 지적이다.

이렇게 볼 때 한국에서 복지국가의 전망은 밝지 않은 것으로 보인다. 국민들이 양극화를 싫어하면서도 증세에는 결사적으로 반대하는 '반복지의 심연'에 빠져들었기 때문이다. 이처럼 조세저항에 기인한 반복지 정서는 오늘날 우리사회가 겪고 있는 불평등의 양면을 그대로 보여준다. 새누리당 정책연구소인 여의도연구원이 2015년 7월 전국 성인남녀 1000명을 대상으로 벌인 조사에서도 '사회복지 확대를 위해서는 세금을 더 걷어야 한다'는 증세론에 대해 동의(32.4%)와 반대(36.9%)가 팽팽히 맞섰다. 앞서 2012년 12월 한국보건사회연구원이 전국 성인남녀 1000명을 대상으로 실시한 조사결과도 비슷하다. 복지를 위한 증세의 필요성을 묻자 '복지수준이 낮아져도 세금을 더 내려야 한다'(26.0%)와 '현재 복지수준과 세금은 적정하다'(25.4%)는 응답이 51.4%를 차지했다. '세금을 더 내더라도 복지수준을 높여야 한다'는 응답은 40.0%였다.

흥미로운 점은 이런 정서가 박근혜 정부와 경제계의 반복지 논리를 그대로 답습하고 있다는 점이다. 박근혜 대통령은 보수 정당의 후보로는 전례 없이 경제민주화와 복지확대를 대선 공약으로 내걸고 당선됐지만, 이내 규제철폐와 '증세 없는 복지'를 내세우며 약속을 폐기했다. 누리과정 공약 파기로 인한 보육대란 속에서도 명분은 예산부족이었다. 그런데도 복지정책의 수혜 대상인 사회 취약계층일수록 공감도가 큰 것으로 나타났다. 보건사회연구원 조사를 보면, 복지를 위한 증세에 반대하는 연령은 60대가 34.6%로 가장 높았으며, 소득수준에서는 월 소득 100~199만원(34.1%), 100만원 미만(32.9%) 순으로 높았다. 반면 소득수준이 월 300만원을 넘는 경우 복지증세에 찬성하는 경향이 강했다.

더욱이 집권여당과 보수언론이 복지확대 요구에 대해 유럽의 재정위기를 들먹이며 "복지과잉으로 가면 재정위기를 초래하고 국민이 나태해진다."고 여론몰이를 더해가면서 일반 국민도 한 푼이라도 아쉬운 돈이 세금으로 빠져나갈 수 있다는 사실에 더 분노하는 듯하다. 불평등의 구조적 본질은 잊혀지고, 개인이 감내하고 극복해야 할 대상으로 전락한다. 이렇듯 반복지 논리는 빈곤을 도덕적 해이, 즉 노동윤리와 책임의식의 실종 탓으로 돌리면서 시장과 국가 그리고 사회가 함께 사회경제적 약자를 내치는 와중에 한국사회는 갈수록 반복지의 심연에 빠져들고 있는 것이다.

이런 맥락에서 조영훈 교수는 "한국은 영국이나 미국 같은 자유주의 복지체제의 특징을 갖고 있으며, 앞으로 이런 복지국가 유형으로 이동할 것"이라고 진단했다. 그의 주장은 한국의 공공부조 제도가 발달해있고 민간보험 시장이 매우 크다는 점에 근거를 두고 있다. 실제 한국의 민간생명보험 시장은 세계 4, 5위권 안에 들 정도로 매우 큰 규모이며, 4대 공적 사회보험으로 걷는 돈의 규모와 민간 생명보험료로 걷는 돈의 규모가 약 50조 원으로 비슷한 수준이라는 것이다.

또한 김연명 교수는 우리나라의 복지체제를 에스핑-안데르센의 이론에 맞추어 볼 때 우리나라는 여러 복지체제의 특징이 결합된 혼합된 특성을 가질 것으로 내다보았다. 건강보험의 형태는 전 국민을 단일제도 안에 포괄하기 때문에 사민주의에 가까운 반면, 계층화 효과도 동시에 나타나고 있기 때문이다. 그러면서 그는 또 다른 가능성을 주장한다. 에스핑-안데르센은 중부유럽의 복지국가를 단일한 체제로 분류했지만, 스페인이나 이탈리아, 그리스 등의 국가는 독일이나 프랑스와 다른 남부유럽 복지국가로 분류해야 한다는 것이다.[31)]

남부유럽형 복지국가는 혜택이 모든 국민들에게 골고루 돌아가지 않고 특정집단에 과도하게 집중되는 특징을 갖고 있다. 다시 말해 노동시장에서 좋은 위치에 있는 공무원이나 금융업 혹은 핵심산업에 종사하는 노동자들은 상당히 관대한 복지혜택을 받는 반면, 오히려 불리한 위치에 있는 비정규직 등은 혜택을 받지 못하는 양극

---

31) 김연명, 앞의 글, 74; M. Ferrera, "The South European Countries", F. Castles et al., *The Oxford Handbook of the Welfare State*, Oxford University Press, 2010;

화 현상이 나타난다. 불행하게도 한국은 이런 특성이 매우 강하다. 그 이유는 노동시장에서 비정규직을 지속적으로 차별해왔기 때문이다.[32)]

한국의 비정규직 근로자는 전체 임금 노동자의 절반 가까이에 이른다. 이들 가운데 국민연금에서 제외된 비율이 50%가 넘고, 퇴직금을 받는 비정규직은 20% 수준, 고용보험을 적용받는 집단은 37%에 불과하다. 다시 말해 한국의 복지제도는 정규직과 비정규직을 기준으로, 한쪽은 상당한 혜택을 받고 나머지 한쪽은 거의 혜택을 받지 못하고 있다. 사실상 복지혜택을 받는 정도에서 앞서 말한 일등시민과 이등시민의 구별이 이미 나타나고 있다.

이와 관련하여 미국의 일간지 〈워싱턴 포스트〉는 최근 한국의 젊은이들 사이에서 불고 있는 '헬조선' 열풍이 단순히 사이버공간에서만의 유행은 아니라며 다음과 같이 소개했다. "젊은이들에게 한국에서 사는 것은 지옥에서 사는 것과 마찬가지다. 금수저를 물고 태어난 사람들은 좋은 대학에 들어가고 근사한 직업을 보장받는 대신 흙수저로 태어난 사람들은 장시간 노동에 저임금을 받고 혜택 없이 살아간다." 따라서 "'헬조선'이 유교적 계급질서가 사회를 단단히 틀어쥐고 누가 앞서갈지는 봉건제도로 결정되는 조선왕조를 떠올리게 하는 말"이라고 설명했다.[33)]

〈워싱턴 포스트〉는 헬조선 현상의 배경을 주로 경제적 요인으로 분석했다. "부모 세대는 1960~70년대의 경제발전, 80년대 민주화 등 사회가 발전하는 시대를 살았지만, 이후에 태어난 2030세대는 부정적인 면들만 겪었다."면서, "2008년 글로벌 금융위기에 따른 사회·경제적 어려움과 상실감이 눈부신 산업화의 경험과 대비되면서 다른 나라들보다 훨씬 더 클 것"이라고 지적했다. 더욱이 "한국경제는 지

---

32) 김연명, 앞의 글, 75.

33) 〈Washington Post〉, 2016. 1. 31.

난해 성장률 2.6%를 찍으며 미끄러졌고, 안정성도 혜택도 없는 비정규직을 양산했다."고 덧붙였다. 이어 한국 청년들을 더 좌절시키는 요인으로 사회의 구조적 문제 대신 노력부족만을 지적하는 기성세대를 꼬집었다.

이런 조건에서는 신규 취업희망자들이 정부기관이나, 공기업, 소수 대기업, 상위 서비스업 등, 좁게 열려있는 안정적이고 장래가 보장되는 직장에 취업하고자 치열한 경쟁으로 돌입할 수밖에 없게 된다. 여기에 진입하지 못하는 압도적 다수의 대졸자들은 광범한 비정규직 노동시장에서 치열하게 경쟁하지 않으면 안 되고, 거기에 탈락한다면 전혀 예측할 수 없는 미래가 기다리고 있을 뿐이다. 경쟁도 경쟁이려니와 취업 자체가 어려워진 것이다.[34)]

지금 한국의 대다수 청년들에게 불행을 안겨주는 또 다른 요소는 취업경쟁에서의 불공정성이다. 취업기회의 사다리 어디에 스스로가 위치하게 될 것인가의 문제가 동일한 출발선에서의 자유로운 경쟁의 결과는 아니라는 것이다. 대학의 서열구조 속에서 상위대학에 입학할 수 있는 경쟁력을 갖추기 위해서는 좋은 고등학교에 가야하고, 그것을 위해서는 중학교와 초등학교부터 투자가 필요하며, 그러다 보면 종국에는 가정환경내지 배경의 문제까지 거슬러 올라가는 것이 오늘날의 현실이다. 요컨대 경쟁으로 들어가는 출발선이 너무 일찍 결정된다는 것이다. 그것은 노동시장 진입 이전에 불평등하고 공정하지 못한 차별이 존재함을 뜻한다.[35)]

이런 문제를 해결하지 못한다면, 노동시장의 핵심계층은 복지혜택을 받고, 나머지 집단은 복지에서 배제되는 '분리된 복지국가 divided welfare state'로 갈 가능성이 충분하다. 복지국가 초기단계까지 갔다가 그 안으로 진입하지 못한 남미형 국가로 빠질 수도 있

---

34) 최장집, "청년 취업과 청년들의 대응", 이정우·이창곤 외, 앞의 책, 163~164.
35) 위의 글, 164.

다. 아르헨티나 같은 경우에는 2차 세계대전 전후만 해도 상당한 수준의 복지제도를 갖추었으나, 극심한 부의 양극화로 인해 결국 복지국가로 진입하는 데 실패했다. 이런 현상은 남미의 여러 국가에서 공통적으로 나타난다.[36] 우리나라도 현재 노동시장의 양극화와 복지의 양극화가 심화되고 있어 이를 개선하려는 적극적 노력이 없으면 남부유럽형 혹은 남미형이 고착화될 수 있다.

조세와 사회복지 제도를 통한 소득재분배는 분명히 복지국가의 매우 중요한 측면이며, 이 점 때문에 복지국가의 진전은 소득불평등을 완화시킬 수 있다는 믿음이 만들어진 것이다. 그러나 복지국가의 진전이 이루어져도 복지제도가 어떻게 구조화되어 있는가에 따라 불평등이 완화되기 보다는 오히려 불평등이 더 강화될 수도 있다. 즉 복지제도가 어떤 방식으로 구조화되는가에 따라 복지국가가 불평등을 완화시킬 수도 있으며 반대로 불평등을 더욱 심화시킬 수도 있다.

2008년 글로벌 금융위기 속에서 스페인, 이탈리아, 그리스 등의 남부유럽 국가들이 과잉복지의 후유증으로 국가부도의 위기에 몰리고 있는 반면, 스웨덴, 덴마크, 핀란드 등의 북유럽국가들은 흔들리지 않고 있다. 그 이유로는 다음과 같은 차이 때문이다. 첫째는 높은 투명성과 낮은 투명성의 차이다. 북유럽은 정부와 공공부문의 높은 투명성과 효율성 덕택에 국민이 정부에 대한 강한 신뢰를 갖고 있었기 때문이다. 둘째는 북유럽국가들은 지식·제조산업을, 남부유럽 국가들은 관광 중심의 취약한 산업 기반을 가지고 있기 때문이다. 셋째로 개혁하는 복지와 개혁하지 않는 복지의 차이 때문이다. 스웨덴 등의 북유럽국가들은 고용과 해고가 비교적 자유로운 유연한 노동시장을 만들면서도, 이를 보완하기 위한 다양한 복지를

36) 김연명, 앞의 글, 75.

도입해 사회적 안전망을 구축한 반면, 스페인과 이탈리아, 그리스 등은 정규직과 비정규직으로 물과 기름처럼 나뉘어진 노동시장을 개혁하지 않아 그 격차가 더 커지고 있다.[37] 더욱이 2015년 복지과잉으로 인한 부작용의 대표적 사례로 거론되는 그리스 경제난의 실체적 진실은 복지비용의 과다지출이 아니라, 탈세의 누적과 부패의 만연, 그리고 국가재정의 낭비 때문이다. 복지과잉을 말하기 전에 다른 '과잉' 들이 있었기 때문이라는 점을 명심해야 할 것이다.

또한 김연명 교수는 다른 글에서 현재의 양극화된 노동시장 구조와 시장 위주의 복지공급 구조가 크게 바뀌지 않는다면, 한국의 복지국가는 불량한 소득분배와 복지의 고도한 시장의존[38]이 단점인 자유주의형 복지국가의 특징과, 사회복지의 내부자/외부자 구조로 인해 불평등이 강화되는 남부유럽형 복지국가의 단점이 결합된 '최악의' 복지국가가 될 가능성이 있다는 점을 지적한다.[39] 따라서 한국에서 성립될 복지국가가 불평등 해소의 실질적인 대안이 되기 위해서는 무엇보다 사회복지의 내부자/외부자 문제(복지 사각지대 문제), 그리고 복지의 과도한 시장의존을 해소하기 위한 국가전략이 필요한 것이다. 결국 이것은 어떤 유형의 보편주의적 복지제도를 수립할 것인가의 문제로 귀착된다. 사회복지의 내부자/외부자 문제와 복지의 과도한 시장의존이라는 문제를 해소하는 것은 서로 분리된 문제인 것 같지만 사실 보편주의 복지제도라는 틀 안에 서로 맞물려있기 때문이다.[40]

---

37) 〈조선닷컴〉, 2011. 11. 21.

38) 한국 복지제도의 과도한 시장의존이라 함은 연금과 건강보험에서 민간보험의 높은 비중, 그리고 보육, 의료, 노인요양 서비스의 공급자가 대부분 영리추구적 행위를 하는 민간 공급자라는 점에서 확연히 드러난다.

39) 김연명, "한국 사회복지의 현 단계와 보편주의 복지국가의 과제", 『우리 복지국가의 역사와 전망』, 서울대학교 출판부, 2015.

40) 김연명, "복지국가, 불평등 해소의 대안인가?", 이정우 · 이창곤 외, 앞의 책, 413~414.

Ⅳ. 맺음말

'선성장 후복지'로 일관해왔던 한국에서 복지국가의 기틀을 만드는 데 많은 공로를 세운 것은 김대중 정부였다. 이어 노무현 정부는 복지정책을 대폭 확충하면서 복지예산을 많이 늘렸다. 이렇듯 진보정권이 들어선 후 한국은 복지국가의 초입에 들어섰다. 그래도 우리나라가 복지국가로 진입하려면 아직 멀었다. 분배와 복지는 여전히 약하다. 그러나 진보정권의 복지정책은 안정적으로 확산되지 못한 채, 친기업과 감세를 약속한 이명박 정부에 정권을 내주게 되었다. 이명박 정부는 성장과 분배의 상충관계를 전제하는 반복지 시장주의로 출발했다.

그런데 2010년 지방선거에서 당시 김상곤 경기도 교육감의 '무상급식' 공약이 핵심쟁점으로 부각되면서 '복지국가 논쟁'이 사회 전체에 확산되기 시작했고, 2012년 총선과 대선을 거치면서 '복지정치의 폭발'로 번지게 된다. 무상복지에 관한 논의는 무상보육, 반값 대학등록금, 고등학교 무상교육, 기초노령연금의 대폭인상 등으로 확산되었다. 그 결과 보수와 진보 정당의 정치적 성향 차이에도 불구하고 겉으로는 복지정책에서 정당 간 차이가 겉으로는 별로 크지 않은 것으로 나타났다. 심지어 박근혜 대통령 후보는 보수정당의 후보임에도 불구하고 경제민주화와 복지의 확대를 내걸고 당선되었다. 집권 후에는 경제민주화와 복지 공약은 후퇴하고 경제활성화를 최우선의 국정과제로 내걸었지만.

이렇게 볼 때 한국복지는 진보정권이 들어서면서 확장되어 복지국가의 초입에 들어섰지만, 보수정권이 들어서면 오히려 후퇴하는 경향을 보이고 있다. 다시 말해 오랫동안 성장주의에 억압되었던 복지욕구가 터져 나오면서 복지부문이 정부지출의 가장 큰 몫을 차지하게 되자 이에 대한 비판도 늘어만 간다. 복지가 있어야 성장도 되는 선진국으로의 진입, 그래서 잉태됐던 복지국가로 이행하는 과제는 망각한 채, 복지확대를 탓하는 소리들이 힘을 얻은 형국이다. 한국의 보수는 분배와 복지가 성장의 발목을 잡는다고 주장한다. 2010년 남유럽의 포르투칼, 아일랜드, 그리스, 스페인 네 나라가 신용부도를 맞아 구제금융을 받았다. 보수진영은 이를 호재로 삼아 이 나라들이 과잉복지를 해서 성장을 해치고 국가부도까지 갔다는 주장이다. 또 다시 성장주의로 회귀하고 있는 것이다.

그러나 2015년 박승 전 한국은행 총재는 새누리당 경제민주화 실천모임 강연에서 "한국경제의 문제는 성장이 안 되는 데 있는 것이 아니라 분배가 안 되는 데 있다."[41]고 비판했다. 이미 한국의 소득불평등은 OECD 회원국 가운데 가장 심각한 수준이다. 2014년 장하준 교수도 중앙일보 칼럼에서 "97년 외환위기 이후 우리나라의 소득분배는 눈에 띄게 약화됐다."[42]고 지적한바 있다.

보수적 학자들도 한국사회의 분배문제가 심각하다는 사실을 인정한다. 송호근 교수는 "저성장과 그로 인한 세습자본주의의 대두로 불평등이 사회 전체의 화두가 될 것"[43]이라고 예측했다. 이홍구 중앙일보 고문도 "한국사회가 당면한 최대과제는 빈부격차를 비롯한 불평등의 심화"[44]라고 단언했다. 보수적인 〈조선일보〉 역시 소득불평등이 커지고 상대적 빈곤이 확산되는 한국에서 "신귀족은 빠른 속도로 증가하고 있다."[45]고 적고 있다. 오늘날 명문대 입학생의 다수가 서울 강남지역 출신이라는 조사도 널리 알려진 이야기라며 인정한다.

1997년 외환위기를 겪으면서 한국은 선진 산업국가 가운데 가장

41) 〈파이낸셜뉴스〉, 2015. 2. 26.
42) 〈중앙일보〉, 2014. 11. 20.
43) 〈조선일보〉, 2015. 1. 7.
44) 〈중앙일보〉, 2015. 5. 11.
45) 〈조선일보〉, 2015. 4. 22.

불평등한 사회 가운데 하나로 변했다. 1990년대 한국인의 70%가 중산층이라고 생각한 데 비해, 오늘날 자신을 '중산층'이라고 생각하는 사람은 40%대에 그치고 있다. 1990년대 사람들은 한국사회의 가장 큰 갈등을 지역갈등으로 꼽았지만, 이제는 많은 이들이 빈부갈등을 지적한다. 중산층이 작아지고 빈부갈등이 커진다고 인식하는 사람들이 증가하면서 사람들의 행복감은 점점 낮아지고 있다.[46)]

오늘날 불평등에 관한 새로운 현상은 세습이 불평등을 심화시킨다는 점이다. 부모의 배경이 아니라 개인의 능력에 따라 부를 얻을 수 있다는 믿음은 점차 사라지고 있다. 한국의 초등학생들은 성공을 위해 가장 중요한 요소로 능력이 아니라 '부모의 배경'을 꼽고 있다. 실제로 한국 최고의 부자들은 대부분 재벌 2세나 3세들이다. 2013년 〈재벌닷컴〉의 자료에 따르면 상장사 상위 1% 주식부자들이 보유한 주식가치가 78조 원에 육박한다. 재벌 2세와 3세의 비율이 압도적이며, 상속형 부자가 70%를 차지한다.

세상을 떠들썩하게 만들었던 프랑스 경제학자 토마 피게티Thomas Piketty는 『21세기 자본』에서 세습된 부와 권력에 의해 강력한 과두제가 만들어지고 있다고 경고했다.[47)] 한국에서도 천문학적 부와 소득을 가진 재벌 대기업의 영향력이 급속하게 커지고 있다. 그들은 막대한 부가 자신의 능력에 따른 결과라고 주장하며, 다른 사람을 설득할 강력한 수단을 가지고 있다. 그들은 거대한 부를 통해 수많은 언론, 대학, 싱크탱크, 심지어 시민단체와 정치권, 그리고 보통 사람들의 사고까지 지배하고 통제한다.[48)]

불평등이 사회의 지배적 현상이 되면서 사람들의 의식에도 커다란 변화가 발생하고 있다. 특히 '헬조선' 열풍 속의 20대의 의식이

---

46) 김윤태, "한국사회의 불평등 담론", 이정우·이창곤 외, 앞의 책, 74.
47) Thomas Piketty(장경덕 역). 『21세기 자본』, 글항아리, 2014.
48) 김윤태, 앞의 글, 72.

그렇다니 놀랍다. 사회학자 오찬호는 『우리는 차별에 찬성합니다: 괴물이 된 이십대의 자화상』라는 책을 통해 20대는 승자독식 원칙과 불평등의 피해자이면서 동시에 가해자로서 그런 사회구조를 유지하는 데 일조하는 존재라고 규정한다.[49] 그들은 인생의 출발점부터 불공정한 기회가 주어졌거나, 경쟁하는 과정이 공정하지 못했다는 인식은 없다. 그들은 사회를 바꿀 수 없다고 체념하는 것이 아니라, 그렇게 사는 게 당연한 것이라고 이해한다.

결국 청년세대가 경쟁과 불평등사회에 적응하는 생존전략은 '자기계발'이다. 자기계발은 인적자본 이론의 심리학적 변형으로 사람들을 사로잡는다. 사회를 바꿀 필요가 없고 있는 그대로 받아들인다면 오로지 무한경쟁만이 그들의 삶의 목표가 된다. 살아남는 자가 강한 자이고, 이기는 자이다. 성적, 영어성적, 어학연수, 교환학생, 심지어 사회봉사도 대학생 '스펙 쌓기'가 된지 오래다. 심지어 인문학도 경쟁력의 수단으로 간주된다.

자기계발이 아무런 성과를 얻지 못할 때 필요한 심리적 기제가 바로 힐링과 멘토라는 것이다. 『아프니까 청춘이다』가 베스트셀러가 되면서 더 많은 젊은이들이 마음이 아파졌다. 힐링에 관한 책이 쏟아져 나올수록 수많은 사람들의 고통이 커져갔다. 긍정심리학이 유행이 될수록 개인의 문제를 사회의 문제로 보려는 사람들은 줄어든다. 자신이 겪고 있는 고통의 뿌리는 보지 않은 채 '멈추면 보이는 것들'을 찾아 나서지만 아무것도 볼 수 없다. 사회에 대한 체계적인 분석과 비판적 논쟁은 사라지고 하나마나한 처방을 말하는 사람들이 인기 멘토가 되었다. 힐링은 거대한 산업이 되고 지옥으로 변하는 사회를 그대로 체념한 채 받아들이는 또 다른 순응 이데올로기가 된다.

---

49) 오찬호, 『우리는 차별에 찬성합니다: 괴물이 된 이십대의 자화상』, 개마고원, 2013.

그러나 아직도 많은 사람들은 빈곤이 개인의 책임보다는 사회구조적 원인에서 비롯된다고 보고 있다. 2012년 한국보건사회연구원이 발간한 한 여론조사의 결과를 보면, 우리사회가 겪고 있는 빈곤의 발생 원인에 대해 응답자의 58.2%가 '사회구조'를 원인으로 지목했다.[50] 빈곤의 원인이 개인의 노력부족 또는 태만, 재능부족, 불운 등 '개인'에게 있다는 응답 비율은 41.8%로 나타났다. 결과의 불평등에 대한 인식은 사회의 '공정성'에 관한 문제와 직접적인 관련을 가진다. 위 여론조사를 보면 "한국사회가 공정한가"라는 질문에 긍정적 답변을 한 응답자가 15.6%에 그쳤다. 부정적인 답변이 34.6%, 그저 그렇다는 답변이 49.9%였다.

사회불평등이 커질수록 사회갈등도 커진다. 2012년 『사회통합에 관한 국민의식조사』를 보면 "빈곤층과 부유층 사이의 계층갈등이 심하다"는 응답의 비율이 82%가 넘었다. 심하지 않다는 응답은 2.33%에 불과했다.[51] 또한 2014년 『사회통합 실태진단 및 대응방안 연구』를 보면, 국민들이 가장 큰 갈등으로 생각하고 있는 사항은 진보와 보수 간 갈등(80.0%), 경영자와 노동자 간 갈등(79.9%), 가난한 자와 부유한 자의 갈등(78.4%), 정규직과 비정규직 간 갈등(76.9%)의 순서로 나타났다. 빈곤 및 불평등 의식과 주관적 소득계층에 대한 분석 결과 국민들의 86.5%가 "우리나라의 소득격차가 크다"는 주장에 동의했다. 불평등을 해소하기 위한 정부책임에 대해 60.3%가 동의했다.[52] 이는 정부가 불평등을 해결하기 위해 적극적 역할을 수행해야 한다는 기대로 보인다.

실제로 한국사회에서 급속하게 불평등이 커진 중요한 원인은 기

50) 최현수 외, 『2012년 한국복지패널 기초분석 보고서』, 한국보건사회연구원, 2012.

51) 강신욱 외, 『한국의 사회통합의식에 대한 연구』, 사회통합위원회, 2012.

52) 김미곤 외, 『사회통합 실태진단 및 대응방안 연구』, 한국보건사회연구원, 2014.

술의 변화에 따른 구조적인 것뿐만 아니라 정부의 탈규제정책에서 비롯된다. 먼저 기술의 변화, 특히 정보기술의 확산으로 고소득자의 직업은 희소가치가 높아지는 데 비해, 중간기술의 직업이 사라지고, 저임금 서비스 일자리가 증가하고 있기 때문이다. 하지만 이것이 전부는 아니다. 오히려 불평등이 커지는 다른 중요한 원인은 정부의 탈규제정책이다. 공기업의 사유화, 조세감면, 노동유연화 등 자유화 정책이 주요원인이다. 특히 노동시장이 유연하게 변하면서 비정규직 노동자가 급속도로 증가했다. 정규직 노동자가 점점 사라지는 대신 '프레카리아트precariat'(비정규직 프롤레타리아)가 증가하고 있다.[53] 보수적인 〈조선일보〉의 사설도 "고용시장의 1차 분배 시스템이 대기업·중소기업·정규직·비정규직으로 양극화·이중화한 여건에선 복지지출도 고소득층과 저소득층의 간격을 좁히기엔 한계가 있다."[54]고 인정했다. 장하성 교수는 〈중앙일보〉 칼럼에서 재분배보다 분배가 먼저 개혁되어야 한다[55]는 주장을 펼쳤다.

이처럼 노동유연화는 소득 불평등의 주요원인이 되고 있다. 그러나 한국에서는 아직도 부자와 기업에 대한 감세가 투자와 고용확대로 이어질 것이라는 '낙수trickle down' 경제론이 대세다. 지난 수십년 동안 한국의 주류 경제학자들은 줄기차게 낙수효과를 주장했다. 이미 미국에서 파산한 이론이지만, 한국에서는 '기업이 살아야 경제가 잘 된다'는 논리가 강력한 이데올로기가 되었다. '747 공약'[56]을 내세운 이명박 정부가 실패한 다음, 박근혜 정부도 '474 공약'[57]을 내세우며 답습하고 있지만 성과는 없다. 아직도 한국의 보수적 학

53) 김윤태, 앞의 글, 77.
54) 〈조선일보〉, 2005. 2.23.
55) 〈중앙일보〉, 2015. 3. 19.
56) 연평균 7% 경제성장을 달성해 10년 내 1인당 국민소득 4만 달러의 7대 경제강국 시대를 열겠다는 것이다.
57) 2014년 초에 발표된 '경제혁신 3개년 계획'으로 연평균 잠재성장률 4%로 고용률 70%와 국민소득 4만 달러를 달성하겠다는 것이다.

자들과 관료들은 자유시장이 모든 것을 해결할 것이라는 철 지난 논리에 매달리고 있다. 이정우 교수가 지적한대로 "다른 나라에서는 찾아보기 힘든 시장맹신주의와 성장만능주의라는 극단적 사고방식"이 한국사회를 지배하고 있다.[58)]

그 결과 한국 정부는 국민의 시민권을 대변하는 기관이 아니라 자유시장을 위한 하인을 자처한다. 노무현 대통령은 "모든 권력이 시장에 넘어갔다"고 공개적으로 말했다. 이명박 정부는 '비지니스 프렌들리'를 외치고, 박근혜 대통령은 노골적으로 '(정부) 규제는 암덩어리'라고 비난했다. 이제 모든 책임은 개인에게 전가되고 민주주의와 평등의 가치는 조용히 사라지고 있다. 불평등을 줄이려는 정부의 정책은 더욱 힘을 잃어가고 있다. 보수적 학자들은 복지국가가 근로동기를 약화시키고 경제에 나쁜 영향을 준다고 맹공을 퍼붓는다. 대부분의 언론에서도 복지를 확대하려면 재정이 필요하고 세금을 올려야 되는데, 이는 경제에 커다란 부담이 된다는 논리가 득세한다.[59)] 2010년 '무상급식' 논쟁 이후 2012년 대선에서 '복지국가 논쟁'이 활성화됐지만 증세논쟁과 함께 거품처럼 사라지면서, '반복지의 심연'에 빠져들고 있다.

이렇게 볼 때 현재 우리나라는 복지국가의 초입에 들어섰다지만, 과연 복지국가로 진입할 수 있을지는 아직 예측하기 어렵다. 스웨덴 같은 북유럽형의 고조세-고복지 모델은 우리나라와 사회적·경제적 조건이 너무 달라서 사실상 도달하기 어려운 체제이다. 따라서 우리나라가 복지국가가 될 수 있다면 독일식으로 대표되는 중부유럽형의 중조세-중복지 모델이 될 것이다. 하지만 어떤 체제가 좋다는 것과 그 체제로 갈 수 있다는 것은 완전히 다른 문제이다.

보다 현실적인 전망으로는 엄밀한 의미에서 복지국가라고는 할

---

58) 이정우, 『불평등의 경제학』, 후마니타스, 2010.
59) 김윤태, 앞의 글, 78.

수 없는 미국형의 자유주의 모델과 남부유럽형 혹은 남미형 모델이 제기된다. 우리나라는 아직 미국보다 복지수준이 낮은 수준일 뿐만 아니라, '리틀 아메리카'로 불릴 정도로 미국식 모델을 추종하는 경향이 있기 때문이다. 더욱 문제인 것은 우리나라는 남유럽형이나 남미형과 마찬가지로 정규직과 비정규직 간의 복지의 양극화가 심화되고 있다는 것이다. 따라서 우리나라는 미국식 자유주의 모델로 갈 가능성이 높으며, 최악의 경우에는 남부유럽형 혹은 남미형 복지체제로 갈 가능성도 배제할 수 없다는 것이다.[60)]

이렇게 볼 때 복지국가의 초입에 들어선 한국에서 복지국가의 꿈이 완성될 전망은 오히려 후퇴하고 있는 것처럼 보인다. 왜냐하면 한국이 복지국가가 될 수 있을까에 대한 전망은 보수정당과 진보정당 중에서 어느 쪽이 얼마나 집권할 것인가에 달려있는데, 최근에는 보수정당이 계속해서 집권하고 있기 때문이다. 이런 현상은 결국 우리사회의 복지문화가 아직 제대로 성숙하지 못했기 때문이다. 복지국가가 성립하는 데는 산업화와 민주화가 필요조건이지만 복지문화의 성숙이 충분조건이다. 아무리 산업화와 민주화의 조건을 갖추었다고 할지라도 복지문화가 성숙되지 않으면 친복지정당을 선택하지 않기 때문이다. 그래서 복지국가에서 복지는 제도라기보다는 문화라고 할 수 있는 것이다.

이와 관련하여 신자유주의 국가와 복지국가 간의 중요한 정치제도적 차이에 대한 논의를 살펴보는 것도 한국정치에 시사하는 바가 클 것으로 보인다.[61)] 1980~90년대에 대표적인 신자유주의 국가들은 미국, 영국, 호주, 뉴질랜드 등이고, 복지국가들은 독일, 네델란드, 스웨덴, 덴마크 등이다. 전자는 모두 두 거대정당 중 어느 한 정당

---

60) 김연명, "대한민국은 과연 복지국가일까", 앞의 책, 76.
61) 최태욱, "인간 중심 복지국가, 정치개혁이 해법이다", 〈경향신문〉, 2014, 5, 19.

이 정권을 독차지하는 양당제-승자독식 국가들이며, 후자는 모두 복수정당들이 연립정부를 구성하는 다당제-합의제 국가들이다.

양당제에서는 돈, 시장경쟁, 효율성, 성장 등을 강조하는 자본 및 기업 친화적인 보수정당이 집권할 확률이 높다. 양당제의 선거결과를 좌우하는 중간층이 일반적으로 자신들에게 더 많은 세금을 부과할 가능성이 있는 진보정당에 표 던지기를 꺼리기 때문이다. 반면 다당제에서는 인간, 사회연대, 형평성, 분배와 복지 등의 가치를 중시하는 중도좌파 정부가 구성될 확률이 압도적으로 많다. 중도정당이 보수정당보다 진보정당과 연립정부를 맺는 일이 훨씬 많다는 것이다. 통계에 의하면 이런 확률은 공히 75% 정도이다.

그렇다면 우리나라도 다당제로 가야 한다. 그래야 연립정부가 들어설 공산이 크다. 그 시작은 비례대표제의 획기적 강화부터이고, 의원내각제와 분권형 대통령제 등으로의 권력개편으로 완성된다. 비례대표제의 다당제 및 연립정부 촉진효과와 상기한 '75%의 법칙'에 주목하자는 것이다. 하지만 과연 우리나라가 양당구조의 강고한 기득권을 깨고 다당제로 가는 것이 가능할까?

최근 한국조세재정연구원의 최승문 연구위원이 발표한 연구에서도 소선거구제보다 비례대표제를 주요 선거제도로 채택한 나라가 사회복지지출 규모가 크고 재정의 소득불평등 완화효과도 크며, 정부의 지출규모가 큰 만큼 수입 규모도 커서 재정건전성도 양호한 것으로 나타났다.[62] 비례대표제를 주요 선거제도로 채택한 국가의 GDP 대비 사회복지지출 비율(2012년도 기준)은 평균 23.28%인 반면, 소선거구제 위주인 나라의 이 비율은 18.79%였다. 스웨덴, 노르웨이, 덴마크, 네델란드 등 주로 복지선진국에 해당하는 비례대표제 국가들이 영국, 미국, 한국, 일본 등 소선거구제 위주의 나라들보다

62) 최승문, "선거제도와 재정정책: 기존 논의와 향후 연구방향", 한국재정학회 춘계학술대회, 2016. 3. 25.

더 많은 복지지출을 했다는 것이다. 이 연구에서는 과반수 의석을 비례대표제로 뽑는 국가를 비례대표제 국가로 분류했다. 한국은 전체 300석 중 253석(84%)을 소선거구제로 뽑는다.

또 재정정책이 소득불평등을 낮추는 정도를 살펴보기 위해 이들 나라의 세전 지니계수와 세후 지니계수의 차이를 비교해보니, 비례대표제 국가들은 두 지수의 차이가 0.176인 데 비해 소선거구제 국가는 0.107인 것으로 나타났다. 세전과 세후의 지수 차이가 클수록 소득재분배 효과가 크다는 뜻이다. 특히 일반적인 인식과 달리 복지지출이 큰 비례대표제 국가는 소선거구제 국가보다 재정건전도도 더 좋은 것으로 분석됐다. GDP 대비 일반정부 기초재정수지비율을 비교해본 결과 비례대표제 국가는 -0.68인 반면 소선거구제 국가는 -2.81로 나타났다. 음의 값이 클수록 재정건전성이 떨어진다는 의미다.

이에 대해 최 연구위원은 "비례대표제의 경우 소선거구제보다 다양한 사회경제적 집단의 이익을 대변하는 정치인이 의회에 진출할 확률이 더 높고 좀더 많은 사람이 혜택을 받는 정책을 약속하기 때문으로 보인다."며 "우리나라도 비례대표제 확대를 더 적극적으로 검토해볼 필요가 있다."고 말했다.

찾 / 아 / 보 / 기

복지국가와 한국복지

지은이 : 김교환(金喬煥)

펴낸이 : 김헌영(金憲榮)

펴낸곳 : 강원대학교 출판부

24341 춘천시 강원대학길1(효자2동 192-1)

☎ (033) 250-7171 / FAX 259-5716

등 록 : 춘천시 제28호

발행일 : 2016년 8월 24일 초판

ISBN 978-89-7157-354-9 정가 15,000원

※ 이 책의 무단전제 또는 복제행위는 저작권법 제97조 5항에 의거, 5년이하의 징역 또는 5,000만원 이하의 벌금에 처하거나 이를 병과할 수 있다.